政协委员文库

傅庚辰 著

理想之歌

中国文史出版社

傅庚辰

辑三　建言　考察

辑四　随感　访谈

辑一

自述　创作

在人民音乐的路上寻求真善美

我叫傅庚辰，是1948年3月在哈尔滨参加东北音乐工作团时穿上军装的。我经历过三次战争——解放战争、抗美援朝战争、边境反击作战。这三次战争在我的少年时代、青年时代、中年时代，以及后来的人生道路打上了深刻的烙印，给我的世界观、人生观、价值观奠定了坚实的基础，为我的艺术创作提供了取之不尽的创作源泉，也激发了我充沛的创作激情。

从跨过鸭绿江到告别朝鲜

回想这60多年我所走过的道路，有很多事情是难以忘怀的。1953年我从美丽的海滨城市大连到了朝鲜战场。因为当时我们所属的东北慰问团到旅顺和大连去慰问正要撤军的苏军，就在这个期间，接到组织上的命令，要我参加赴朝慰问的小分队，也就是东北第二届赴朝慰问团，是由长春歌舞团、齐齐哈尔歌舞团和东北人民艺术剧院组成的只有17个人的慰问活动。

那时候我只有17周岁。记得在一个刮着冷风的夜晚，我们坐着大卡车，过了鸭绿江来到了朝鲜战场。我们从3月初到8月下旬在朝鲜战场一共待了有半年多的时间。这半年的生活，我们主要是去西海地区慰问38军、39军、40军、16军和朝鲜人民军。在整个慰问演出中，我们受到了深刻的教育，每到一个部队，部队都组织英模为我们作报告，讲述战斗的历程和震撼心灵的战斗故事，有时也给我们一些英雄手册的资料。

当时这段生活，给我的人生观、世界观、价值观打下了深深的印记，教育了我做人要做什么样的人。当时我的结论就是要做"最可爱的人"，为了祖国和人民的利益，可以牺牲个人的一切，甚至自己的生命。那段生活是紧张热烈的，也是充满激情的。因为战争还没有停止，我们不能住在地面，只能在坑道里、洞子里，出来演出时，我们17个人，也谈不上坐什么汽车，基本上就是翻山越岭过封锁线，遇到危险也是常有的事。

在这个过程中，只有我们17个人，力量很单薄，节目也不够组成一两小时的晚会。所以我们得发动积极性，去创作、编排，甚至要回忆一些老的作品。我当时是背着一把小提琴、一个笛子，要为歌唱演员伴奏。为了充实节目，我把自己熟悉的老作品，包括小歌剧都背出来，然后作为演出节目。另外，我们17个人组成了一个团支部，我是团支部的委员之一。我还要负责17个人的生活，因为那个时候是供给制，诸如香烟、手电筒、电池、电灯泡等，这些东西都装在一个大箱子里。因为我在演出队是最年轻力壮的，所以我给大家保管这些生活用品。在这样的生活条件下，工作演出了半年，尽管每天要演出一到两场甚至三场，但大家士气都很高涨，精神很饱满。

在这半年多的演出过程中，我对志愿军指战员产生了深厚的感情，于是我提出两个要求，一是留下来当志愿军，二是加入中国共产党，因为共产党员在战场都是好样的。可是，当时志愿军方面答复是：因为你是祖国的亲人，祖国来的慰问团，我们没权把你们留下，只能是向国内反映。但是，你在朝鲜期间的表现，要负责地向国内汇报，向组织汇报。关于入党申请，由于我们是一个17个人组成的临时支部，没几个党员，也就没有条件发展。因为我在那半年当中，还立过三等功，所以这两个问题后来都得到解决的。

回国之后，组织上想培养我，因而让我进音乐学院学习。在征求我的意见时，我说我要学作曲。本来是要送我到上海音乐学院，后来出现了一些其他方面的曲折事情，就改送我到东北音专，后来改成音乐学院学习，而且我的手续也没搞对，我应该是保送过去，结果我按照高中毕业生同考的程序参加了考试。因为我只读到小学四年级，自然文化程度差距很大，而且我在朝鲜战争期间由于睡洞子，左腿就得了关节炎，回国以后又住进了医院，一住就是半年，我的功课准备都是在医院和疗养院进行的。后来东北音专在我上二年级时，改成沈阳音乐学院。巧合的是，那个时候我已经入了党。我们一个党支部有两个同志，我对他们讲，我要到志愿军文工团工作，他们表示很欢迎。因为我在学校是业务科的课代表，又是学校的学生会主席，所以经过他们的沟通，我毕业的时候，正式调到了志愿军文工团的创作组担任创作员，从事音乐创作。这就使我第二次到朝鲜，正式成了志愿军的一员，再次穿上军装。第一次是1948年3月，这一次是1957年，这身军装，就一直穿到现在。

在志愿军文工团去朝鲜不久，就出现了这样一个情况：周恩来总理率领中国政府代表团到朝鲜和金日成举行关于志愿军撤军归国的会谈。当时的词叫劝说中国人民志愿军撤军归国，我们不明白怎么叫做撤军呢？因为志愿军是志愿到朝鲜来的，何谈劝说中国人民志愿军撤军归国。这个会谈工作其实是2月双方谈的，消息一经公布，双方展开了热烈的庆祝志愿军撤军归国活动，朝鲜方面提出哪一个地方要请不到一个志愿军，就算工作没做好，哪怕请了一个士兵，也得请。我们志愿军方面列出了八条措施，比如，都要学会朝鲜的歌曲和舞蹈，大家哪怕在马路上双方一碰见，就要唱起来、跳起来，把气氛烘托得非常热烈。因此，我们文工团就决定要搞一台节目，既在朝鲜做告别演出，也要回国向祖国人民汇报。于是我们深入基层生活，我和另外两位叫黎丁和李茹茹的女同志来到了上甘岭地区。上甘岭这个词大家都很熟，美国人称为伤心岭。这个时候上甘岭地区是非军事区，两公里这么宽的地方过后是"三八线"，非军事区是不能戴军人徽章的，我们便换上民警的袖标进去。

给我印象很深的是，1957年底至1958年春，离停战已都过了好几年了。但是，走到上甘岭山头那个地方，土都是暄的，脚一踩，就陷进去半

5

只。美军的皮鞋头、钢盔，以及破坦克、破炮，还在那地里放着。所谓把石头打成粉，山头削掉一块是事实，可见当年战争之惨烈。我们整个文工团创作了一台大型歌舞叫志愿军战歌，我和另外两个演员，白岩和王少康担任作曲，还一起创作了一些其他曲目，如舞剧《战地抢收》，歌剧《阿妈妮送你》，女生独唱《中朝友谊之歌》，当时叫《告别朝鲜》。然后，在朝鲜平壤举行了演出，回国在北京给中央领导作了汇报演出。包括国庆十周年的时候，这台节目还在北京进行演出。

很多作品到现在，还有相当深的印象，比如《告别朝鲜》。当时是为了要告别朝鲜回国写的，后来在江泽民同志去朝鲜访问的时候，作为礼品把这个歌曲改名《中朝友谊之歌》。胡耀邦同志去朝鲜访问的时候，又把这首歌曲带去了。等到1995年，前中国人民志愿军代表团去朝鲜访问，因为那个时候，朝方提出，这个代表团的成员必须是参加过战争时候的，在朝鲜工作过的人。我有幸符合这个条件，我去之前恰恰刚举行了我的作品音乐会，音乐会上唱了这首《中朝友谊之歌》，我就把那个音乐会原盘的录像带赠送给朝鲜军方，由我们代表团的团长、广州军区的政委送给朝鲜的崔光元帅。第二天外事局局长还来找我，向我表示谢意，并说这首歌曲要交给人民音乐协作团作保留曲目。

这个歌曲的曲调反映出了热烈、深厚的友谊和那种浓浓的感情。当时在朝鲜唱，回国唱，后来这个歌还被亚洲其他国家给翻唱，当然其他国家不要这个歌词，他们把这个曲调保留了。我听原唱蔡红同志告诉我说有一次到国外访问，一进总统府居然听放的这个曲调，这也是前所未有的。

从风景如画的波罗的海之滨来到了炮火硝烟的前线战场

1985年8月，我受国家派遣到波兰的索波特出席索波特第22届世界歌剧节担任评委，也是亚洲唯一的一个评委。在那样一周的时间是情况非常之热烈，也使我第一次对这个通俗歌曲和演唱有了了解。以前印象不深，那个时候我们国内这种形式开展得还是很少。虽然派我去当评委，但我事先不知道是什么性质的比赛，结果到那儿才知道，而且票已经在一个月之前都卖光了，没有票的人就在剧场门外边，坐在马路边上听。那个剧场也很特别，叫森林剧场，在索波特城市郊区郊外一个山谷的地方，山谷被整平后安上了有机玻璃，成为了一个舞台。舞台底下装上灯光和其他布景，与后边的山、草、树木互为一体，很是别致。因为没有墙，经营者弄了一个很大的篷布，大概由20组左右的钢架子支着。所以山风吹来，从中间穿堂而过，虽然已经8月天了，但是也相当凉，晚上人们都披着毯子来听歌，可是一唱就唱到半夜1点多钟，气氛相当热烈。

这些现象引起我对通俗歌曲的注意，我通过翻译问其他评委：这些音乐在你们国家发展怎样？我了解到发展得最火的是在德国。因此，我曾经彻夜考虑这个问题究竟怎么办？因为我作为唯一的一个代表，回国后要向领导人汇报情况，并提出应对的政策和措施，以及究竟怎么看待这个事情。正好回来不久，当时彭丽媛同志得了青歌赛的金奖，我作为总政歌舞团的团长，代表歌舞团去领伯乐奖，这不是给我，而是给歌舞团，因为歌舞团出了这样优秀的人才，获得了金奖。而且那是第二次举办青歌赛，经验也很少，主持人采访我时问："您是索波特世界歌剧节的评委，您怎么看待流行性的这个歌曲演唱？"我说："经过我在索波特的了解，尽管是在古典音乐比较发达的德国、奥地利这样一些国家里，这种通俗歌曲和它的演唱，在青年人当中也有60%以上的听众喜欢它。所以，就不是你喜欢它，就让它存在，不喜欢它，就不让它存在的问题，不是你让不让它存在的问题，而是它就存在了。应该是让它为我们中国社会主义服务，让它健康发展，为我所用，我认为应该是采取这种态度。"

后来，我给文化部写了一份报告，汇报关于第22届世界歌剧节的情况。其中我建议：我们国家也应该派出选手参加比赛。后来我这个意见被采纳了，转年就成立了一个三人小组，由我和音协的秘书长、音乐学院作曲系的主任组成。我们在全国海选，就把韦唯选上了，韦唯参加了下一届歌剧节，并获得了一个优秀歌曲奖。转年毛阿敏到柏林，也得了一个优秀歌曲奖，从此她们两位就成为国际获奖者了。

当评委时，我住在风景如画的波罗的海边的马丽娜宾馆，吃饭我都是一个人一张桌子，桌子上插着中国国旗，感到倍受尊敬。波兰人对中国特别有好感，因为波兰那时候肉食短缺，而波兰人是习惯一天必须要有一餐吃肉，当时中国供给波兰肉食。所以现场介绍评委时，一旦介绍我，观众就鼓掌。我当时不解，就问大使馆的工作人员，我说在国内知道我的人也不能说很多，波兰人怎么会知道我呢？他说你不知道，中国供应他们肉吃，波兰人对中国有好感。我上街的时候，对方看不出中国人、日本人的区别，问你是日本人还是中国人？我说我是中国人，他说中国人好啊，这种事也经常能碰到。

我一回国，就接到命令，要我带领歌舞团一部分同志，实际上加上我一共30个人去老山前线慰问前线部队。于是，我们30个人都打好背包，坐上军用运输机，从北京飞到昆明，到昆明再换车。到了昆明的当晚，我就接到歌舞团政委的电话，他说："老傅，你的爱人向我报告，你母亲病危了，希望你回来。"他说，"你这样吧，你回来，我替你去。"我当时一愣，心里咯噔一下，因为我从小就离开家，而且我母亲就我这么一个男孩子，我的确思想激烈斗争了一下。但是斗争最后，我觉得我还不能回去。所以我跟政委讲，我说那么多指战员都上前线了，有的离开父母，有的离开妻子儿女，有的可能也就回不来了。我怎么能回去呢？我说请转告我妻子，让她处理好家庭的事情，尽量医治我母亲的病，我明天带队去前线。

我这个电话一打，团里很多同志都知道的，纷纷到我的房间里来表示慰问，劝我回去。然后军队领导也告诉我，在文山有直升机，直接把我送回北京。我也向军队领导说我就不回去了。我便是带着这种心情，第二天坐着大篷车就出发了。

这一路上，都是没有人烟的山里，走到文山市的时候，当晚在文山一个部队的招待所里过夜，没有电，我们领导小组一共四人，要开领导小组会。我就说，咱们出来去前线执行任务，应该有一个提法，用这个提法来统一大家的思想，让大家有所依据，有所遵循。我说是不是可以提这样一些话？"陶冶情操、净化心灵，全心全意为人民服务"，提了这样16个字。大家都同意了，于是，就把30个人召集在院子里宣布这16个字的内容。我说，明天咱们出发一上车，我就要抽查，结果第二天我第一个抽查的是一个叫柳培德的，他是《十五的月亮》最早的演唱者，是跟董文华一块跟着老师学的，但是没有董文华那么出名，董文华从沈阳到了北京演出，大的演出场合都参加了，而且出了一盘盒带，而柳培德那时才19岁，一个男孩子，一个工人，真正开始唱的是他考到总政歌舞团后，他那时候在北京，在总政演出都很受欢迎，我就说，小柳你说说，咱们那16个字方针是什么？他把那16个字说出来，大家都给他鼓掌。

我在盘山路上产生了一个想法。我说：光这么提还不行，能不能把这16个字编成一首歌，我们一出发，大家在车上就唱起来，这个可能印象更深，鼓舞的力量会更大。其实我们车上就坐着一位著名的词作家，就是李幼容。李幼容写过很多很好的歌词，比如《金梭银梭》《珠穆朗玛》《七色光之歌》，等等。但如果我找他，再跟他商量，他再写，写完我再改，这就浪费很多时间。我们当晚到达驻地，时间恐怕来不及创作排练。我就自己拿了小本子，把一些歌词的大意写了下来，大致内容是：车在山间里头转转转转，奔驰在崇山峻岭之中，奔驰在高原海防边疆，奔驰在炮火连天的战场。战斗在我们神圣的岗位上，陶冶情操，净化心灵，全心全意为人民服务。将这些话写下来以后，我跟着写曲调，很快有了雏形。

我们当时的舞蹈队队长郑文龙，后来也当了歌舞团副团长。他字写得好，我就请他抄成大片，放在我们一个集体开会的房子里，大家很快就学会了。第二天早晨一出发在车上就唱了。我们回国的时候排了一部电视片叫《神圣的岗位》，里面的镜头，阎维文唱的就是这个曲子——《演出队之歌》。后来在前线，只要是出发，只要是集体活动，都唱这个歌。这个歌对大家的情绪起到了鼓舞的作用。

这期间，时逢中秋节，我们决定要去老山主峰慰问最前线的部队。因为去老山主峰，有一段路是暴露在对方的炮火下面，相当危险。我们这一车30人一发炮弹就可能全都报销了，所以军领导不允许。说我们只能去少数最必要上去的、能传达军委总部精神的、跟部队息息相关的人，其他人要执行到阵地上慰问的任务。

于是，领导小组请军政治部主任一起开会研究，主要是研究人选的问题，因为大家的政治热情都很高，有的同志写血书，坚决要求上第一线。可是不能都去，最后商量了几个人，因为我作为慰问团团长是必须去的，我是受总部的指示，要把总部精神传达下去的。阎维文要去，因为阎维文唱的歌中有《我爱老山》，必须去。柳培德唱《十五的月亮》，必须去。彭丽媛的弟弟就在这个部队当兵，她又是山东人，老乡，她也必须去。所以就是我、彭丽媛、阎维文、柳培德，加上部队一个干事，总共五个人乘一辆吉普车，全部穿着作战服，头戴钢盔，王干事手里的冲锋枪是压满了子弹的。因为那个时候特务很多，分不清楚哪是敌方，哪是我方，猫在草里头也看不着，还有地雷，挺危险。就这样分了两辆吉普车，头一辆吉普车，我们五个人，后一辆吉普车三个人，有奎语、柳伯承和张洪兴。张洪兴是拉手风琴的，干唱太干巴，有手风琴伴奏气氛活泼一些。

在出发前的预备会上，人选落实后，连夜把大家召集起来宣布。我说关于人选问题，没有商量余地，就是我们几个人都有理由嘛，大家任务也很艰巨，还要在阵地上慰问，领导小组的另外两个人，郑文龙和刘志带队，我说到这儿的时候，突然闪出一个念头：万一回不来怎么办？这个情况很可能发生，我不能说，我不能说牺牲了怎么的，我不能说这个话，恐怕对大家的情绪有影响。于是我说，如果有意外情况发生的话，我希望郑文龙、刘志同志能够把大家剩下的任务圆满完成，安全带回北京。我用了"意外情况"这么一个词，霎时空气像凝固了似的，谁都知道这个话是什么意思，谁也不挑明。在场的《北京音乐周报》的记者周国安记录了下来，后来在《北京晚报》登载我们去前线工作的情况，他把这个称为赴兵前的遗嘱。我后来遇到他说，有这么严重吗？他说，那你知道会是怎么回事啊。

早晨天不亮，4点钟左右大家就站在高坡上列队欢送我们，同时也都替我们的安全捏了一把汗。到达老山主峰的部队，已经是上午10点多钟了。举行了简单的仪式后，我们向部队赠送我们事先录制的《祖国最可爱的人》的一个盒带和《最可爱的人》的歌本。部队也向我们回赠一些。演出节目时，他们三个歌唱演员——彭丽媛、阎维文、柳培德不停地唱，每个人几乎唱几十首歌。午饭后我们到猫耳洞参观，并向他们表达后方部队总政机关对他们的慰问关怀，指战员们都感到很幸福。

上级要求我们3点钟以前必须返回，因为时间越往后推，危险性越大。我们按照要求，3点钟以前往回返。返程路中，一个木栏杆把马路挡住了，我们就停下，一看有一些战士，因为八月十五，会过餐，喝过酒，脸上红红的，拦住要我们唱歌，知道我们是慰问团的。有的还要求要跳迪斯科舞，还有的要求签字，他们也没有本子，往哪儿签呢？往胳膊上签，往肩膀上签，往手心上签，有帽子往帽子上签，反正能够签的都签，满足他们的要求。他们是玉树连的，玉树连是牺牲率最高的单位，因为要在没有路的地方打通补给，只能靠战士手扛肩背往上送，要不然前面没有给养怎么打仗，怎么生活？因此他们连伤亡率比较大。可以说，今天上去，不知道明天能不能回得来，事先我们都了解情况，所以他们提出的要求，能做到的，尽量做到，除非说让跳迪斯科，我说迪斯科不会跳。唱到最后，人已经都很疲倦了。我们干事跟他们连队交代要返回了，连队的人眼睛都红了。我就告诉那个干事，我说这儿的情况回去不准说，不准跟领导上汇报，这个情况可以理解。

那个时候，中央电视台就在拍彭丽媛在老山的专题片，后来也播出了。彭丽媛同志、阎维文同志、柳培德同志、熊兴才同志，还有王军、蒋丽娜等等，都在前线表现得相当好，可以说整个这30个人，还包括词作家李幼容，著名作曲家郑小提，以及我们舞美队、乐队的人，比如刘志，后来笔名叫士心，他是说相声的，后来不幸病故了。应该说每个人都是奋不顾身，英勇向前，要求到最前面去，不怕危险，不怕牺牲的。

后来回到北京之后，我们成了很受欢迎的人。我当时到了北师大、芭蕾舞团、中央音乐学院几个单位作报告，还包括总政机关。我记得，去北师大那天是一二·八那天，他们晚上广场放电影，我在一个阶梯教室讲前线情况。后来，这个阶梯教室连走道全站满了人，青年学生都很热情。宣讲结束后，学生们涌到讲台，跟我握手、合影，有一个学生的一句话给我留下特别深刻的印象。他说，我们没有能到前线去，没有机会跟前线指战员握手，我们能跟你握握手，也算是跟前线指战员握手了。这句话，可见他们对前线指战员尊敬的心情。多年后我参加一个活动，一位已成为教育部副局级干部的人对我说，他说当年您讲话，我就在场。我一直对您的话印象深刻。所以呢，从波罗的海之滨到老山前线，从风景如画的地方，到炮火连天的地方，生活的对比是很强烈的。

星光啊星光

1976年粉碎"四人帮"之后，人们逐渐在反思中提出质疑，有一些文艺工作者就写了有关这方面的作品，但是全面的、明确的否定"文化大革命"这样的作品并不多见，歌剧《星光啊星光》就是其中的一部。剧作者写剧本的时候，是1978年十一届三中全会前，大概于7月开始写了，写好词后，要找作曲者的时候，就已经到了1979年的1月，或者是1978年的12月。因为作者之一，所民心的父亲是总政话剧团的团长所云平，所云平当时跟我住邻居，我是歌舞团的团长，他是话剧团的团长，乔羽是歌剧院主管业务的副院长，就通过所民心，然后通过所云平来找我，有这么一部歌剧想约我来作曲。

我当时已经担任了一部歌剧的作曲任务，就是柯岩同志写的《请记住》，我已经开始创作了。那个是中央歌剧舞剧院约的曲子，也是向建国30周年献礼的一个歌剧。这个《星光啊星光》是中国歌剧舞剧院约的，两个歌剧舞剧院，同时来约我作曲了。那么，中央歌剧舞剧院的《请记住》是在前，所以，这个时候歌剧《星光啊星光》拿来以后，我就有些犹豫。重点是能不能承担得了，歌剧是很重头的一个音乐创作，除了两部歌剧，同时我还有电影音乐如《走在前面》《挺进中原》《黄桥决战》要作曲，《黄桥决战》后来被换成了《雪山泪》，三部故事片，两部歌剧同时创作，任务是很繁重的。我开始就想推掉这个歌剧《星光啊星光》。后来我有一个同学叫顾毅，他当时也在八一制片厂协助工作，写音乐。他就鼓动我，这个不能推，这个歌剧好呀，意义多么重要，解放思想，否定"文化大革命"，讲得非常令人动容。我看了剧本以后也很受感动，于是我就接受下来了。刚开始，歌剧院因为编剧就不是他们的人，作曲再不是他们的人，他们就觉得好像不是歌剧院的作品了嘛。他们开始也不是很放心。所以，写一场，乔羽同志就带着他们的人听一次。再写一场，就再来听一次。第二场写完之后就不来了，表示放心了。因为我们当时居住环境都不是太好，家里头都比较挤，因为《星光啊星光》的编剧之一张四凯是空军文化部长，于是我们就借住在空军指挥学院的招待所开始写。因为时间太紧张了，这个歌剧《星光啊星光》一开始有60多段唱，我们基本上是一个月左右的时间，就把它给突击写下来了。我写完了就交给顾毅，或者他写完的东西交给我。就这样，一个月的时间，连创作带修改，再加上电影音乐，和另一个歌剧《请记住》。因为《请记住》中央歌剧舞剧院也在催我，他也出现了那个问题，编剧柯岩同志不是歌剧院的人，所以中央歌剧舞剧院是不想找我作曲的，他想找他们院里自己的同志。柯岩坚持说要找她写剧本，就得找傅庚辰作曲。歌剧院拧不过她，所以出现我为两个歌剧院写歌剧，两边同时催的情况。柯岩一看我写《星光啊星光》，也有点着急。我就跟她解释，我说这个反正都不影响吧，咱们都把它给搞出来。另外我说，这个《星光啊星光》的歌剧怎么有意义。后来结果还是，《星光啊星光》先写完了，先彩排。1989年先是在北京郊区，一个连窗户上都没玻璃的场地上排练。导演舒强是从中央戏曲学院请来的，他是中国第一个导《白毛女》的老导演，很有经验。每天下午他从城里坐车到那儿去，我们其他人都住在那个地方。没多久，中国歌剧舞剧院在院内也开始了排练，当时的院长是严永老同志，副院长有李刚同志参与，乔羽和我家都不住在那附近。有一段时间，是每天上下午在那儿排，中午在歌剧院的食堂做面食的大案板上，我们三个人在那儿吃饭。我记得，乔老爷子有时还来二两二锅头喝一喝。我们三个人没地方午休，就在院长的办公室休息。所谓办公室是什么条件呢？大写字台上躺一个人，一个不完整的、都是露窟窿的沙发上躺一个人，还有一张没有褥子的床。当然最好的地方，我们要让给严永同志，他年纪比较大，床要让给他。然后再次之是乔羽，再次之是我，我岁数比他们小，中午就在那个地方将就一下。就是这种日子过了一段之后，大规模排练开始后，就到文化部干校继续排。进入彩排阶段后就找可以化妆的地方了，于是7月在中央党校进行了两场带观众的彩排。中央党校的学员都是有一定职务身份的，第一场彩排完了，第二场开演之前，在休息室，他们党校的郭教务长对我说，哎呀，同志们，你们的戏把我们中央党校掀起了轩然大波。我们说，怎么回事呢？他说，就是争论"文化大革命"能不能否定，就争论这个。一派同学说本来我们给学生布置的讨论题，看完戏第二天上午就不讨论那个讨论题了，就讨论"文化大革命"到底怎么看，能不能否定？争论得很厉害。我就问，我说郭教务长，你怎么看？他说，我是同意你们戏的观点的，"文化大革命"已经否定，他的态度非常明确。这是第一次争论。

其中还开了一次座谈会，座谈会上也出现了这样的争论："文化大革命"能否定吗？能全盘否定吗？那是毛主席领导和发动的呀，至少要三七开、四六开，不能全部否定吧。中央党校也是争论这个问题。

最厉害的争论，是在四次文代会上。到了10月下旬，召开四次文代会，从10月下旬开到11月上旬。邓小平同志讲了人民需要文艺，文艺更需要人民，就是讲那段有名的论述。接着我们给文代会代表做了两场演出。

第一场演完了，某代表团反映很激烈，说《星光啊星光》这样的歌剧能算好作品吗？"文化大革命"能否定吗？至少应该三七开、四六开吧，这样不行，意思就是这个不好，这个不行。某某某那种才可以嘛。很尖锐，这个简报就送上去了。为什么他讲这个是好作品呢？是因为当时的文联主席，中宣部副部长周扬代表为四次文代会做报告，报告里讲，党领导文艺有什么好作品，就是粉碎"四人帮"之后，也有好作品。比如说，歌剧《星光啊星光》这就是好作品嘛。他是这么说了，下边就对他这个说法不同意，说那能是好作品吗，"文化大革命"能否定吗？结果这个报告简报上去了周扬就看见了。当晚周扬召开各代表团团长会议，其中就有送简报的这个代表团的团长。周扬说，这个文代会的报告并不是我一个人写的，虽然是我说的，是大家集思广益讨论写出来这个，我看到了某某代表团简报对这个《星光啊星光》作为好作品提出质疑，我今天晚上才来看。这个戏事先并没有看过，因为我也看不过来，但是报告是我讲，我念出来的。我看了那个简报，我专门来看这个《星光啊星光》，我认为我不但没说错，我说得还不够。他说了这样的话。我们有一位领导，我曾事先请过他，请他来看这个《星光啊星光》。他当时答复我说，他有外事活动，没有来，但是周扬这个讲话之后，开过这个会议之后，他就给我打电话。他说，傅庚辰我要看《星光啊星光》。我说，没有了，就安排我们演出两场，今天第二场都演完了。他是演完之后给我打来电话。我说那以后有机会再请你吧。

当时，对"文化大革命"能不能否定的这个思潮，应该说认为应该否定的已经逐渐占上风，但是中央没有表态。因为这是1979年的7月正式彩排，到10月开始演出，那时候在天桥剧场一天一场，我们每天都到休息室去听意见，那些老同志，特别是当做走资派批斗的那些老同志，几乎是看一场哭一场，看一场哭一场。看完还要剧本继续看。我记得，上海的市委副书记兼部长陈逸同志就曾经当过总政文化部长，曾于1957年被打成右派，他对我说：傅庚辰剧本取出给我，我让上海歌剧院演。第二天我与词作者把剧本取出来，送到他住的地方去了，上海歌剧院上演之后，他在《文汇报》上发表了一整版的文章，还登了一张剧照，他当然是很肯定的。后来我到上海录电影音乐的时候见他，他还说，你不知道啊，我让上海歌剧院演这个，他们有顾虑，怕卖不出票，因为歌剧院一个小剧场，位置又不太好，另外这种内容的戏有人看吗，政治性这么强。于是他说，你们如果有困难，我们市委给你补钱，你们亏了，我们市委给你补。结果一个月演了31场，不但没亏钱，还挣了钱。后来，我去的时候，他们歌剧院还请我去开过一次座谈会。

在福州、沈阳、哈尔滨也巡演过这个戏。但是，关键那个时候官方对"文化大革命"没有表态。因为这是1979年九十月的事。两年之后，1981年党的十一届六中全会作出了《关于建国以来党的若干历史问题的决议》，就是全面否定了"文化大革命"，这当然就是一锤定音了。可是我当时作为曲作者，当时还是担着一些风险，1983年我调动工作的时候，一个老领导出于好心还劝我，他说，傅庚辰你写《星光啊星光》，写那些作品干什么呀，费力不讨好。他说，正在调整级别，他说要不是你写了《雷锋》《地道战》《闪闪的红星》这样的作品，这次调整级别就调不上去，调整级别的人就给提出来了：傅庚辰创作思想不端正，他写了《星光啊星光》《风》这样的作品。但是八一电影制片厂有一位参加会议的同志，他大概也有心理准备，他说，那他还写了《地道战》《雷锋》《闪闪的红星》。等到我真正调工作，负责干部的领导就说，幸亏你写了那几个，要不然你根本就提不了。所以那时候，虽然都已经做过结论了，还是有些人认为这样的作品是有缺陷的。当然后来慢慢也就平息下去了。

但是，回头来看这件事，我觉得我还幸亏是这样写了。忠于时代，忠于历史，诚挚于人生。所以，《星光啊星光》这部歌剧，我是不后悔的，只是把中央歌剧院的就耽误了。后来因为《星光啊星光》一写出来之后，一个接着一个座谈会、采访，根本就没有时间再顾及中央歌剧院的。后来当然柯岩也挺谅解我，座谈会一个接一个开，在剧协开座谈会上，柯岩发言还热烈地称赞这个《星光啊星光》。

现在看来，有一点像"文革"中间写《闪闪的红星》那种感觉。虽然那个时候是那样的，我记得有一场演出完了，音协当时主席吕骥同志当时上台讲话对他们说，不是说粉碎"四人帮"之后我们音乐界没作品吗，这不就有了吗！所以，《星光啊星光》它也是反映了那个时代的一个呼声。有记者采访我的时候问："你为什么敢写这样的作品呢，你就没有什么顾虑吗？"我说："我没有顾虑。"因为我认为，像"文化大革命"这样的历史，绝不能允许它重演，这是我深切的一个体会和感受。

唱人民心声　谱时代之音

20世纪末，我受命率全国政协代表团访问泰国。到泰国第二天日程是参观议会大厦和大王宫。为"以防万一"，我把革命家诗词歌曲专辑《大江歌》揣到兜里。后来，果真"出事"了。一进议会大厦休息室，泰方文化教育委员会主任高力海军上将一路小跑过来。他对我说："我们议长要见您。"我一愣，很紧张，外交无小事嘛！我说："没必要吧！事先没有这样的安排啊！"正说着一个女上尉军官也是一路小跑进来。她说："傅将军，您带礼物了吗？"我只好把这个小录音带拿出来了。她说："我去包装一下。"很快，录音带被包装成一个精致的小盒。这时高力上将又跑进来说："米猜·雷楚攀议长已经到会见厅门口等您了。"到这个份儿上我能说不去吗？就只好跟着高力走，一拐角就看到议长站在那儿，周围都是摄像机、照相机，有一大帮记者。我这心情更紧张，就是会见也不知道说什么，就进去了。客套话过后，他说："为了向中国代表团表示敬意，我向傅将军和你们代表团赠送礼品。"礼物琳琅满目许多。他送完就该我回送，我说："议长先生的礼品很丰富，很华丽，我的礼品比较简单，就一小盒我作曲的录音带。但是，我要向您作一个解释。这盒录音带里一共有12首诗词歌曲，是我们老一辈革命家毛泽东、周恩来、朱德、董必武、陈毅、叶剑英他们的诗词作品，这些诗词不但是文学上的精品，同时也是他们领导中国革命半个多世纪历史的光辉足迹。现在，我把它送给您。"结果他的回答大出意外，让我大吃一惊："哎呀！你的礼品太好了！比我的礼品强多了！我对毛泽东、周恩来、叶剑英非常敬仰，我要拿回去好好地欣赏、永久地保存。"他居然能说出这番话来，泰国与我们是不同的社会制度、不同的意识形态，而且他是国家领导人，是上议院议长。这件事给我的启示是什么呢？艺术的精髓力量是无穷的，艺术的真善美是永恒的。回去以后我们代表团的同志们哈哈大笑！本来大家都替我捏着一把汗，现在是一块石头落了地，放心了！

我讲这几个例子就是要说明我们要追求艺术的真善美，要扎根人民、扎根生活、扎根实践。否则，就不会有《映山红》。《映山红》是我在江西写好了全部歌曲和乐队伴奏谱回北京就等录音时发现的歌词，经过激烈的思想斗争、深入细致的思考，在深入细致地分析了母子说话时的主客观环境、人物的思想感情分寸后，痛下决心，放弃前三首歌曲，而另写《映山红》。这是冒着很大风险的举措。

2011年，为庆祝建党90周年，由中国文联、中国音协等单位联合举办"理想之歌——傅庚辰作品音乐会"，曲目以革命家诗词歌曲为主，很受欢迎。中央有关领导指示："要多演！"于是，我们在8个省市进行了巡回演出。在贵阳的第二场音乐会结束后吃夜餐时，音乐会的年轻指挥说："通过两天的排练和演出，我深受教育。"然后又说："我要求留在贵阳，我要加入中国共产党！"我当时非常惊讶，这样经历的一个人——在香港出生，在英国接受音乐教育，在澳门定居，通过这几场音乐会他就要加入中国共产党！贵州省文联副主席汪信山说："《理想之歌》就是我们共产党人的青春之歌！"

2016年春节前夕，习近平总书记第三次登上井冈山，看望慰问革命老区人民和干部，满怀深情地说："行程万里，不忘初心。"井冈山时期留给我们最为宝贵的财富就是跨越时空的井冈山精神。7月1日，习近平总书记在庆祝中国共产党成立95周年大会上发表重要讲话指出，"不忘初心，继续前进！"说得太好、太重要了，直往心里钻！初心不能忘，继续向前进，向前进，要跨越，"跨越时空"。所以，我这次把我的作品音乐会的名称定为《红星的故事》，并写了四句话："革命摇篮井冈山，红色精神代代传。胜利道路通天下，红星故事唱不完。"

往事如潮

　　2003年8月15日至25日，全国政协教科文卫体委员会农村文化建设考察组赴黑龙江省考察。火车越接近哈尔滨，我的心越不平静，因为这是回到我阔别多年的家乡。当我们完成了预定的考察点，在从伊春返回哈尔滨的路上，既是东道主又是我们考察组成员的哈尔滨市政协主席程道喜同志向我们建议，在呼兰停下来参观肖红故居和百年仙人掌。于是我们来到了呼兰市肖红故居参观。

　　肖红本名张秀环，1942年逝世时只有31岁。而她写的《生死场》《呼兰河传》等上百万字的文学作品已使她成为驰名中外的女作家。她虽生命短暂，却光芒四射。在她的一张全家福照片上，我看到了张秀珑、张秀琬姐弟二人，原来肖红就是她们同父异母的姐姐。1948年我在东北音乐工作团（简称"音工团"或"东北音工团"）时期，曾和张秀珑、张秀琬姐弟在一起工作。当时音工团的团员分成若干组，我们是第六组，也是全团年龄最小的一个组，这个组里的刘钢只有10岁，年龄大些的张秀琬也只有15岁，我当时12岁。张秀琬的文化程度比我高，参加音工团时已是中学生，而我只是小学四年级。当时姐弟同在音工团的除了张秀珑与张秀琬之外，还有刘凯与刘钢、李荫华与李荫中，所以音工团也有"姐姐组""弟弟组"之称，因为张秀琬、李荫中、刘钢都在我们组，当然我们就是"弟弟组"了。随着全国的解放，文艺队伍的调整，1954年，张秀琬随着东北人民艺术剧院歌剧团整建制地调进北京中央歌舞剧院。到那里不久他就调到了剧院创作室从事作曲工作。再不久，他又调到西藏自治区，担任西藏自治区歌舞团的副团长，并改名为石坡。其实他早就想改名字，过去大家都笑说他这"秀琬"二字是女孩子的名字，这次他是如愿以偿。张秀琬是我们这个"弟弟组"里成熟最早、进步最快、第一个担任领导工作的同志。1961年，我调到八一电影制片厂后，在我写故事片《雷锋》音乐期间，他曾从西藏到北京来休假，那时我去看望过他，在他临时下榻之处与他共饮"竹叶青"。他向我介绍了自从调进北京以及去西藏后的情况。谈话中间我问及他个人的婚姻，他说他爱人正在中国音乐学院学习声乐，素质与条件都很好，并对我说："你写的曲子如果适合，可以让她来唱。"我记住了他的话，在故事片《雷锋》录音乐时，我曾请他的爱人担任插曲《唱着山歌过田来》这首二重唱的女高音。1978年我为峨嵋电影制片厂的故事片《挺进中原》作曲时，曾去成都市他的宿舍看望过他，他依然热情地留我吃饭喝酒，谈笑风生，对许多人和许多事都看不惯，多有抨击。他有才华，也有傲骨，眼光颇高，但事业似乎并不太顺利，言谈中给我有这种感觉。而且我还感到那时他的身体已经不大好，所以临别时我曾劝他遇事想开些，少生气，要注意身体。没想到，这竟是我们的永诀……

8月24日上午，我们考察组与黑龙江省市有关领导举行座谈会，按照前一天考察组会议的要求，每个成员，包括哈尔滨的程道喜同志都要在会上发言，交流这次考察的观感，提出意见和建议。会议一开，大家一个接一个发言，气氛热情洋溢，等轮到我发言的时候时间已经不多了，最后全国政协副主席、考察组组长张思卿同志还要讲话，所以我就说我不讲了，留下时间请张副主席讲。但省市的同志和张思卿同志都说："你是哈尔滨老乡，又是考察组的副组长，你不能不讲。"于是我说："古人说'少小离家老大回'，而我是少年离家老年回。12岁离开哈尔滨，63岁回来，半个世纪都过去了，看到家乡发生的巨大变化，今昔对比，感慨何止万千！想说的话真是太多了……"可以说一到哈尔滨，我的心情就难以平静，在长途行驶的汽车里，我往往陷入沉思，往事如潮……

1948年3月我参加东北音工团时家还在双城堡。一个月后，家里传来消息，母亲生病，希望我回家看看。待我请了假回到双城堡家里时，母亲的病情已经好转，所以我只在家里住了一个晚上就返回哈尔滨了。我买的火车票是夜里10点多钟，到达哈尔滨已是夜里12点了。公共汽车和有轨电车都已停止，我只能从火车站步行往团里走。夜已深，天又下着小雨，街上黑沉沉、静悄悄的，为防不测，我把皮带从腰间解下来拿在手里。当拐过喇嘛台走上大直街不久，突然从树后闪出一个人来，他快步走到我的身边和我搭讪。他问我："小同志，你去哪儿？"我说："去河沟街。"他说："我也往那边去，咱们一块走。"于是就和我一同向前走去，边走我心里边疑惑，他为什么深更半夜躲在树后呢？天又下着小雨。我一边想一边注意看了看他，只见他浑身上下一身黑衣服，还戴一顶黑制帽，个头很大，我的身高还不到他的肩膀头。这时我突然想到，前几天听说在离我们团驻地不远的树林里发生了战士被特务暗杀的事件，心里一阵紧张。又想起听大人说过强盗"背人"的事，当坏人往你身后背身一站，用绳子套上你的脖子一背，被背的人一会儿就窒息了。想到这里我就更加紧张，很想离开他远一点。越这么想，就越觉得他在往我身边靠，越有这种感觉，就越紧张。但同时我也在琢磨对策，为了让周围容易看见我们，故意走在大马路的正中间，否则在暗处他要是对我下手，我是打不过他的。突然，我的眼前一亮，原来我们已经走到铁路俱乐部旁边的路口了，从此往左拐不太远就是苏联总领事馆，那里有盏很亮的聚光灯，而且有哨兵。正是那盏聚光灯照亮了我的眼睛，我想，到了那里他肯定不敢再跟着我了。就在这时，他却对我说："小同志，这里拐弯不好走。咱们走到前面路口再拐弯吧。"而我想，要是现在不跑恐怕就没有机会了。主意已定，急速左拐弯，撒腿向下跑去，跑出一段路后回头一看，他正沿着墙边在暗处跟着我，因此我就更不敢怠慢，一口气跑到了苏联总领事馆门口才停下来。我再一看，他已经从总领事馆门口向左沿着墙根跑了下去，等于是往回走了，这说明他根本不是和我同路，所以，我如果不是果断地脱离他，后果真是不堪设想。这时传达室里出来一个老大爷，问我有什么事，我就把刚才的情况说了一下，他顺着我手指的方向往前看，那个人的影子已经十分模糊了。这位看门的老大爷看我穿着军装，问我是哪个单位的，我告诉他，就是下面河沟街三十八号东北音工团的。他说："那个人已经跑了，你不用怕，赶紧回单位吧，我站在这看着你，这里还有哨兵。"于是我就一路小跑地奔向音工团。当接近团址时，我想抄近路，从马路和音工团中间的空场穿过去，可是我忘了，就在我回家的前些天，全团还进行动员翻挖这块空垃圾场，准备种菜，以便解决大家的吃菜问题。因为那时我们没有菜金，粮食也不够，一天三餐必须有一顿稀饭，睡觉的床上没褥子，只有草垫子，洗脸只有肥皂，刷牙只有牙粉。当我在这已挖开的凸凹不平的垃圾场上奔走时，一下摔了个结结实实的大跟头，听到左手"咔叽"一响，之后手指很疼，但当时也顾不得这许多，爬起来赶紧往团里跑，到跟前一看，大门早已关闭，于是爬墙进院回到宿舍。此时已是后半夜，同志们早已进入梦乡，我脱下满身泥水的衣服，洗了洗手和脸，钻进了被窝，这才如释重负。第二天起来发现左手第四指很痛并且肿得很粗，是昨夜摔跟头时挫伤的。51年过去了，至今这个手指的关节还比右手四指的关节粗。也算是留下个非常年代的纪念吧。

参加音工团不久，就是"五一"国际劳动节。为了庆祝这个全世界劳动人民的节日和全国第六次劳动代表大会的召开，音工团赶排了一台音乐会，其中最主要的节目就是由天兰、胥树人、侯唯动、晓星等作词、刘炽作曲的《工人大合唱》，全团动员，投入排练。乐队人员不够，还从其他单位借来一些。当时的我是既没资格参加合唱队又没能力参加乐队，只能在正式演出的时候站在观众入场门口帮助收票打杂。偶尔乐队打击乐缺人，我也上去帮助打打小锣。我的水平实在是太低，也可以说根本就没水平。按年龄，我本应该读完小学六年，但由于日本投降，社会动荡，学校停课等原因我只读了小学四年。我们"弟弟组"的张秀琬、李萌中、李国斌、崔育勤、孟文秀以及后来的赫声、张雪松、伊方等同志的文化程度都比我高，大概只有胡增诚、刘钢的文化程度和我相似，那时我们十分幼稚，严格说还是一群孩子。我深深感到需要学习、学习、再学习。记得工作几个月后发生过这样一件事：我们组里年长的几个同志跟着大同志们去慰问部队了，留在家里的我们由寄明同志（作曲家、少年先锋队队歌《我们是共产主义接班人》的曲作者）负责管理，有一天她检查卫生时，发现我们的头上都长了虱子，于是决定让我们把"分头"剃成"光头"。这对我们有如晴天霹雳，反应强烈，甚至和寄明同志展开了一场小辩论。我们强调说："过去我们从没留过分头，那是因为生活条件差留不起。现在参加革命了，生活改善了，为什么还不能留呢？而且从'光头'留成'分头'要好几个月，多么不容易，怎么舍得一下剃光呢？卫生不好我们可以改进嘛。"七嘴八舌不一而足。但寄明同志说："正是因为你们参加革命了，所以就要讲革命纪律。现在组织上已经决定，你们就必须服从。虽然现在的物质生活条件比你们在家时强多了，但是现在正在进行全国解放战争，要支援前线，所以还有很多困难，否则我们为什么要挖开垃圾场种菜呢。你们现在还小，不会管理自己，与其留'分头'长虱子不如先剪掉，等将来条件好了，你们也大一些，会管理自己了再留嘛。"胳膊拧不过大腿，我们只有服从，忍痛"割爱"。但这件"小事"给我留下了很深的印象，所以当1997年寄明同志逝世后，我在《人民日报》发表《怀念寄明同志》的文章中还写到这件事。

随着解放战争向前推进，辽沈战役胜利结束，东北全境的解放，东北音工团和鲁艺文工一、二、三、四团又在沈阳合并组成东北鲁迅文艺学院（简称"东北鲁艺"或"鲁艺"）。我们音工团"弟弟组"和鲁艺一团、三团等其他单位年龄小的同志，共同组成了东北鲁迅文艺学院音乐系第三班，全班共124人，半年之后经过调整剩下了12人。因编制序列的变动，我们脱下黄军装，改穿蓝制服。形势和条件发生了很大的变化。由于条件的改善，我学习愿望的实现，心情非常愉快。当初参加音工团时，我很想学习小提琴，但当时的音工团只有几把小提琴，工作用还不够，怎么能轮得上我来学习呢，况且也没有教员，所以分配我的业务是学习吹竹笛。进了沈阳，到了东北鲁艺，情况就大不一样了，不仅有较充足的乐器，而且有好几位专职和兼职教员。一开始，我和黄魁弟老师学，他那时在东北广播电台担任其他工作，很忙，所以不久就换成董清才教授，过一段时间又换成俄国教员尤拉，他提琴拉得很好，听说在国际比赛中曾获过奖，教我的时候才24岁。这段时间我的提琴学业进步很快，我也十分努力，学习成果比较明显，因此在一次音乐系排练《黄河大合唱》时，系里曾让我担任小提琴首席。在此后的相当一段时间里，我对小提琴的学习热情一直不减，直到1950年4月毕业调到东北文工团以后仍然如此，一坐下练琴就是四五个小时。抗美援朝战争开始之初，我们每天要挖防空洞，加上长时间练琴，右手腕关节发炎了，肿得很厉害，但我还不死心，不愿放弃小提琴的学习，组织上也支持我积极治疗，除沈阳外，还在长春、大连医治过，但都没治好。这期间还包括我被派到朝鲜去慰问中国人民志愿军，带病背着提琴在朝鲜战场工作了半年，直到1953年8月从朝鲜回来后，才不得不决定改行。当组织上征求我的意见，问我改行后愿意做什么工作时，我选择了作曲。从此走上了我已从事几十年的音乐创作之路，而想当一名小提琴家的愿望未能实现，这已成了终生的遗憾。

从音工团到鲁艺音乐系第三班，组织上对我们的培养教育是全面的。政治课、业务课、文化课都有。政治课主要是社会发展史，中国共产党和中国革命简史，简要地讲解唯物辩证法、政治经济学，特别注重革命人生观和世界观的教育；文化课主要学习中学程度的语文、历史、地理，也兼讲一些文艺史；业务课除了各人学一门乐器之外，从基本乐理开始到初级和声学、音乐欣赏等。在鲁艺学习期间，我还听过许多文艺界著名人士的报告。除了鲁艺的院长吕骥、副院长张庚等同志外，还有丁玲参加世界和平与妇女大会回来的报告，戏剧大师洪深的报告，著名音乐家老志诚的钢琴演奏等都给我留下很深的印象。

记得刚参加音工团不久，词作家晓星同志给我们上政治课、讲革命人生观时，他说："革命人生观是一个革命者最基本的观点，要经过认真学习并在长期革命斗争的锻炼和考验中才能真正确立。中国共产党讲全心全意为人民服务，这是由中国共产党的性质所决定的。只有牢固地树立了革命人生观的人，在长期革命斗争中经受了考验和锻炼的人才能做到。比如说，咱们的团长吕骥同志可以说是做到了全心全意，他的心全是红的，我虽然参加革命比你们早得多，但也不能说做到了全心全意，只能说还是半心半意，心不全是红的，还有别的颜色。而你们呢，刚参加革命不久，你们的红颜色就更少了，所以要好好学习，争取将来能做到有一颗红心，好全心全意为人民服务。"这一堂启蒙教育课给我打上了深深的烙印。在组织上的不断教育下，我的思想觉悟有所提高，走革命之路，把自己的人生献给人民的思想初步确立，所以提出了加入新民主主义青年团的要求，并于1949年9月13日实现了这个愿望。按当时团章的规定，要年满14周岁才能入团，而我是1935年11月14日出生，还差两个月，再加上我还存在不少缺点，所以就给了我两个月的候补期。我的入团介绍人是当时我们三班的班干事周绍华和班长伊方。那时，沈阳虽然已经解放了，但中华人民共和国尚未成立，青年团组织也尚未公开，所以团的组织活动还处于半秘密状态。记得入团之初，逢周末，在沈阳市工人俱乐部全市的团员举行集会，放映《保尔·柯察金》等苏联电影，团市委书记发表了讲话，这既是团日活动，也是革命理想信念的教育。每当参加这样的活动都使我心情激动，燃烧起一种神圣的感情，觉得自己的一生就应该像保尔·柯察金那样贡献给人民和革命事业。随着革命形势的大发展，中华人民共和国的成立，青年团组织的公开，这种半秘密的活动方式也就停止了。

沈阳解放不久，东北鲁艺招生，混进来了少数坏人。这在急风暴雨的年代是不可避免的。国民党撤退时也潜伏下来一批敌特分子。所以鲁艺开学后不久，按照中央的有关决定，学院也开展了"反动党团分子登记"。我们班上的李国斌和戏剧系的郑凤等同志在会上发言时，尖锐地批判了反动党团分子，结果遭到了他们的暗算，李国斌被害成骨折，停止了学业，住进了医院。我们都到医院去看望，慰问这位阶级立场坚定的英雄同学。

这件事使我亲眼目睹了什么叫你死我活的阶级斗争。后来，这些混入鲁艺的敌对分子理所当然地被清洗出去了。鲁艺出现的这场斗争是中国人民的新生政权与不愿退出历史舞台的国民党反动派在全国范围展开斗争的一个侧面，意义重大。

　　记得在鲁艺学习小提琴时期，当时的年轻教员霍存惠老师还把他写的一首小提琴独奏曲交给我来试奏。当我到他家试奏时，他留我在他家吃午饭，吃的是苞米楂子水饭，当时他家比较清苦，好像只有一间房子。1954年我进入东北音乐专科学校（后改为沈阳音乐学院）作曲系学习时，他已是成名的作曲家，给我们班讲管弦乐法，后来他成为教授并曾担任过沈阳音乐学院的领导。由于我学习了小提琴，也热爱小提琴，所以也尝试着为小提琴编写曲子。1950年，那时我还根本不懂什么叫作曲，就不顾深浅地用东北大秧歌的民间曲调写了小提琴独奏《秧歌舞曲》，这是一首变奏曲。写成后交给刘钢演奏，因为我的手腕已患关节炎不能演奏了，而刘钢的提琴学得很好，技术上完全能够胜任。几年之后，他曾担任过辽宁歌剧院的小提琴首席。没想到这首曲子问世之后还很受欢迎，因此，刘钢曾应邀去沈阳广播电台和东北广播电台演奏。大约是在1950年底，当时东北人民艺术剧院院长安波同志在一次动员迎接外宾演出的大会上说："刘钢才十二三岁，演出时可以戴上红领巾，介绍作者傅庚辰时也可以少说两岁，说他十四五岁。"这时他身旁有人告诉他，不用少说，他就是14岁。安波说："那太好了，让外国人看看，我们中国人这么小就能作曲、独奏了。"2003年的3月，在中国文联召开的六届四次全委会议期间，在吃午饭的饭桌上，作曲家吕远同志突然问我："傅庚辰，你是不是写过一个小提琴独奏《秧歌舞曲》？"我一怔，我想，这都是近五十年前的事了，曲谱又没发表过，他怎么知道？于是我说："我是写过，可那是1950年的事，你怎么知道？"他说："我拉过。"我说："你怎么会拉过，谱子又没发表过，你哪里拿到的谱子？"他说："从哪里搞到的谱子我已记不清了，反正我拉过，还演奏过好几次。"当时我很惊讶，也很高兴。

东北音乐工作团和东北鲁迅文艺学院的一些领导和专家教授，他们或是我国革命文艺事业的开拓者和领导者，或是音乐、戏剧、文学、舞蹈、美术等方面具有杰出成就的大师，这些前辈对我们的培养教育影响了我的一生，每想到这里，心中就升起对他们由衷的敬仰和怀念。1993年毛泽东诞辰100周年之际，我请了刘炽同志为解放军艺术学院全院作报告，他以他成长的道路和他的作品阐述了《在延安文艺座谈会上的讲话》和毛泽东文艺思想对他的影响，反响十分热烈。转年在北京音乐厅举办他的作品音乐会时，我以解放军艺术学院的名义送去了祝贺的花篮，他不幸病逝后，我于11月20日在《音乐周报》上发表了纪念他的文章。2003年4月23日，中国音乐家协会纪念吕骥同志九十诞辰和从事音乐工作六十余年，并举办他的作品音乐会时，我特地前去祝贺。我不仅送去祝贺的花篮，还在开会之前先到休息室面见吕骥同志，当面向他说："祝贺您九十寿辰和从事革命音乐工作六十余年，感谢你们老同志对我的培养和教育，祝您健康长寿，祝音乐会圆满成功！"

8月18日下午，当我们考察组来到黑龙江省的边陲——建三江管理局勤得利农场第一小学校参观时，校长刘桂云同志找到我，要求我为他们写一首校歌并拿来了歌词。当晚我辗转反侧难以入睡：和这块黑土地相连，与我从黑土地走出人生之路相关的许多往事涌上心头。第二天上午8点我们就要离开这里，于是早晨5点钟我就起来，在刘校长歌词的出发点上，改写出如下的歌词并谱成了歌曲：

在祖国的最东方，
有一座美丽的学堂，
我们从这里开始，
去实现美好的理想。
在祖国的最东方，
有一所美丽的学堂，

童年金色的时光，
使我终生难忘。
勤得利啊勤得利，
我亲爱的家乡，
第一小啊第一小，
我生命的海洋。

这是我对"北大荒"人的敬佩，是我对黑土地的眷恋，更是我对最早教会我在生命海洋中游泳的东北音工团和东北鲁艺的一曲回声。

（原载于《鲁艺在东北》）

为革命家诗词谱曲

为革命家诗词作曲是我音乐生活中的一个重要方面。我作曲的第一首诗词是毛泽东的《沁园春·雪》，第二首诗词是毛泽东的《七律·长征》。《沁园春·雪》是为音乐会写的独唱，《七律·长征》是为重拍的影片《万水千山》写的主题歌，后来这个重拍的计划没有完成。这是1961年至1968年的事。这两次作曲还处于"就事论事"的阶段，还是仅就诗词的本身去理解诗词和构思音乐，所以写起来比较被动，比较局限和呆板。后来写得多了，认识也就逐步深入了。1976年末写叶剑英的《远望》，1977年春写叶剑英的《八十书怀》，之后又写他的《攻关》，紧接着又写了陈毅的《梅岭三章》《记遗言》《青松》《赠同志》《北斗住延安》（应武汉军区之邀为话剧《东进！东进！》写作音乐中的插曲，该剧以陈毅为主人公），1978年初为周恩来总理的《大江歌罢掉头东》作曲，1980年为张爱萍的《诉衷情，赠远洋舰队》作曲（大型纪录片《飞向太平洋》的主题歌），1981年为故事片《梅岭星火》作曲，该片也以陈毅为主人公，影片中有陈毅六首诗词，除原来写过的《梅岭三章》《记遗言》《青松》《赠同志》外，又新写了《大军西去》（影片主题歌）和《大庾岭上暮天低》，1982年为故事片《风雨下钟山》作曲时用毛泽东的诗《人民解放军占领南京》写成了该片的主题歌，1982年为胡乔木的《希望》作曲，1985年为傅钟的《长相思，致台湾故旧》作曲，1986年为张爱萍的《腾飞吧中华》作曲（1990年完成），在1991年中国共产党建党70周年时，我结集出版了革命家诗词歌曲《大江歌》的录音带和激光唱片。这是我作为一名共产党员向党的70岁生日的献礼。当时我曾设想为第一代领导集体成员每人写一两首，为此我曾查阅了许多资料，还专访了中央文献研究室，但小平同志和陈云同志的诗词没找到，少奇同志的诗词只找到了一首1919年写的，出于对少奇同志的尊敬和他在"文革"中的不幸遭遇，我非常想为他的诗词谱曲，但所找到的那首诗还不足以代表他，考虑再三最后还是非常遗憾地放下了。在采访中央文献研究室的时候，有一位同志曾建议我用小平同志的"面向世界，面向未来，面向四个现代化"写一首歌，我考虑到其他同志都是诗词，到小平同志这里变成了语录，效果未必好，也放下了。朱德同志已出版有诗集，我选了《庆祝中国人民解放军建军三十五周年》为之作曲。这样，革命家诗词歌曲专辑《大江歌》最后定稿为毛泽东的《人民解放军占领南京》，周恩来的《大江歌罢掉头东》，朱德的《庆祝中国人民解放军建军三十五周年》，叶剑英的《八十书怀》，陈毅的《梅岭三章》《记遗言》《青松与赠同志》（两首诗合成一曲）、《大军西去气如虹》，胡乔木的《希望》，傅钟的《长相思，致台湾故旧》，张爱萍的《诉衷情，赠远洋船队》《腾飞吧中华》，一共12首，由严良堃指挥，中央乐团合唱队演唱，交响乐队演奏，程志、刘维维、阎维文、王秀芬、杨洪基、熊卿才、周灵燕、秦鲁锋、贺磊明和李林安担任独唱、领唱、重唱，甘肃音像出版社录制。音带和唱片的封面标题采用周恩来的《大江歌罢掉头东》前三个字"大江歌"的手迹，背景是黄河瀑布，气势磅礴，并于建党七十周年之际，在人民大会堂广东厅举行了隆重的首发式。中宣部、广电部、中国音协、中央乐团、甘肃音像出版社、黑龙江省农垦建设总局、解放军艺术学院、北京市音乐家协会等单位的有关负责人、专家、前辈出席并讲话，广电部的一位负责人说："据我所知，由一位作者为这么多革命家诗词谱曲并集中出版录音带和激光唱片还是头一次，尤其在建党七十周年就更有意义。"胡乔木同志因病，特派代表到会致意，中央电视台新闻联播作了报道。

1997年7月1日，我应邀参加在江苏省盐城市举行的胡乔木塑像落成典礼时，董良翚同志交给我一首她父亲董必武同志的诗《病中观窗外竹感赋》，希望我谱曲，一个月后我把它写成了一首独唱。同年我还应珠江电影制片公司之邀完成了大型文献片《共和国元帅叶剑英》的音乐写作，该片共七集，每集都有叶剑英诗词歌曲，主题歌就是叶帅在世时加以肯定的《八十书怀》。文献片中除了原来写过的《远望》《攻关》《八十书怀》三首之外，又新写了《油岩题壁》《题画竹》《看方志敏烈士手书有感》《怀屈原》《虞美人·赠陈毅同志》《八一年春节》《赞王杰》，全片共有叶帅诗词歌曲十首，但可惜的是中央电视台于1998年8月播放该片时，为了安排时间而做了压缩。

我从20世纪60年代初开始为革命家诗词谱曲至今已38年，这种创作热情仍在继续。我12岁参加革命，是在共产党、解放军和老革命的教育下成长起来的。老一辈革命家的形象在我的心目中是崇高的，我从内心深处敬仰他们，尊重他们。另外，还因为革命家的诗词不仅是文学中的精品，诗词中的佳作，而且可以说，他们的诗词是他们心灵与思想的写照，是他们革命历程的足迹，是他们理想、信仰、精神、情操的结晶，是中华民族精神财富中极其宝贵的一部分，是中华民族悠久历史和灿烂文化的继承与发扬，是他们创建中国共产党，创建人民军队，创建中华人民共和国的壮丽颂歌。这些诗词既是他们的心声，也是人民的心声。所以，这些诗词一经问世便脍炙人口，不胫而走，受到人们的喜爱，发挥着巨大的鼓舞力量！因此，我在为革命家诗词谱曲的过程中，从开始"就事论事"写成曲子就算完成任务的状态，进而逐步意识到，要把这些诗词放在中华民族的苦难、奋斗、解放、振兴的历史长河中加以理解，要结合作者的革命理想、革命实践、革命情操、革命风采加以理解，如周恩来的《大江歌罢掉头东》、陈毅的《梅岭三章》、毛泽东的《人民解放军占领南京》、叶剑英的《八十书怀》、胡乔木的《希望》、张爱萍的《腾飞吧中华》等这些不同作者写于不同历史时期的诗词，却都表现出一个鲜明的、强烈的共同点，那就是诗人们为了振兴中华、造福人民而百折不挠英勇奋斗的伟大精神和崇高理想，其中最有说服力的莫过于陈毅的《梅岭三章》。1934年10月红军长征时将他留在了江西，他身带伤病，在内无粮草外无救兵，"天当房、地当床"，以野菜充饥的极端困难和极其危险的条件下坚持了三年游击战，许多人回家了，有些人叛变了，队伍大量减员，又与中央失去了联系，处于孤军奋战的境地。1936年冬的一天，当他的队伍下山执行任务时，他因枪伤未愈而留在山上的草丛中，这时敌人来了，四面包围、放火烧山，身边的警卫员中弹牺牲，他以为今天必死无疑，所以写下了《梅岭三章》这首绝命诗："断头今日意如何，创业艰难百战多。此去泉台招旧部，旌旗十万斩阎罗。"意思是：今天我就要死了，回想起投身革命身经百战历尽多少艰辛，但是我的革命理想是神圣的，革命信仰是坚贞的，面对死亡我也不会改变初衷，即使我死后到了"阴曹地府"，也要召集我的部下和你国民党反动派斗争到底。"南国烽烟整十年，此头须向国门悬。后死诸君多努力，捷报飞来当纸钱。"意思是：为了实现革命理想，为了建立新的国家，我已在烽火连天的戎马生涯中经历了十年，今天就要死了。但革命一定会成功，斗争一定会胜利，你们后来者的胜利捷报就是祭奠我的纸钱，我在九泉之下也会感到安慰。"投身革命即为家，血雨腥风应有涯。取义成仁今日事，人间遍种自由花。"意思是：投身革命，我就立志献身，早把生死置之度外，今天就是我取义成仁的时刻，我就要走向自己的归宿，但是，革命者的鲜血是不会白流的，它必将浇灌出胜利的自由花朵。《梅岭三章》这首诗词所展示出的革命家的理想信仰与精神境界是何等的崇高。所以我也意识到：为革命家诗词谱曲的过程就是我的学习过程，是我结合创作学习中国近代史，学习党史、军史、现代中国革命史的过程，也是我向革命前辈学习人生观、世界观、历史观、文艺观的过程，是我结合创作学习他们的理想、信仰、情操、精神境界的过程。因此我十分重视这项创作活动，尽可能深入地理解作品的时代背景、主题思想、风格内涵，仔细分析作品的艺术构思、结构、节奏、韵律，努力克服在创作过程中遇到的困难。例如，由于诗词的语言很简练，又受到仄韵的严格限制，有时文字上比较拗口（古体诗尤甚）易看懂不易听懂，给谱曲带来一定的难度。在作曲时既要表现革命家诗词的宏大气度，又要力争做到深入浅出、流畅上口，以便让更多的人能够接受，这就需要作曲时下功夫、想办法，高质量地写好这些诗词歌曲，使得革命家的光辉诗篇插上音乐的翅膀展翅飞翔。

（原载于《人民政协报》1998年11月3日）

唱响《理想之歌》

　　我于建党九十周年，举办了一个作品音乐会。这个音乐会可用三句话概括，第一句话是纪念建党九十周年，第二句话是为革命化诗词谱曲，第三句话是傅庚辰作品音乐会。题目就叫做《理想之歌》，因为革命家的诗词是一个理想信念的概括，是理想信念的集中，我最早萌生为革命家诗词谱曲是1962年，有些诗词以前当然都听到过、听说过，像毛泽东诗词，还有些革命家的诗词，以前也听说过，但是真正感触比较强烈的，是1962年。1962年7月到10月我到江西赣州参加采茶歌舞剧《茶童歌》的音乐创作，这时我才第一次看到陈毅的一些诗词，了解到他在极其艰苦的赣南三年游击战期间所创作的以《梅岭三章》为代表的这些诗词的历史背景。读到这些诗，使我深为感动、深受教育。当时我就暗下决心：有朝一日我要把它们谱成歌曲。1977年我应武汉军区之邀为以陈毅为主人公的话剧《东进！东进！》作曲，使我有机会在剧中写下了七首陈毅诗词歌曲，其中有《记遗言》和《梅岭三章》。1981年我为珠江电影制片厂以陈毅为主人公的故事片《梅岭星火》作曲时，再一次使用了《梅岭三章》等六首陈毅诗词。

　　1934年10月14日中央红军跨过于都河，开始了震惊世界的二万五千里长征，而陈毅却被留了下来，留给他的部队只有一千多人，要他坚持赣南游击战，而整个中央苏区已被敌人占领，他和中央已失去联系，面对数十倍于他的敌军围剿，没有稳定的根据地，他率领队伍进入深山老林，在油山、在梅岭、在帽子峰打游击，他的处境极端困难：内无粮草外无救兵，天当被地当床，野菜野果当干粮，队伍大量减员，队伍中一些人动摇了，一些人回家了，一些人叛变了！他还身带重伤；条件之艰苦，环境之险恶到了无以复加万分危急的地步。他咬紧牙关，坚持着，再坚持着。1936年的一天，部队下山去攻打一个反动派的据点，而敌人从四面包围了他所在的山头，并放火烧山，他和一个警卫员割倒一片茅草，以免被火烧到，不幸警卫员中弹牺牲了，只剩下带着伤腿的他一个人。他估计自己今天是必死无疑，到了生命的最后时刻，今天就是自己的归宿。于是他大义凛然地写下了绝命诗《梅岭三章》："断头今日意如何，创业艰难百战多，此去泉台招旧部，旌旗十万斩阎罗。南国烽烟整十年，此头须向国门悬，后死诸君多努力，捷报飞来当纸钱。投身革命即为家，血雨腥风应有涯，取义成仁今日事，人间遍种自由花。"陈毅以共产党人坚定的理想信念、崇高的精神境界，高尚的气节情操，写下了一个革命者的绝命诗和人间的千古绝唱。

"断头今日意如何"，今天我就要死了，有什么想法呢？"创业艰难百战多"，我们从事的革命事业是多么的艰难困苦，经历了多少枪林弹雨，征战厮杀。"此去泉台招旧部，旌旗十万斩阎罗"。是的，今天我就要牺牲了，但是，即使我牺牲了，到了阴曹地府，我也要召集我的部下和你反动派干到底！我也要继续实现我的革命目标。这是何等坚贞的信念，何等坚定的意志，何等壮烈的情怀。第一章的音乐，我设计了一个行将就义的革命者，怀着伟大的理想，迈着坚定的脚步，一步一步铿锵有力地走向自己生命归宿的沉重形象，长号、定音鼓与乐队奏出那沉重的引子，带出了悲壮的歌声，"南国风烟整十年，此头须向国门悬，后死诸君多努力，捷报飞来当纸钱。"诗人的思绪回到了那如火如荼的烽火年代、战争岁月，表达了"我以我血荐轩辕"的无畏气概，即使我死了，"革命自有后来人"，你们的胜利捷报，就是对我最好的祭奠。第二章的音乐描绘出如火如荼的斗争画卷，第一章之后紧接着一声大镲，乐队转为急风暴雨般的音型，战火纷飞、硝烟弥漫、慷慨激昂、壮怀激烈的形象。"投身革命即为家，血雨腥风应有涯，取义成仁今日事，人间遍种自由花。"第三章的音乐突出坚定性，中速，节奏短促而有力，与第二章的流动性形成鲜明对比。"投身革命即为家",把一切都交给革命了,矢志不渝。但"血雨腥风"是有头的,不是无尽的,"取义成仁今日事",我今天就要死了,我们的鲜血是不会白流的,必将会浇灌出自由的花朵,换来人民的解放。所以,音乐形象是坚定的,充满信心的,又是激昂慷慨的。《梅岭三章》三个篇章的音乐形象各有不同:第一章慢、深沉、沉重;第二章快、热烈、充满流动性;第三章中速、坚定昂扬。三章互有对比,但统一在革命者的光辉形象之中。陈毅的一生很光彩,但我始终认为他人生中最光彩的一段,是赣南三年游击战的那段艰苦卓绝的岁月。那三年的岁月考验了一个革命者、一个共产党员的革命意志、信念、情操、境界,展现出革命理想的灿烂光辉。

与胡乔木合作的三首歌曲

胡乔木的诗《希望》,从某种意义上来讲,就是革命者的理想之歌,"贞洁的月亮吸引着海洋,热烈的希望吸引着心房,月来了又上,潮消了又涨,我的心一样收缩又舒张"。月亮是比喻革命者的理想和信仰,海洋是比喻革命者,贞洁的月亮吸引着海洋,如同理想信念吸引着革命者,革命者的理想信念是非常纯真的。所以,音乐的形象也是,要写得非常圣洁,非常崇高。我当时在写这个音乐时反复琢磨,用什么样的主题,音乐?我对诗人的印象就是,不抽烟、不喝酒,穿一身布衣服、布鞋,一天到晚不是写就是看。所以当我写成了之后,又写了一篇文章,叫《希望在召唤》,请诗人给我解释他这个诗的时候,他最后讲了一段内容说:"傅庚辰,我是为我的理想而奋斗的。"我非常能理解这句话,我认为一点都没有夸张,因为我目睹过他的生活,他有什么嗜好?他的嗜好就是看书、工作,很朴素的生活,一生就是这么过来的。当了25年毛泽东和政治局的秘书,两个历史决议的首要起草人。这样一个人,他说:"我是为我的理想而奋斗的,我完全理解这个意思——你不要看我是这么高的身份,我不是要的这个。"所以，这样的革命者是值得人们敬佩的。因此，希望这首诗就是他的理想之歌。那么，拿到诗的过程是什么呢？

1982年春节期间，我去看望乔木同志，在客厅里大家谈笑风生，其间他从里边的房间里拿出来六首诗交给我看，并笑着对我说："庚辰同志，这是我最近写的几首诗，请你提提意见。"我说："提意见我不敢当，学习学习吧。"我一边说话一边看，这时木英在旁边说："老傅，你看怎么样，给谱个曲子吧。"旁边还有支持者也说谱个曲子吧，乔木站在一旁笑而不语，未加反对。我很认真地说："我先学习学习再说。"还是专注地在看诗，并特别被其中的一首《希望》所吸引。我一边看一边念，不知不觉念出了声音，当我念到诗的第十三句到第十六句"心和心相连，敲起了腰鼓，烧起了篝火，跳起了圈舞"时，石英在旁边开玩笑地说："爸，你还打腰鼓哪，人家现在都跳'迪斯科'了。"他的话引起了一片笑声。乔木同志也笑了，他笑着说："我们在战争年代，在艰苦的行军路上，夜晚烧起了篝火，大家围在篝火旁唱歌，或拉成一圈跳舞、打腰鼓，充满了同志的友爱、充满了革命的乐观主义精神、充满了对革命胜利的信心和希望，所以打腰鼓永远是我心中抹不掉的舞蹈形象。"这些充满感情、充满自豪的话语感染着我和在场的每一个人。我边看诗边拿一张纸在上面写音符，这些音符既不是完整的曲调，也不是连贯的句子，只是个别的小节，是引起我情感共鸣的闪光点，即时记下来以便正式作曲时参考。

《希望》是一首24行诗，作为歌词来说它较长，作起曲来有一定的难度，何况又是这样一位非同凡响的作者的作品，是不可以随便应承的。所以，我只是对乔木同志说："我喜欢这几首诗，尤其是《希望》，我准备为之谱曲，但是限于水平，不一定能写好，可以试一试，作为一次学习。"

贞洁的月亮，

吸引着海洋。

热烈的希望，

吸引着心房。
月下了又上，
潮消了又涨。
我的心一样，
收缩又舒张。
啊我的生命，
它多么仓促。
搏动的心脏，
着魔地忙碌。
心和心相连，
敲起了腰鼓。
烧起了篝火，
跳起了圈舞。
波浪在奔跃，
海没有倦时。
生命在代谢，
舞没有断时。
纵然海知道，
天会有暗时。
希望告诉心，
云必有散时。

　　我理解这首诗的核心是表现一个革命者对崇高理想和信仰的坚贞不屈
与热烈追求。因此，诗人把理想和信仰比喻为"贞洁的月亮"，把革命者
比喻为奔腾不息的"海洋"。"月亮"与"海洋"是那样紧紧地相依相
吸，相伴相随。"月亮"强烈地吸引着"海洋"，"海洋"在"月亮"
的吸引下奔腾不息。所以，七十高龄的诗人才会写出"啊我的生命，她

多么仓促。搏动的心脏，着魔地忙碌"，为了实现理想和信仰诗人在不停地奋斗着。"波浪在奔跃，海没有倦时。生命在代谢，舞没有断时"是说革命的事业有如大海的波浪在不停地流动，而革命者的奋斗也像大海一样不停地奔腾。人的生命是有限的，生与死的自然规律是无法改变的。但革命事业不会中断，前仆后继胜利前进。"纵然海知道，天会有暗时"，革命者知道，前进道路是曲折的，航道上会有险滩和暗礁，天空中会有风暴和乌云。但是，"希望告诉心，云必有散时"。革命者的崇高理想、坚定信仰是一定要实现的。因为，那是人类最壮丽的事业。诗人对理想和信仰的追求是那样热烈、那样坚贞、那样圣洁，所以才有"热烈的希望，吸引着心房"，所以才有"月下了又上，潮消了又涨。我的心一样，收缩又舒张"。诗人在《希望》的中段里，以无限怀念、向往赞美的心情对志同道合的革命同志关系作了生动的描写："心和心相连，敲起了腰鼓。烧起了篝火，跳起了圈舞。"在那艰难困苦的战斗岁月，在行军路上，在宿营地，在"火烤胸前暖，风吹背后寒"的环境中，"心和心相连"的同志关系是多么美好、多么纯真；"同志"这两个字是多么亲切、多么崇高、多么心心相印、多么血脉相连。人和人之间的关系，再没有比这两个字的含意更亲切、更深刻、更真挚、更纯厚的了。历史曾反复告诫人们：有多少伟业由于"心和心相连"而取得成功，又有多少大事由于心和心分裂而功败垂成。诗人采用了烽火年代的"腰鼓""烽火""圈舞"的特定形象和语言表现出这种革命事业支柱式的同志关系和由革命理想和信仰而生发出来的革命乐观主义精神是很生动、很典型的。诗的后段"波浪在奔跃，海没有倦时……"这八句是一个气势磅礴、宏伟壮丽的段落，表现了革命家矢志不渝的奋斗目标和英雄形象。因此在音乐的处理上就要放开，要写得很豪放、很壮阔，我采用了3/4和4/4交织的节拍，长时值，宽节奏，雄浑的音调，表现勇往直前的决心和力量。我在作曲的过程中曾请诗人为我讲解过这首诗，他逐句逐段为我作了深入细致的讲述，最后他用一句十分明确的语言概括了他写这首诗的本意，这句话给我留下了十分深刻的印象。

他说："傅庚辰，我是为我的理想而奋斗的！"

从1974年我认识乔木同志到1982年他写这首诗时我认识他已经八年，在这八年里，我亲眼目睹他那简朴的生活，忙碌的工作。他不吸烟、不喝酒，似乎没有什么嗜好，除了看，就是写，我曾见到他的写字台上堆满各种简报、文件，经常身着一身布料中山装、布鞋，戴一只表盘都已斑驳，系着黑尼龙线表带的上海牌旧手表。他有一间很大的图书室，门上有他亲笔手写的"告示"："本室图书，未经本人许可不得拿走。"大概读书就是他的最大嗜好。所以，当他说到"我是为我的理想而奋斗的！"这句话时我深信不疑，我也立刻就明白了他写《希望》这首诗的本意，因为这首诗就是他本人的写照，是他发自内心的倾诉，是他的心声。从以后十年来看，他对这首诗也确是情有独钟。我开始为这首诗作曲时，当时他的秘书黎虹同志告诉我，准备在"七一"前夕他过70岁生日的时候唱给他听，以示庆祝。所以我写好之后并没有拿给他，而是交给了当时人民日报文艺部编辑吴培华同志，之后我因正在为珠江电影制片厂反映畲族的故事片《喜鹊岭茶歌》作曲而到福建去深入生活，搜集畲族音乐。我是在福安县看到6月6日的《人民日报》上发表了这首歌，6月下旬我回到北京后给黎虹同志打电话询问庆祝生日之事。黎虹告诉我，乔木同志因唯一的一个孙子重病失聪，心情不好，生日不过了，听歌的事也只好往后推。于是我继续忙我的《喜鹊岭茶歌》音乐写作，当写作告一段落，后期录音完成后我又想起《希望》的事，便约了当时正在中央音乐学院声乐系四年级学习，现在已是系副主任的男高音歌唱家马洪海到我家里试唱，由我爱人张慧琴钢琴伴奏，用一个单声道的小录音机把它录了下来。9月下旬的一天晚上我带着录音带来到黎虹同志家，我对黎虹同志说："从2月份到现在已经半年了，我既然答应并已写出了曲子，这件事总得有个了结，对乔木同志也要有个交代。"黎虹说："你先放给我听听。"于是我就用他家桌子上的录音机放了一遍。黎虹听后说："好听！咱们现在就到乔木同志那里去。"我一看表，已将近10点了，我说："是不是太晚了？"黎虹说："不晚，他现在还不会休息。"于是，我们俩骑上自行车来到乔木家。当时他正在看电视剧《秦王李世民》第三集，黎虹对他说明来意后，乔木说："等我看完。"十五分钟后电视剧演完了，乔木、谷羽、黎虹和我来到一间有录音机的屋子，我为他播放录音带，他的神情显得非常专注，也很严肃，听得很认真。但是，我这个录音带质量比较差，一是在我家里录音，没有隔音设备，有杂音；二是因为是试唱，所以错了就要重录，有接头的"咔嗒，咔嗒"声，影响听歌的情绪。我注意到乔木同志脸上有疑惑的神情，于是我说："乔木同志，我来唱一遍。"我的嗓子虽然不好，但这首歌也是我发自内心谱写出来的，特别是诗的前段曲调的处理我用心最重，费时最多，因为这是诗的本质与核心。我反复推敲，一定要写出诗人对理想和信仰那坚贞圣洁的心境。我采用慢板；在中音区，用一种虔诚、崇敬、纯洁、高尚的情感轻轻缓缓地唱出那圣洁的主题音调："贞洁的月亮，吸引着海洋"，当我聚精会神地唱出这两句歌词时，我看到乔木的泪水夺眶而下，当我唱完全曲后，他与我紧紧地握手说："谢谢你，谢谢你的夫人，也谢谢那位唱歌录音的同学。"我说："你还有什么意见，请指教。"他说："没有，写得很好，就是最后几个'希望'的地方有的很低，是不是合适？"我说："'希望'一词在最后连续重复了五次，有高有低，这是作曲上的需要。"他说："那当然由你根据音乐来决定，我没什么意见，谢谢你。"至此，这首歌算是得到了他的首肯，我也了却了这件心事。后来，这首歌曾由许多歌唱家来演唱，电台、电视台制作了多项专题节目，中央音乐学院还把它编入了声乐教材。

1991年7月1日是中国共产党成立七十周年，在人民大会堂广东厅举行了我为毛泽东、周恩来、朱德、叶剑英、陈毅、胡乔木、张爱萍、傅钟八位革命家诗词作曲的专辑盒带与激光唱片《大江歌》的首发式，专辑里就有《希望》。乔木还派石英代表他到会致贺。特别是在建军八十周年、建国六十周年、建党九十周年三个重大历史时刻，由中国文联、解放军总政宣传部、中国音协等单位举办的《傅庚辰作品音乐会》中，《希望》是必唱曲目并广受好评。

十年后的1992年6月30日，正是星期六，我接到石英的电话，他说："明天是我爸爸的生日，他很想听听《希望》这首歌，你能不能找一位歌唱家来唱一下？"我说："你怎么不早说，都放假了，让我到哪里去找人？"我话虽这样说，但还是答应下来，我说："找乐队是不可能了，只能用手风琴伴奏。"他说："那也可以。"于是几经周折，我找到了二炮文工团男高音歌唱家刘建国、总政歌舞团手风琴演奏家张红星随我一同来到乔木同志家。进入客厅后我看到早有他的几十位亲友聚在那里，还有中央和有关单位送来的花篮和生日蛋糕，我们也带来了蛋糕，虽不能和人家比，但也是一份心意。正当我翘首相望，等待乔木同志出场时，使我愕然的是，他竟是坐在轮椅上被推出来的，我心里在想，他得了什么病，怎么都不能走路了？但这时大家都纷纷上前祝贺他的生日，我也上前祝贺，容不得我多想，接着由他首开、切蛋糕，大家一起吃蛋糕，吃完蛋糕主持人就宣布："为了祝贺乔木同志八十寿辰，现在请歌唱家刘建国同志演唱乔木同志作词、傅庚辰作曲的歌曲《希望》，张红星同志手风琴伴奏。"全场顿时安静下来，刘建国以前曾唱过这首歌并录过盒带，所以唱起来很自如、很得体，效果很好，唱完之后全场热烈鼓掌。这时，有人给乔木递条子，要求把诗再给大家念一遍，因为光听唱歌，有些诗句不是完全能听得懂，于是乔木说："'幸福'（石英的小名），你把诗再给大家念一遍，有些词大家没听清楚。"石英拿起载有《希望》的乔木诗集《人比月光更美丽》准备读诗，这时我心中一种激动的情绪油然而生，面对结织了十八年并坐在轮椅上的这位长者，与他相识相交相知的许多往事涌上心头，于是我猛地站起来大声说："石英，我来。"我要把十年前乔木同志拿给我这首诗、我为它谱曲的情况和我对这首诗的理解，把淤积心中多年的话说出来，一吐为快！这也是我对他八十岁生日的一个祝福。这时，包括乔木在内的全场人员都把目光转向了我，稍作停顿，怀着庄严崇敬的心态，从十年前乔木同志拿给我诗我为之作曲说起，然后一句一句地背诵诗句并加以解释，当我背诵到第三部分的"纵然海知道，天会有暗时。希望告诉心，云必有散时"这最后的四句诗时，我强调地说道："事情的发展被诗人不幸而言中，1989年和1990年世界上发生了什么事情大家都是知道的。"于是我再提高了声音重复朗诵了最后的四句，当我朗诵结束时，全场响起了长时间的热烈掌声，大家站起来向诗人表示祝贺，诗人也显得十分高兴。据刘建国在回来的路上告诉我，他在唱歌时正站在乔木同志的面前，乔木同志听歌时的面部表情非常激动，使他都不敢看，怕看了唱不下去。我朗诵之后乔木同志很快便被推走了。不一会儿他派人叫我到他那里去，他当时正在一条走廊里，当我来到他的轮椅前时，他先说感谢我带人来参加今天的活动，演唱他的诗歌，然后他说了两点意见：一是我为了歌曲音调进行得顺当，在"收缩又舒张"一句里加了一个"了"字："收缩了又舒张"。他说："这样加不妥，从词意上不需要，多余。另外，这是一首五言诗，这样一加成了"六言"，格式上也不统一。"说实在话，因为这"了"字是一带而过，在音调的时值上很短也很快，一般人根本注意不到也听不出来，连我本人都早已忘记，出于习惯了。而他却能敏锐觉察，可见他对此诗钟爱之深。第二点意见，他说："对'纵然海知道，天会有暗时。希望告诉心，云必有散时'的讲解'要宽泛一些'。"对此，他未多作解释。我当时有点迷惑不解，他再次表示感谢之后就又被推走了，我也未及多问。后来我曾反复思索他这句话的意思，直到一个月后我们第三次合作歌曲《扬州中学校歌》的时候我才明白了他的心意。

庆祝乔木同志八十寿辰不久之后我接到了他的秘书徐永军同志的电话和信件。信里一是扬州中学致中国音乐家协会名誉主席吕骥同志的信，请求吕骥同志用乔木同志1990年为扬州中学的题词写作校歌。二是吕骥同志致乔木同志信，信中说他正在忙于《乐记》的最后校订出版，建议乔木同志邀我为扬州中学的题词作曲。三是乔木同志为扬州中学题词的影印件。我回电话给徐秘书说："因为我不是扬州中学的校友，由我作校歌不大合适。"隔天后徐又给我打电话说，已将我的意见报告乔木同志，但乔木的意见仍希望我来作曲。徐还说："乔木同志已住院，希望你就不要再推辞了。"我说："既然这样，那就请你转告乔木同志，我接受作曲之事，但仅用这六句题词作校歌太简单了，能不能请乔木同志另写歌词？"没几天徐秘书就转来了乔木同志新写的八句歌词。我接到后很快谱成歌曲，由当时在军艺音乐系学习声乐的空军歌舞团独唱演员陈小涛演唱，我爱人张慧琴钢琴伴奏，在我家中录了一盒小样，送到乔木同志处。不久徐秘书又给我打电话并送来一封信，信里装有乔木同志另写的一首歌词，从原来的八句变成了十六句。可能是那八句的歌曲他听后引起了他对母校往事的许多回忆，于是又不满足于八句而改成为十六句歌词了。

扬州中学，

你扬州的骄傲，

你中学的明珠。

在你的怀抱中生长，

怎能把你辜负。

啊为河山要画出新图，

但一切我们还生疏。

啊学习学习再学习，

进步进步再进步。

扬州中学，

我亲爱的母校，

我生命的摇篮，

六年似水的光阴。

多么值得眷恋。

愿你美妙的青春永远驻守校园，

愿你放射的光辉永远照耀人间。

乔木同志的修改不仅是数量的增加，而且连歌词的特点、格式都改变了，所以我原来的曲子也就不能用了。他这一而再、再而三的修改，使我明确地意识到，他对这首校歌非常重视，否则他不会在疾病缠身住院期间反复修改歌词。人在老年回首往事自然是百感交集的。因此，我也应当十分认真地对待这首校歌的谱曲。经过仔细对照他的题词和第一方案与第二方案三个稿子，我发现他对视为"生命的摇篮"的母校怀有深厚的感情，衷心地热爱和深深地眷恋。所以他才能够写出："扬州中学，我亲爱的母校，我生命的摇篮。"学校的启蒙教育，为他日后的成长打下了基础，他一生的奋斗实践了他少年的宏愿，所以他才写出："扬州中学，你扬州的骄傲，你中学的明珠、六年似水的光阴、怎能把你辜负。"基于这深沉浓重的感情色彩，所以我在歌曲的风格上没有像通常写校歌那样把它写成进行曲，而是写成抒情成分较重的，介于齐唱与独唱之间的一种歌曲。为了在歌曲的开始就把人带入一种深深的怀念之中，歌曲起自全曲的最低音然后才逐步向上推进，并且从弱拍开头，头几小节采用3／4拍子，这就使人有一种娓娓道来的抒情叙述之感。正像乔木同志说话的风格那样，总是轻声细语、字斟句酌、缓缓而言。歌曲中部3/4、4/4、2/4三种节拍交织，只是在歌曲的后部为了增强力度表达决心和力量才都改为2／4拍子的进行曲式，中间部分"为河山要画出新图，但一切我们还生疏"的歌曲音调从最低音旋上最高音并给以较长的时值，强烈浓重地表达出词作者的感慨心情。改词后写成的歌曲再由陈小涛演唱，张慧琴伴奏录成盒带小样准备送徐秘书转乔木同志审听。当我和徐秘书通电话时，我改变了主意，决定亲自送盒带并探望他，因为他住院后我还没有去看过他，也不知他患了什么病。当我按照约定时间走进他的病房时，我惊呆了！他躺在病床上，床的两侧用绳子围成护栏，床的上面吊着几个可以用手拉着的吊环。这种景象使人明显感到他的病很重，行动十分困难。他见我进来扭头和我说话时先要用手拉住吊环，当时我不知他的病情，后来知道，那时他的癌细胞已经转移到四肢，骨头一碰就碎，所以才用绳子拦住床，以防止他从床上掉下去。我向他表示问候之后就拿出《扬州中学校歌》的录音带准备放给他听，我事先在电话中曾说过请准备一台录音机，但不知什么原因而没有准备。我对他说："乔木同志，《扬州中学校歌》已经写出来了，但不知道行不行，能不能表达你歌词的意思，现在我唱给你听一听。"他笑着点了点头。他是躺在病床上，床头靠墙，我侧身站在他的床头旁，俯身脸朝下为他唱歌，距离他很近。当我凝神轻声、富有感情地唱出"扬州中学，我亲爱的母校，我生命的摇篮"时，我看到他的眼中充满泪水，这情景使我心情激动，声音哽咽，几乎唱不下去。但理智告诉我，他已病成这个样子，他对母校这样有感情，我必须把歌完整地唱完。于是我慢慢地也是深有感情地唱完了全部歌曲的两段词。这时他似乎是从往事的回忆中醒过来，拉了一下吊环，侧转过脸，缓慢地从绳栏中伸出手来与我握手，并说："谢谢你，你是我最好的朋友！"这时我的心情也很激动，只说出了三个字："不敢当。"接着他又说："我一生没有写过爱情诗，最近写了一首，是送给谷羽（他的夫人）的，现在抄一份和我的文集一并送给你留个纪念吧。"文集上由谷羽同志题词，加盖了乔木同志的印章。爱情诗由警卫员当场抄了一份给我，我表示了感谢。这时，实际上也是我们相识十八年的最后一面，我向他提出了心中存在的问题。我说："乔木同志，我们建国都几十年了，正反面经验都已经有了许多，你在歌词中怎么还说'但一切我们还生疏'，这样提法合适吗？是不是有些过了？"乔木说："虽然我们革命、建设几十年了，但实践证明，许多事物我们还不懂、还不熟悉、还没认识，需要很好地学习。这样说并不过分。所以我在歌词的最后写了'学习学习再学习，进步进步再进步'。就是这个意思。"他说话时的表情很平和、很安详，但也很郑重，是经过深思熟虑的。既像是阐述一个哲学道理，又像是对我这个晚辈人的谆谆教导和嘱咐。我怀着思考、感激、沉重的心情向他道别，祝他早日康复！离开了病房。至此我也就明白了，7月1日在他家，他在轮椅上嘱咐我对《希望》最后几句词的解释"要宽泛一些"的含义了。这次探视竟成了我认识他十八年后的永诀，但他的形象、智慧、教诲和友情将永远留在我的心中。

这一段时间里头，我还写过一些其他的诗词，他这个诗之后，还写过张爱萍的诗，腾飞吧中华，还写过傅中的诗，长相思致台湾故旧，解放军建军三十五周年还写过朱老总的诗。在建党七十周年的时候，在1991年纪念建党七十周年的时候，我出了一本CD，叫《大江歌》。这里头有12首诗，就是毛、周、朱、董等12首诗，8个诗人的12首诗，封面就叫《大江歌》，就是用了周恩来的诗，《大江歌罢掉头东》，他的手记前三个字，在人民大会堂举行了首发式。总之，这一段，对于写革命家诗词，好像是很吸引我。然后到了1998年，我写了大型文献片《共和国元帅叶剑英》，这个文献片里头写了十首叶帅的诗词，当然有的因为这个电视片里头各种原因，它有些东西不是很清楚，但是主题歌就是《八十抒怀》，就是1977年我写的这个。到2003年又写了大型文献片《董必武》，里面也写了十来首董必武的诗词，主题歌叫"九十初渡"，这是他90岁时写的诗，"九十光阴瞬息过，吾生多难感蹉跎，五朝必证皆亲历，一代新贵要见磨"，还有病中观窗外竹感赋，等等。所以，革命家诗词的创作，在我的创作生涯里，是一个很重要的组成部分，也是我倾注心血很多，使我从中受到很大教育的一个部分，我曾经不止一次说过，我在文章里也这样写过，我写革命家诗词就是一个学习的过程，一个受教育的过程，也是一个学习党史、军史和国家历史的这样一个过程，对我是非常有好处的。

《航天之歌》诞生的前前后后

到了2003年，我记得应该是在5月或6月底，我们全国政协教科文卫体委员会的一次主任会议上，刘忠德同志说："庚辰，我们要成立一个难忘的歌艺术团，你来当这个团长。"我说："我不行，你是我们的主任嘛，又是文化部长，你来当。"这时候另外一位副主任叫栾恩杰，他是航天局局长，他说："你们成立这个难忘的歌艺术团，能不能到我们那儿去慰问演出一下。"我们就问："为什么到你们那儿去？"他说："我们要发射载人飞船。"这句话语惊四座，我们当时说，啊，是吗？中国人千年的飞天梦。他说："真的，都已经准备差不多了，就是看看确定什么时间，另外最后再检查检查。"结果第二天，我们委员会的另外一位副主任，叫翟泰丰，他曾任是中宣部副部长，当时是中国作协的党组书记，就拿一个歌词给我，他说："庚辰写一个曲子吧，我一看，他那个词写得很长，我说你这个词写得这么长，你现在给老栾看一看，他是航天局局长嘛，他是内行，你写的有没有不合适的地方。"结果，几天后我们再开会的时候，他拿一张报纸说："庚辰你看，都在报纸上发表了，你还不写曲子吗？"我说："你发表了，我也可能要给你改。""随便改！"我们俩很熟，就这么开玩笑。于是，我很快地写出一首歌，叫《中国飞船试神州》。我们自己掏的腰包，找了录音棚录了一个带子，然后就请黄浩丽同志唱的。唱完了，他跟我说他拿到作协的一个会议上，在一百多人的一个会议上放了，他说大家很高兴，反映很好时，他都快跳起来了。我说："真这样？"他说："真这样！"回过来再听一听我又有感触，我就给他写封信。我说："泰丰，咱们一不做二不休，写一首也是写，写三首也是写。"我说："我建议你，再写一个《航天摇篮曲》，因为航天员肯定是很年轻的，也许是新婚不久，这完全是一种推测，他在天上飞，他的媳妇在地上拍着他的孩子在摇篮里睡觉，我们设计这么一个情景，写一个航天摇篮曲。那么飞船返航一定全国欢呼，庆祝，我们再写一个航天摇篮曲，这样三首新词，再加上原来跟张爱萍写的两首，咱们有五首，这样就成为一套，一个套曲了，这样比一首力量就大嘛。"他接到我的信，当天晚上把两首歌词全写出来了。栾恩杰同志为此召开他们科工委的会议，并且研究如何开这个音乐会，就是航天的音乐会。"两弹一星"专家孙家栋很热情地也来参加，他也发表意见，说我们这个音乐会不要演外国曲子，都演中国曲子。他很积极支持这件事情，但是他提出了一个意见，他说："能不能给我们航天人写一首群众歌曲，让我们这个队伍也有一个歌可唱嘛。"我们说，当然这个建议也好，所以就叫《航天进行曲》，又增加了一首航天进行曲，这就是四首新词了。写完之后，我想，我们老一辈科学家是不能被忘记的，两弹一星，"飞天"，离开老一代科学家那是不可设想的，所以我就给老战友写一封信，我说我建议你再写一个航天人的歌，主要是写老一辈科学家，每想到这些成就的时候，我们脑子里就会闪现出一些闪光的名字，比如李四光、钱学森、钱三强、钱伟长，等等，离开他们，我们的科学成就不可能有今天这样的。他说好，写了一首男高音独唱航天人的歌。这样新写了五首词，再加上1980年张爱萍的《送东卿赠远洋船队》，1986年的《腾飞吧中华》，一共就有七首，加起来要唱35分钟，这就成了一套，大型套曲《航天之歌》，这其中有男女声二重唱，《航天圆舞曲》这样的歌，还有摇篮曲，都很是好听。

　　首演于2003年10月，名为"航天之歌交响音乐会"，正值全国政协主席贾庆林出国访问，他还专门写信表示祝贺。演出单位是国家交响乐团，指挥李心草。当年12月底，这台音乐会应海南省委之邀到海口演出两场，乐队仍由国家交响乐团担任，合唱由海口市公务员和教师合唱团担任。他们非常努力，演出质量不比专业合唱团队逊色，演出地点是海南省人民大会堂。演出时盛况空前、热烈非凡，尤其是《航天摇篮曲》和《航天圆舞曲》深获好评。2004年2月又由北京市委宣传部、市文化局组织，由北京交响乐团和三个业余合唱团合作，谭利华指挥，在北京航天城演出。由于当天晚上同时在中国大剧院举行双拥晚会，中央领导出席，所以当时的解放军总装备部部长兼"神五"航天总指挥李继耐和航天员杨力伟都被调到那里去了，这里由装备部的其他负责人和航天员翟志刚、聂海胜二人以及北京市的负责人、全国政协的几位副主席出席。因为是在航天城演出《航天之歌》，是对口演出，效果当然很好。演出之后航天城向我和泰丰同志各赠送了一只精美的小皮箱，里面装着一副白手套和"神五"的航天模型作为演出纪念。我一直珍藏着它，感到很有意义。

关于大型声乐套曲《小平之歌》

2003年12月31日，全年的最后一天，我在海口市成功举办了"航天之歌交响音乐会"。大家都沉浸在演出成功的欢乐之中，当晚的新年酒会气氛极其热烈。第二天，也就是2004年的第一天，乐团去三亚旅游了，上午我和泰丰夫妇在房间里闲谈，谈话间，泰丰的夫人韩寒对泰丰和我说："明年是小平同志百年诞辰，你们俩还不写点东西呀。"一石击起千层浪！我们俩立即说："对！是要写，应当写，要好好想一想写些什么？怎样写？"

回到北京之后，我和泰丰同志多次商量，决定还是写一部声乐套曲，要写出小平同志的功绩，要表达人民对他的爱。从1月至5月泰丰在工作繁忙的情况下数易其稿，我也尽我所能，从作品的整体内容、形式、风格、结构以及歌曲的细节等多方面为他提供参考意见，5月下旬我拿到了歌词的定稿。6月1日我到成都，2日到广安，4日返成都，7日返北京。到广安是为了考察和了解他的家乡，他的出生地，他的生活背景；在成都主要是看专场的川剧，听专场的高腔。这七天的四川之行就是了解和感受小平同志的乡音乡情。事后证明我不虚之行。

《小平之歌》是一部声乐套曲，共分六段：

序曲：管弦乐，主要由两部分组成。一是小平同志的颂歌，宏伟壮丽；二是对他出生背景年代以及对黑暗的旧社会的揭示。

一曲：合唱《他从广安走来》。当序曲结束时，紧接着由男高音以高腔的形式独唱出"他从广安走来，他从广安走来"，合唱队的男低音以低沉压抑的声音用号子的形式唱出"嘿哟嗬咳哟"。高腔式的领唱第二次出现，"咳哟嗬⋯⋯"出现在女低音声部。高腔式的领唱第三次出现，"咳哟嗬咳⋯⋯"出现在全体合唱队，接着唱出歌词"沉沉黑夜盼曙光，苦难人民盼解放，为求真理离家乡，投身革命奋斗忙"。之后的多段歌词概括和叙述了他一生奋斗的主要历程，全曲结束在"为理想，为人民奋斗"上面。而"咳哟、咳哟"的号子歌声也贯穿在歌曲的首尾，由低向高不断发展强大，为歌曲注入了动力，号子与高腔为这首歌注入了乡音，特色鲜明。这首歌如果换个名字也可以叫《奋斗》，这是小平同志一生的写照。

二曲：二重唱与合唱《三位老人》。歌中没说人物的名字，实际上指的是小平同志、卓琳和小平同志的继母，他们在逆境中，在失掉自由的情况下互相帮助，互相照料，充满人爱，充满人性之光，放射出生命的灿烂光芒。二重唱的男高音以宣叙调的方式唱出"一个沉沉的秋夜，一所空旷的步校，梧桐伴着暗夜呼叫，门窗伴着狂风呼啸"。二重唱的女高音采用节歌的方整性结构唱出："有三位老人在风雨中煎熬，用他们温暖的亲情互相照料，哪怕黑夜沉沉，哪怕风狂雨暴，他们那生命的火光在闪耀。"之后合唱进入"啊"的乐段，之后男高音独唱重复女高音的歌词，合唱队再唱"啊"的乐段，再之后合唱与男女二重唱采用"卡农"的形式交替唱"啊"的曲调和最后一句歌词"他们那生命的火光在闪耀"。感情真切，情意浓浓，充满人性之光。

三曲：女声独唱《小路》，这是《小平之歌》的核心歌曲，歌中虽然没有说出小平同志的名字，但字里行间无不流露出对小平同志深深的爱。它的生活依据是众所周知的"邓小平小道"，因为"邓小平小道"这几字太直白，也不好唱，所以我建议翟泰丰同志改成了《小路》。小平同志自1969年10月至1973年3月在这条小路上行走一千多次，他们夫妇每天从住处到南昌机械厂去劳动，往返于这条田间的小路上，来回一个多小时，在静静的田野上无人和他们交谈说话，小平同志已失掉了自由，党籍都停止了，他在每天一个多小时一千多次的三年田间行走中不能不思考问题，他当然会想到自己的前途和命运。但作为曾经担任过党和国家领导职务的他，目睹"文化大革命"造成的动乱局面的他不会只想自己的命运，而更多的会思考党和国家的前途及命运，人民的前途及命运，一旦出去工作将怎么办？执行怎样的政策？这是他夜以继日、"日复一日，年复一年"思考的核心，所以这一千多次三年多小路上的行走是改革开放的思想酝酿；是实现党的工作重心从以阶级斗争为纲转向以经济建设为中心的思想酝酿；是改变中华民族命运，开创历史新时代的思想酝酿。这是他伟大的历史功绩，也是我们歌颂他的主要原因。但这一切在《小路》这首歌里都没有用政治术语和政治概念来表现，而是通过浓浓的情感和深深的爱恋来歌唱："一条弯弯的小路轻轻地在述说，有一位老人曾在这里走过，日复一日，年复一年，他默默无语，他深深思索，我的祖国，你走向何方？亲爱的人民，亲爱的祖国，魂牵梦绕难割舍。啊！小路，小路，请你告诉我。请问他是谁？他是中国人民的儿子，他深情地热爱着祖国和人民，魂牵梦绕难割舍。"当独唱到"小路请你告诉我"时，合唱队接唱："请问他是谁？请问他是谁？他是中国人民的儿子，他深情地热爱着祖国和人民。"独唱再接着唱："他深情地热爱着祖国和人民，魂牵梦绕难割舍。"这一来一往、合唱与独唱的互相补充，使音乐的感情达到深沉浓重、强烈的地步。这就是当年我在"邓小平小道"上反复行走、反复思考的结果。

四曲：男女声对唱与合唱《新编凤阳花鼓》。前三段唱都很深沉，到这里一反过去，豁然开朗，别开生面，因为讲改革了，人民生活出现了新气象。真实的故事是中国的改革先从农村开始，而农村的改革先从凤阳县小岗村开始，那里十八户农民为了粮，为了活，立下了生死状，搞起了联产承包，这就是"联产承包责任制"的雏形，结果"当年丰收有余粮"，所以从前奏一开始就锣鼓喧天，喜气洋洋。为了更真实、更生动地表现这一题材，词曲都借用了原来安徽民歌《凤阳花鼓》，但后面作了新发展，使之更上一层楼。在歌曲的后半部，男女声的对唱采用复调手法，女声唱"啊"的旋律时，男声唱"说凤阳，道凤阳，凤阳是个好地方"。反之亦然，合唱队唱词时，对唱的二人同时唱"啊"，层层推进，合唱队最后念白："说凤阳，道凤阳，凤阳是个好地方。"结尾全体同唱"好地方！"

达到全曲高潮。令人高兴的是,不仅《小平之歌》多次演出时这首歌都受到热烈欢迎,更值得高兴的是,2008年初我带中国音协"田野的春天"采风团来到安徽凤阳县小岗村时,我实地验证了一下,看看《新编凤阳花鼓》是否与实际吻合,结果是省委宣传部把它确定为赠送给凤阳县小岗村展览馆的展览播放歌曲,省电视台也播放了《小平之歌》全曲。

五曲:大合唱《小平您好》。这是整部声乐套曲中唯一正式点名歌唱小平同志的一首歌。一开始合唱队唱"啊",但这不是一般意义上的"啊",而是再现序曲一开头歌颂小平的宏伟壮丽的主题旋律,使全曲统一,首尾呼应。这段"引言"之后,合唱队轻轻地唱出"小平您好"四个字,这四个字由合唱队四个声部从低到高,从轻到重,层层推进,当第五次出现"小平您好"时,全体合唱队以满腔的热情,呼喊般地唱出了这四个字,紧接着转为紧板快速:"你是百姓致富的贴心人,你是民族振兴的主心骨,百姓问候一声你好,你回百姓一个微笑,笑来了改革开放的时代,笑来了祖国建设的新面貌。""……看那长江水面灯火明,看那南水北调气如虹,看那青藏铺轨架金桥,看那西气东输如春风。从边疆到北京,遍地都是不夜城……看那南海……看那东海……看那东北……看那西北……看那物质文明……看那政治文明……看那精神文明……看那协调发展……"这一个大段落里的多段歌词都是讲改革开放的新成果,国家、社会、生活的新面貌、新气象。当唱到"你曾庄严地宣告"处,歌曲转为宽广的慢板,以庄严神圣的语气唱出:"我是中国人民的儿子,我深情地爱着我的祖国和人民。"全体乐队与合唱队满怀深情地奏着、唱着,"我爱祖国和人民"多次重复,唱到辉煌的高潮时,乐队与合唱队全部停止,让位于打击乐,于是钟鼓齐鸣,之后乐队与合唱队紧接着以全曲最强烈、最辉煌的音响唱出"祖国和人民,人民。"结束《小平您好》这首歌,也结束了《小平之歌》全曲。

写作《小平之歌》绝非偶然。从"文化大革命"的痛苦经历中,从改革开放的成就中,从国家、社会、人民的变化中,从正反两方面的经验教训中，我发自内心地敬爱小平同志。1986年9月1日至1987年1月，我在中国人民解放军国防大学第一期学习期间，曾系统地学习了《邓小平文选》；1992年初，我参加中央军委组织的军队干部沿着小平同志"南方谈话"路线参观学习。随后我专程到南昌望城岗小平同志被软禁的地方和他劳动的南昌机械厂去考察了解，在"邓小平小道"上反复行走。动笔写作之前又到了他的家乡四川广安采风，从思想上、理论上、生活上、情感上、音调上做了全面准备，因此真正动笔到完成全部总谱只用了两个半月时间。我庆幸创作了这部作品。

第三部大型声乐套曲就是《毛泽东之歌》

纪念建党九十周年不能不想起毛泽东，纪念中国共产党的历史离不开毛泽东思想，谈到老一辈革命家的诗词首屈一指的是毛泽东诗词，所以我要写《毛泽东之歌》。

《毛泽东之歌》包括了毛泽东的八首诗词：《西江月·井冈山》《七律·长征》《十六字令三首》《忆秦娥·娄山关》《菩萨蛮·大柏地》《清平乐·六盘山》《沁园春·雪》《七律·人民解放军占领南京》。可以说是革命战争年代的历史概括。

大型声乐套曲《毛泽东之歌》在音乐结构上作了如下处理：

1.以《七律·长征》为主导、贯穿。在全部套曲中出现三次。

2.把《七律·长征》和《十六字令三首》衔接交织，用复调手法加以发展。

3.把《菩萨蛮·大柏地》写成一首明洒的女声独唱。

4把《清平乐·六盘山》写成一首深沉抒情、激昂慷慨的男中音独唱。

5.在《沁园春·雪》之后再现《七律·长征》并加以发展。

6.序《十六字令三首》后、《沁园春·雪》后用了三段交响乐队并加入一个抒情的音乐主题。

1948年3月5日毛泽东在中国共产党七届二中全会上说过：中国革命的胜利，只是万里长征走完了第一步，是一出长剧的序幕，高潮仍在后面，今后的路更长、更伟大、更艰苦。我们的同志务必要保持谦虚谨慎、不骄不躁的作风，务必要保持艰苦奋斗的作风，写大型声乐套曲《毛泽东之歌》的意义正在这里。正如《七律·人民解放军占领南京》诗所言道："宜将剩勇追穷寇，不可沽名学霸王。天若有情天亦老，人间正道是沧桑。"

总之，改革开放以来，2003年写了《航天之歌》声乐套曲，2004年写了《小平之歌》声乐套曲，2011年写了《毛泽东之歌》声乐套曲，三部大型声乐套曲，写下来了。回头一看，这些革命家的诗词，闪耀着理想信念的光芒，教育意义巨大。我们在贵州演出出现过这样的事，第一场演出完了，我从台上下来，有一位西装革履的先生，拿着照相机把我拦住了说："傅先生，能和您合个影吗？"我不知道他是什么人，我也不敢贸然答应。我说："你是哪儿的呢？"他说："我是台湾来的。"我有点犹豫，我问："这样的内容节目，你能喜欢吗？我想你是台湾的，这都是革命家诗词。"他说："我非常喜欢这场演出。"后来我从节目单上介绍才知道，他是生于香港，在英国学习音乐，现在是在澳门乐团任职。从没在大陆待过，也没受到过大陆的思想什么影响，他指挥两场之后，我们在一块吃夜饭，他就跟我提出来说："傅主席，我要求加入中国共产党。"当时我们一惊，想这样一个人，是开玩笑吗。后来他又说一遍，是认真的。我说你不是在香港吗？他说："我将要在贵阳定居。"他说："我指挥这个音乐会，对革命化诗词很受感触，很有感染。"这个例子很突出，这样经历的人，出生在香港，在英国受教育，在美国受教育，这样一个人，他居然能够要求加入中国共产党。这是什么，这是革命家诗词的力量。革命家诗词所闪耀出来的灿烂光辉所发射的感召力量。

这次经过建党九十周年的音乐会，经过后来，当然有所调整，这个音乐会里头还增加了一些比如说《地道战》《闪闪的红星》这些歌曲，有少许的其他作品加在一起，也都起到一些很好的作用。总之，回顾我所走过的这个创作道路，我想用刘云山同志在《傅庚辰谈音乐》这部书的序言的两句话，"与时代同呼吸，与人民共命运"。我想，我就应该走这条路。

为叶剑英诗《八十书怀》谱曲的一些往事

　　1977年5月的一天，北京展览馆剧场彩排全军第四届文艺会演节目，在观看节目的过程中，遇见了《解放军报》文化处副处长常恒强同志，他说："我刚才听了你为叶帅的诗《远望》谱的曲子，写得不错。我告诉你，最近叶帅刚过了八十岁生日，写了一首诗，这首诗写得很好，很有感情。我用尚弓的笔名写了一篇文章，军报很快就要发表了，我觉得你可以考虑为它谱一首曲子。"我说我还没见到，他说："我寄给你。"就这样，我在报纸发表之前拿到了《八十书怀》。之后不久，《八十书怀》和尚弓的文章都发表了。由于这首诗具有的时代意义和艺术魅力，许多报刊纷纷转载并发表评论。我此前在为叶帅的《远望》谱曲时曾阅读过他的诗集和他的有关文章，对他的诗词作品和他的生平有所了解。拿到《八十书怀》后又再一次进行了学习，以求正确地理解《八十书怀》的主题思想、艺术风格和时代背景。经过一段时间的学习之后，我有了一个基本认识：《八十书怀》这首诗是一位八十高龄革命老人的自述，他波澜壮阔的一生是为国为民为理想和信仰而英勇奋斗的一生，虽历经艰难险阻，风云变幻而始终不渝。他对自己走过的人生之路问心无愧，回顾往事无限感慨，放眼未来充满信心和希望。这是我对《八十书怀》主题思想的基本理解。这样的主题思想和内涵也就决定了歌曲的风格和气质，作曲时我必须把握这个基调和风格。《八十书怀》的诗虽然只有八句，但包含着丰富的内容，有深沉的感慨，有战斗的激情，有美好的希望，所以我把歌曲结构成"叙述式""进行式""歌唱式"三个段落。前四句"八十毋劳论废兴，长征接力有来人，导师创业垂千古，侪辈跟随愧望尘"采用"叙述式"。深沉、凝重、慨叹，似唱似说，娓娓道来。曲调由慢板、四分音符开始，前两句一拍一个字，只在每句的第七个字延长至两拍，以划出句子，加重语气。第三、第四句节拍有了变化，采用两个字一拍，一个字一拍，一个字两拍的节奏推进，曲调先抑后扬，当第三、第四句诗重复的时候曲调运行到高音区，音域提高了，语气加重了，情感加浓了，这个段落也就结束了。这是一位人生辉煌、德高望重的长者在倾诉他的心声。

第二个段落是"进行式"。诗人虽然年事已高，到了耄耋之年，但仍在燃烧着战斗的激情，对人民的事业、正义的事业充满胜利的信心。他字字铿锵地发出"亿万愚公齐破立，五洲权霸共沉沦"的论断，所以曲调转为进行速度，以八分音符加附点的节拍开始，以加强音乐的动感和向前冲击的力度。在这个"进行式"的段落里，这两句诗被渲染重复了四次，从低音区开始逐渐向上推进，由低向高、由弱到强，它有如千条江河汇入大海，有如亿万人民势不可当的前进洪流。当豪迈的歌声唱到这个段落最高音结束的时候，紧接着就进入了歌曲的第三个段落。

第三个段落是"歌唱式"。可以说是放声高歌。诗人充满激情地唱出"老夫喜作黄昏颂，满目青山夕照明"这全诗的最后也是最有魅力的两句。是的，诗人的一生都在为人民的利益而忘我地奋斗，在革命事业处于危急的关头，他曾多次以非凡的胆略挺身而出，一次又一次地立下不朽的功勋。当周恩来、朱德、毛泽东逝世之后，"四人帮"抢班夺权的阴谋正在紧锣密鼓地进行之际，他以79岁的高龄，在老同志们的支持下，顺应党心民心，联合中央其他同志一举粉碎了"四人帮"，为党为国为民除了大害。所以不是"夕阳无限好，已是近黄昏"，而是"老夫喜作黄昏颂，满目青山夕照明"。在粉碎"四人帮"之后，当全国上下、党内党外响起一片赞扬声的时候，他总是很谦虚，从不谈及个人的作用，总是把这场斗争的胜利归功于党和人民。他曾说，后人想象党的这段历史，可以用一句话来回告："无限风光在险峰！"因此，在他八十寿辰，回顾一生的峥嵘岁月，面对扫除妖孽后那春光明媚的祖国山河，心中该是何等的感慨和欣慰啊！所以当第二段落进行到最后尾音时速度突然放慢，紧接着响起了舒畅、亮丽、昂扬的歌声："老夫喜作黄昏颂，满目青山夕照明。"并将这诗句加以重复，重复时的曲调则有重复有变化，把这伴随着壮丽诗章的歌声推向了全曲的高潮。

曲谱写出之后放在了我房间的桌子上，我准备等头脑冷静下来之后再作修改，也准备请李双江同志先试唱一下。就在这段时间里，有一天王文忠同志到我家来了，因他前不久曾邀我为叶帅的诗《远望》作过曲，他以此曲参加全军第四届会演并获得好评。当他见到《八十书怀》曲谱后表示喜欢，要拿回去唱，我说还没定稿，他说不要紧，试唱后还可以给我提出修改意见，说到这里我也就无法拒绝了。想不到没几天他就给我打来电话，说他已试唱了这首曲子，感到很好，并将我为《八十书怀》谱曲之事告诉了刘诗昆同志，刘想见我。就这样，几天之后我和王文忠来到了白广路一个招待所院内刘诗昆的住处，刘建议把这首歌录个带子送给叶帅听听，这首歌又是叶帅的诗，送叶帅审听自然是顺理成章的事，可说是正欲求而得之，我当然愿意。于是就在刘家的琴房，由王文忠独唱，刘诗昆伴奏进行了录音。在录音时刘诗昆还"报幕"说：现在演唱七律《八十书怀》，叶剑英元帅诗，傅庚辰作曲，王文忠演唱。我打断他说，还要加上刘诗昆钢琴伴奏。于是就按照我补充的这个"报幕词"进行录音，但在录音过程中电话不断响铃，刘索性摘下了电话耳机，才使录音得以顺利完成。我和刘以前互相知道名字，但没交谈过，这次因为《八十书怀》而认识了，在交谈的过程中，我说《八十书怀》光是男声独唱感到有些单薄，还想把它编成合唱，刘建议我先编成无伴奏合唱，可请中央乐团来演唱。我说也可以再等一等，看叶帅有什么意见后再一并修改。但是在等待叶帅意见的一个多月中，我还是按照刘的意见先改编成了无伴奏合唱。在此期间，李双江同志也从我处拿走了独唱的曲谱。李试唱后也表示喜欢，并告诉了中央电视台节目主持人沈力同志，当时沈力正在编导由我的四部影片

（《雷锋》《地道战》《闪闪的红星》《南海长城》）中的四首歌曲组成的专题片《抒革命情谱英雄曲》，听李双江讲后，她决定再加上《八十书怀》。但时隔不久沈力同志给我打来电话说方案变了，《八十书怀》要单独编一个专题片，并要我在电视片里讲话。我问为什么？她说刘诗昆已向电视台传达了叶帅对这首歌给予的好评。我说我怎么不知道，她说那你去问刘诗昆。于是我给刘打电话，刘说确有此事，他曾给我打过电话没找到我（那时我家还没有电话，要打到邻居家叫）。据他说情况是这样的：在他去看望叶帅时，叶帅留他一同吃饭，在吃饭的过程中他放了《八十书怀》的录音带请叶帅审听，叶帅听后说："写得好，旋律很好听，唱得也很有感情。"听了刘介绍的情况，得到叶帅本人的肯定我当然很高兴，但又一想，要把它单独作一个专题片还要我讲话，感到很有压力，感到光是一首独唱有些单薄，有必要把它加工得更好一些。为此也觉得还有必要更进一步去研究理解这首诗词，于是我向胡乔木同志讲了为《八十书怀》谱曲的经过和叶帅对这首歌的态度，表示还想再加工修改，想请他给我作些讲解（那时他尚未出来工作），他表示同意，让我两天后上午9点到他家，两天后当我比约定的时间晚十分钟到达他家时，他已正襟危坐在那里等我，面前摆着一本《叶剑英诗集》和刊登了《八十书怀》的《中国青年》，当时我感到很惭愧，让这样一位年长者等很不应该。我赶紧表示歉意并向他作出解释：来的路较远，从我的住处广安门外八一电影制片厂骑车到他家要一个多小时等。他听后笑了笑，便开始逐字逐句地为我讲解《八十书怀》。他讲话很慢，总是字斟句酌，有时还会闭上眼睛边思考边说话，耐心细致，循循善诱。他的讲解持续了一个小时，最后他鼓励我要进一步改好这首曲子。他的话对我很有启发，促使我决心一定要高质量地改好这首作品。

经过认真思考，我决定把《八十书怀》由男声独唱改写为由交响乐队伴奏的男高音领唱与混声合唱。主要变动有三部分：一是在唱词前加了一大段引子，或者可以叫作"序"。这个引子的写法与谱写周恩来的《大江歌罢掉头东》的引子不同，那里是大段的乐队，这里是大段的人声，没有词，只有"啊"。由小提琴的碎弓极轻地演奏两拍引入后，合唱轻轻进入，由女低音至女高音，由男低音至男高音，四个声部互相流动呼应，有如平静的海面闪动着轻波，静静的湖水漾起微澜。随着声部的交替呼应，随着音区的由低而高，随着音量的由弱到强，渐渐汇成巨澜，有如千流奔泻万波翻滚，全体合唱队同时强烈唱出Ⅲ级大和弦和减七和弦那宏大激昂的声响，以及乐队全奏给予的强力支持与补充，有如海面掀起了滔天巨浪，把引子推向了高峰，然后再逐渐回落，逐渐减轻，似乎大海的海面又恢复了平静。这时深情的领唱轻轻进入。我设想，在诗人八十寿诞之夜，当一切客人和亲属都走了之后，他独自一人静静地坐在那里陷入了沉思。许多往事涌上心头，思绪如潮，感慨万千。诗人的一生经历了晚清、民国、北伐、十年内战、八年抗战、三年解放战争、建立新中国、社会主义建设、"文化大革命"、粉碎"四人帮"等时代的多次变迁和"废兴"，晚年又迎来了春光明媚的新的历史时期。而创建新中国的一代伟人有些已经乘鹤而去，但他们的遗愿还需后来者去完成……诗人这一生经历了多少狂风暴雨惊涛骇浪，遇到过多少艰难险阻急流暗礁。多少战友倒下了，多少志士牺牲了。从十八岁写下"放眼高歌气吐虹，也曾拔剑角群雄，我来无限兴亡感，慰祝苍生乐大同"那壮怀激烈的热血诗篇，从怒发冲冠的莘莘学子至年届八旬的皓发老人，回溯往事怎不浮想联翩心潮难平。于是命笔写下这浓缩壮丽人生的光辉诗篇《八十书怀》。而我写下大段的引子，用"啊"声所要描绘的正是这样一个典型环境中的时代巨人的心境。造成这样一种氛围，以便情不自禁地引发出"八十毋劳论废兴"的慨叹之声。

改动的第二部分是中间"进行式"的段落。这个段落完全改成了混声合唱，这样改的效果比独唱大为加强，因为"亿万愚公齐破立"那宏大队伍豪迈前进的形象，用合唱远比独唱更有气势，更加形象。

改动的第三部分就是后面的"歌唱式"段落。这里的改动有三个方面，一方面是在独唱"老夫喜作黄昏颂，满目青山夕照明"的段落里，曲调未变，但加上了合唱的衬腔"啊"的陪衬烘托。这就比单纯的独唱丰富厚实，更富有想象的空间。改动的第二个方面是独唱之后用合唱加以重复，气势加强了，旋律的印象加深了，有"更上一层楼"的效果。第三方面的改动是在最后加了一个尾声，这个尾声只唱"啊"。这样做的目的有二，一是与开头引子的"啊"首尾呼应，前后统一，似乎是诗人的思绪由平静到激荡最后又恢复了平静。二是尾声的"啊"是先由合唱队唱起，再由男高音独唱加以烘托，相互辉映，逐渐升高，再逐渐减弱，最后以男高音在此曲的最高音最弱声处结束，所以，目的之二就是要使人有"余音绕梁三日不绝于耳"之感。唱到这里，仿佛诗人的思绪已无限深远，深入天际、没入苍穹了。

经过这样的加工修改，效果比以前大为提高。后来沈力同志拍摄的电视专题片《满目青山夕照明》就以这个方案为主，由李双江与总政歌舞团合唱队、管弦乐队演唱演奏，胡德风指挥。同时在专题片里也录制了两个独唱的《八十书怀》，是由中央音乐学院郭淑珍同志独唱，张慧琴钢琴伴奏以及李双江独唱，诸大明钢琴伴奏。我在电视片中作了讲解。

后来还发生了这样一件事。在人民大会堂举行"八一"建军节纪念大会，由陆海空三军三百人组成的合唱队演唱了这首歌（我不在场），军委秘书长兼总参谋长罗瑞卿同志给予好评，他谈了这样的看法："这首曲子很好，但叶帅诗的结尾'满目青山夕照明'是壮丽辉煌的，所以歌曲的结尾是不是不应该弱结束，而应该强结束，以示壮丽辉煌。"当时在场的总政文化部刘白羽部长和音乐家时乐濛同志都听到了这个意见。隔天召我到总政文化部开会，参加会议的有刘白羽、邓斌（总政文化部文艺处长）、时乐濛、田光（文艺处副处长、《解放军歌曲》编辑部主任），刘部长向我传达了罗总长的意见（时乐濛同志也证实有此事）并表示应该贯彻执行。当问我的意见时我讲了为什么要处理成弱结束的原因，同时我也觉得领导关心这个作品，是希望改得更好，所以我也表示可以改成强结尾试一试。刘部长又问我需要多少时间，我说只改个结尾用不了多少时间，但需要请总政歌舞团重新录音。刘部长讲录音的事由总政文化部通知歌舞团。记得在这次会议上田光同志的发言给我留下了深刻印象，因为在上下级观念十分严格的军队里，面对高级首长的指示，他居然敢于发表不同意见，他说弱结尾也不一定就不辉煌，反而有它的长处。说实在话，我心里是同意他的意见的，但考虑到上级领导是出于好意提出的修改意见，如果我马上就给顶回去恐怕不太合适，所以就表示了同意。当然，实际上当时也不可能按田光同志的意见办。强结尾录好了之后等待罗总长的审听，不幸的是不久之后他逝世了。虽然他没有听到，但他的意见中央人民广播电台也知道了，所以在相当一段时间里播放的《八十书怀》一直是强结尾。随着时光的流逝这件事也就不再提了。直到1995年举办我的作品音乐会时，这个问题才被重新提出来，在研究曲目时，李双江和我又仔细听了强弱两个结尾方案的录音，最后决定还是采用弱结尾的处理。

大约是在电视专题片《满目青山夕照明》播放之后不久，我曾不止一次地接到叶帅办公室王守江主任的电话，除了谈到《八十书怀》的录音带和录像带之外，并在电话中很客气地问我有没有什么事情要办，说如果必要，他可以向叶帅报告。我说现在叶帅很忙，我不便去打搅，等到叶帅退居二线以后我想去看望他，和他老人家照张相，因为毕竟我们是词曲的合作者嘛。然而由于我的拘谨和不想在社会上留下"写一首曲子就想高攀"的名声，所以叶帅那里我始终没有去，照片也没照成，这已成了永久的遗憾！

就在王主任与我通话后不久，我的一位同学来找我，她听说解放军艺术学院要恢复，她和她爱人想到军艺工作，问我能否帮忙。她以前曾向我讲过她的家庭情况，她母亲大革命时期从湖南到广东参加了国民革命军和北伐战争，后来和一位团长结了婚，夫妇没有孩子，我的同学是过继的。上海"一二·八"淞沪抗战中这位团长壮烈牺牲了，从此同学的母亲带着幼小的她回到了湖南老家，靠行医为生，艰辛度日，母女相依为命。新中国成立后，母亲成为街道卫生所的模范工作者，虽收入不多，但仍坚持供她上了高中和大学，现在年事已高，身体有病，不能再一个人生活了，希望和女儿、女婿团聚在一起，做女儿的也深感有责任孝敬自己这位历经坎坷的母亲，报答母亲对自己的养育之恩。同学母亲的经历令我感动，她们母女的愿望值得同情，于是我主动给王守江主任打了电话。当王主任问我有什么事的时候，我说我倒是没有什么事，但我的同学有一件事想请叶帅帮忙。王主任问："是什么事？"我说我在沈阳音乐学院的同班同学×××的母亲曾在叶帅任参谋长的国民革命军第四师卫生处工作过，现在老人孤身一人住在长沙，女儿和女婿在沈阳音乐学院当教师，老人希望和女儿、女婿团聚在一起，互相能有照应，本打算将女儿、女婿调到长沙，但现在听说解放军艺术学院要恢复，军艺也需要他们所教的专业，因此希望能调到军艺来工作，这样老人也就可以到北京团聚了。王主任问："你说的事有什么证明吗？"我说我同学的手里有一张当年卫生处的军医们和叶帅在一起的照片，叶帅就站在她们前面，照得很清楚。王主任问："你同学现在在哪里？"我说她现在就在北京，住在北池子××号她姨妈家里。王主任说："好吧，我向首长报告。"结果第二天他就派了叶办的张廷栋秘书到北池子找到我的同学取走了那张照片。不久之后，在叶帅的关照下，我同学夫妇一同参军调到了解放军艺术学院任教，同学的母亲也随着来到了北京。当然，同学母女的团聚也不见得就是我反映的情况起了作用，因为同学在和我讲的同时也通过其他渠道反映了情况，我这里旧事重提，只不过是作为《八十书怀》作曲过程中的一件往事的回忆，补充叶帅关心人的一段小故事。人间自有真情在。

经过认真加工，修改的《八十书怀》播出后收到了很好的效果。除了被一些歌唱家选作独唱曲目之外，八一电影制片厂拍摄的电影《叶剑英》以《八十书怀》为主题歌。中央电视台播出的七集大型文献片《共和国元帅叶剑英》也以《八十书怀》为主题歌。

（原载于《人民政协报》1998年2月14日）

为周恩来诗《大江歌罢掉头东》谱曲的前后

　　1976年4月，因我为故事片《南海长城》作曲而在南海舰队体验生活。一天晚上8点半，我独自一人站在驱逐舰上，正在构思"大浪涌、海风高，南海长城起狂涛"那首影片的主题歌。海风呼啸，浪涛汹涌，海水不时打在我的身上，我的手紧紧抓住栏杆，以免摇动的军舰把我甩进大海。这时舰上的广播响了，转播了中央人民广播电台的新闻联播，宣布北京天安门广场发生了"反革命事件"。我十分震惊：纪念周恩来总理怎么成了"反革命事件"？第二天在三亚市（那时还是个小镇子）中心纪念塔上看到了支持天安门事件的标语，使我更加确信人民是热爱周恩来总理的，纪念周恩来总理是人民的意愿。周恩来总理在我心目中的形象是难忘的。

　　1958年2月，周恩来总理以中国政府代表团团长的身份，到朝鲜与金日成为首的朝鲜政府，商谈中国人民志愿军撤军归国，在志愿军总部给我们作报告纵论天下大事，阐述志愿军出国作战前后的形势，给我以深刻的启迪和教育。在观看我们文工团的歌舞与京剧演出过程中，当前半场最后一个节目《高地相逢》演完时，他走上舞台与演员握手，祝贺演出成功。令人惊讶的是，他突然从扮演志愿军的舞蹈演员手中抓过红旗挥舞起来，让演员随着他上下左右挥舞的红旗翻腾跳跃，台下的观众（志愿军团以上干部）开始是惊呆了，随即爆发出雷鸣般的掌声和欢呼声，极度兴奋的舞蹈演员把他抬坐肩上，他手中的红旗仍在高空中挥舞，台上台下欢声雷动，整个"志司"礼堂沸腾了！舞台监督和"志司"参谋长都已指挥不了了，最后还是副总理兼外交部长陈毅元帅亲自上台指挥，大幕才关上。兴犹未尽的周总理还问："为什么关幕？"陈毅元帅说："下面还有京剧。"当时我就站在乐池里目睹了这精彩的一幕。同年10月25日，我们志愿军歌舞团随同志愿军归国代表团同车回到北京，站台上出现了一个壮观整齐的欢迎队伍，周总理站在队首，然后是陈毅元帅，大将、上将、中将、少将，直至列兵。北京市几十万人夹道欢迎，体育馆举行万人大会，当晚在北京饭店举行盛大宴会，周总理与大家频频碰杯。转天他在怀仁堂为党政军领导干部作报告，特别指定让志愿军归国代表团参加，使我又一次聆听到他的教诲。不久前我才知道，抗美援朝战争期间，国内外的军事行动，毛泽东主席指定由周恩来总理统一指挥。

粉碎"四人帮"后，总政话剧团排演了以周恩来总理为主人公的话剧《一代英豪》，编剧王军同志希望我写一篇观后感。出于多年对周恩来总理的敬佩，我竟毫不犹豫地接下了这个委托，写出了《四度春秋一剧成》这篇一万三千字的评论文章。这次写文章也是一次很好的学习，阅读了许多材料，加深了对周恩来总理的了解和敬佩。他身居高位，终生能以公仆之心为人处世，为党和人民的事业无私地贡献了自己的一生。我认为有一种周恩来精神，这种精神就是鞠躬尽瘁、身体力行，他的这种精神和人格力量是中华民族伟大精神的发扬。

1977年冬的一天，我在胡乔木同志家谈起了想为周总理写一首歌的事。当时我说："毛主席的诗词甚至语录都被谱成了歌曲，而总理却没有一首歌，最好能找一首他的诗词谱成曲子，我很希望能做这件事。"当时乔木的儿媳朱蓉妹说："革命博物馆正在筹备周恩来生平展，里面有诗词，不过，因为一些重大问题没定，如林彪照片能不能上，小平同志怎么提法等，所以，现在还是内部展出。"我听了如获至宝，非常高兴，请她帮我找票去参观。几天后我就在革命博物馆的展厅里看到了《大江歌罢掉头东》这首诗。诗只有四句，很好记，写得很有气势。很快我便写成一首男中音独唱，并由黎信昌试唱录下来。不久，我在《光明日报》上看到《壮丽诗篇万代传》一文，作者张鸿鹄，介绍了总理书赠给他《大江歌罢掉头东》这首诗的前后情况。我立即给《光明日报》打电话询问作者单位，答复我作者在水电部。我又给水电部打电话询问，答复在电网调度研究所。我再给电网调度研究所打电话，讲明是为了写好这首诗词歌曲而采访文章作者，他们很爽快地答应并让我改天通话。第二天通知我三天后上午9点到德胜门外清河电网调度研究所张鸿鹄的宿舍面谈。那几天，中央电视台的节目主持人沈力正在编辑有关我的专题片《抒革命情 谱英雄曲》，中央音乐学院的教师黎信昌，也正在准备为我作曲的故事片《飞行交响乐》录音，知道这个情况后都希望和我一同去拜访张老。一个星期天的上午，我们如期到达。我先向张老表示问候和感谢并说明来意，张老则表示他也愿意接受这次采访。话入正题，张老说：周总理来自沈阳第六小学，张老来自吉林市立小学，两人同期考入天津南开中学，同在南斋35号己三班，同一宿舍，床对床，共用一张方桌温习功课，他比总理长三岁。入学不久，他便发现周恩来品学兼优，才智超群，怀有远大抱负。除完成学业之外积极参加进步的社团活动和公益事业，演文明戏，因为没有女性上台，他有时还男扮女装，对着镜子练习演讲，写诗作文，编刊物，在同学中享有很高声誉。他和总理在南开同学两年，情谊很好。张先去日本留学，周后去日本。因为周的家境困难，去日本的路费不够，张还帮助了周，到日本后选择专业，张征求周的意见，周建议他选择电业，从而确立了张老一生的事业。两年后，周决定回国。临行前，张邀了周和另两位同学到张的住处共进晚餐，因为他知道周有文才，事先准备了笔墨和宣纸，饭后请周题字留念，于是周恩来就挥毫写下了《大江歌罢掉头东》这首他19岁东渡日本时写的诗。此后两人天各一方，多年不曾见面。1930年，周恩来从莫斯科回国途经哈尔滨，到电业局看望了他的堂弟和正在电业局任工程师的张鸿鹄。这时张早已知道周是著名的共产党。二人彻夜长谈。第二天张为了周的安全，亲自开着电业局的小汽车送周去火车站，在离火车站还有较长距离的地方，周坚决让车停下，周对张说："我已是参加共产党的人，已将生死置之度外，你不要跟着我受牵连。"说完毅然下车，提着箱子走去。当二人再见面时，已经是中华人民共和国成立，老同学们会聚在北京周恩来总理的家里，大家叙旧迎新，畅抒情怀。有一位同学对周说："你院里的亭子油漆都剥落了，应修一下。"周总理说："这不已经很好了吗，不必再修了。"另一位同学说："你们政务院应该修一个办公大楼。"周总理说："只要我当一天总理，政务院就绝不修办公大楼。"张鸿鹄说："你在日本给我写的那幅字我一直还保存着，我要把它送到博物馆去。"周总理听了哈哈大笑说："我很不够！我很不够！"所以，这幅字一直保存在张老的家里直到周总理逝世，张老通告了革命博物馆，才由当时在革命博物馆工作的贺捷生同志（贺龙元帅的女儿）到张老家征集，并经过邓颖超同志确认后才拿到革命博物馆里展出。

听了张老这番介绍，使我受到许多教育和启迪，更加感到有必要为这首诗词谱曲并把它修改得更好。于是，我便按下录音机的按钮（当时还只是单声道），放出由黎信昌在琴房里用钢琴伴奏演唱的这首歌，请他听并提意见。连放两遍后，我诚恳地对他说："张老，这首诗，总理是书赠给您的，您珍藏了这么多年，您又是总理的老同学，您最有发言权了。"他很兴奋，他说："我没想到这么简单的四句诗能写出这么大气魄的曲子来。我没意见，只是希望能尽快在广播中听到它！"我说："这就是沈力同志她们的事了。"话虽这样说，我的心里却在想着如何把这首曲子再提高一步，把诗的思想境界、意蕴内涵、风格气势表现得更充分更丰满。告别了张鸿鹄老先生后的一些天里我一直在思考这件事。

1978年春节，我闭门谢客，也不去拜访任何亲友，关在屋里做了两件事，一是为柯岩赞颂周总理的诗《请允许》作曲，完成一首女声独唱（由叶佩英在纪念周总理八十诞辰的万人大会上演唱。后来此曲在1979年新中国成立三十周年献礼创作演出中获歌曲创作一等奖。在同一个纪念会上，黎信昌也演唱了《大江歌罢掉头东》。在体育馆的那场纪念会上有许多歌颂周总理的好作品，歌声如潮，掌声如雷，泣声啜啜，人们对总理的感情多么深切）；二是加工了《大江歌罢掉头东》的曲子。经过多日思考，我是这样设计的：根据这首诗的主题思想、时代背景，形象意蕴，把它构思成一幅音画。分《江潮》《高歌》《吟咏》《朗诵》《辉煌》五个部分。

一、《江潮》：这是诗歌的前奏。诗人屹立于大江之边，涛声如吼，大浪如山，波涛翻滚，江潮澎湃。歌曲的开头并无唱词，而是铜管的强音引出合唱的"啊"声，两次之后，音乐转入快速，长号领奏一个乐段的旋律，这个旋律第二次出现时由长号与小号作卡农进行，木管、圆号、中提琴作和声节奏，小提琴十六分音符疾速行进低音乐器和打击乐作坚定铿锵的支持。激昂的旋律、亢奋的节奏、躁动的音响，勾勒出江潮的澎湃，用江潮的澎湃衬托出诗人心潮的澎湃。20世纪初叶的中国，列强侵略，经济贫困，军阀割据，民不聊生，内忧外患笼罩着中华民族。国家的希望在哪里？民族的希望在哪里？个人的前途又在哪里？年轻的周恩来思绪如潮。

二、《高歌》：面对波涛汹涌奔腾咆哮的大江，积郁诗人心中的忧思、焦虑、激情、誓愿、强烈喷发，引吭高歌，高唱出"大江歌罢掉头东，邃密群科济世穷"的诗句。这是用散板的形式处理的。男中音领唱与合唱交织进行，男中音领唱唱词，合唱只唱"啊"。如男中音领唱"大河"，合唱唱"啊"，男中音领唱"歌罢"，合唱再唱"啊"，但不完全重复，更为精练，抓住要害。领唱的"掉头东"三个字我把它故意分开，在"掉头"处停顿，然后再用领唱的最高音强烈地唱出"东"字，这时合唱队也在高音区很强烈地唱出"啊"给予支持和补充，增强向上冲击的力度。在领唱唱到"济世穷"处歌声趋于平缓，合唱队也随之回落，引入第三段。三、《吟咏》：这是如歌的行板。诗人的心情在强烈激动之后回复平静，他在江边踱步，沉思，慢慢走着，细细想着国家、民族、个人的命运前途，由琵琶、木管、弦乐拨弹轻灵地奏出几小节引子，男中音以歌唱性的旋律完整地唱出全部诗词，最后两句并加以重复发展。到此，诗词已出现过两次，下面如何发展呢？四、《朗诵》：伴以合唱与乐队，合唱不唱词，只唱"啊"。音调来自全曲开始的主题；发展成由八个乐句组成的段落。前四个乐句完全展示合唱的"啊"：茫茫人生路，将何以求索？国家、民族、个人的命运将如何发展，胸怀大志，路又在何方？天下兴亡，匹夫有责，踌躇满志，感慨万千，充满着慨叹的意味。当合唱"啊"到第五个乐句的时候，进入男中音领唱者的朗诵："大江歌罢掉头东，邃密群科济世穷，面壁十年图破壁，难酬蹈海亦英雄。"那洪亮、铿锵、激越、浑厚的诗词朗诵，在音乐的衬托下发出宏愿，立下誓言，向世人宣告：诗人将搏击风浪，战胜艰险，为国为民奋斗终生。五、《辉煌》：合唱队由衬托变成主唱，乐队全奏，以强大的力量，响亮的声音，再次唱出全部诗词。结尾处音调向上发展，推上全曲的最高峰，预示着诗人的宏愿必将实现，中华民族必将复兴，诗人的形象顶天立地。

总谱写完之后，由胡德风指挥，寇家伦领唱、朗诵，总政歌舞团合唱队、乐队演唱演奏，中央人民广播电台、中央电视台录音录像，沈力同志编导了电视专题片《壮丽诗篇万代传》。王芝芙同志编辑了专题音乐节目《大江歌罢掉头东》，在专题音乐节目于中央人民广播电台播出的第二天，我收到了一封江苏省苏州市三个青年的来信。信是这样开头的："感谢你作曲家傅庚辰，今天我们在收音机里听到了你为敬爱的周总理的诗《大江歌罢掉头东》谱写的歌曲，心情非常激动和高兴，敬爱的周总理生前当得起千歌万曲歌唱他，但是我们却没有听到过一首歌，而今天听到了你为他的诗谱写的歌曲，这还是第一次……"这封信表达了人民对总理的深情。那段时间，总政歌舞团经常演唱这首作品，反响热烈。1991年为了纪念建党七十周年，出版了我为毛泽东、周恩来、朱德、陈毅、叶剑英等老一辈革命家诗词谱曲的录音带和激光唱片，并在人民大会堂广东厅举行了首发式，这个专辑就题名为《大江歌》，封面采用周总理的手迹《大江歌罢掉头东》前三个字。

1994年10月，全国政协教科文卫体委员会代表团应泰国上议院文化委员会的邀请访泰，到达曼谷的第二天，按预定日程是参观议会大厦和大王宫。临出发前我问代表团成员、国家教委外委会秘书长李顺兴同志，要不要带礼品？李说我们的日程只是参观，不会见人，不用带。但为了防止万一，我还是拿了一盒《大江歌》录音带装在衣服口袋里。到达议会大厦休息室刚坐下，接待我们的泰国上议院文化教育委员会主任高力海军上将就一路小跑地来到我面前说："傅将军，我们上议院议长米猜·雷楚攀要接见你们。"当时我们代表团都很惊讶，我说："我们事先不知道，也没有准备，能不能改个时间？"高力说："议长已经在会见厅等你们了，不好改了。"这时一个泰国女上尉礼宾官走到我面前说："傅将军，你带没带礼品？"我很无奈地从口袋里拿出录音带说："我没准备，只有这小盒录音带。"她说："不要紧，我拿去包装一下。"她很快跑回来，交给我一个不大的彩盒，这时高力又来催促。于是我们只好跟着他走，拐进走廊就看见议长米猜·雷楚攀和很多记者已站在门口迎接我们。进门后一看，完全像正式会见的场面，议长和我坐的地方有双方国旗，米猜·雷楚攀表现得很友好，在谈话中间果然向我们赠送了礼品。于是我就拿出《大江歌》录音带说："议长先生送给我们的礼品有好几种，而且包装得都很漂亮，而我送给议长先生的礼品很小，就是一盒录音带，但是这盒录音带是我为毛泽东、周恩来、朱德、陈毅、叶剑英等老一辈革命家的十二首诗词作曲的专辑。这些诗词不但是文学的精品，同时也反映了他们的理想、信仰和情操，体现了他们为推翻旧社会创立新中国而奋斗的光辉足迹。"使我惊讶的是，米猜·雷楚攀议长听了我的话以后，不但表现得很高兴，而且竟然说："哎呀！你这个礼物太贵重了，比我的礼物强多了，我回去一定要好好欣赏它，永远珍藏它。我对毛泽东、周恩来、叶剑英这些领导人是非常敬佩的。"我和代表团的同志们听后都非常高兴，原来的紧张心情顿时消失。这次会见得到圆满成功，泰国电视台当晚就向全国和亚洲播放了会见情况。1995年6月，由全国政协科教文卫体委员会、中国音乐家协会、中央电视台文艺中心、解放军艺术学院共同举办了我的作品音乐会，在四首老一辈革命家诗词歌曲中，第一首就是《大江歌罢掉头东》，那壮丽的诗篇，激昂的歌声，回荡在座无虚席的中国大剧院里。大江东去，浪淘尽千古风流人物……而周恩来总理的名字将万古流芳，永远铭刻在人民的心中。

（原载于《人民音乐》1998年第7期）

音乐语言民族化之路

——在"中西交融古韵新声"交响南音《陈三五娘》
学术研讨会上的讲话

　　我应何占豪同志之约来参加这个研讨会，觉得这个会很有意义，虽然音乐界来的人并不是很多，但是这个会还是很重要的。所以我也谈一点感想。

　　此前的演出很成功。我对南音缺乏研究，但是我听这个作品感到很悦耳，接受度很高，管弦乐队和南音音调的结合也很自然。而且合唱队是用普通话来唱的，南音是用闽南话来唱的，也不觉得不协调，管弦乐队的手法运用得也很自然，一些陪衬的地方、间奏的地方都很好，很舒服。

　　音乐的本质是美，要给人以美的享受，给人以陶冶，给人以鼓舞、给人以力量。不能让人听不下去，不能让人觉得难听，观众说话、睡着了，都走了，那就失败了。不管你说你的技法多么先进，那也没有用。所以昨天的音乐会我觉得很好听，包括前半场、后半场，特别是《陈三五娘》也算是大型作品了，这是我的第一个感觉，是成功了，是一次成功的演出。

　　由此我有一个感想，我们中国从有交响乐团到现在也有一百年左右。新中国成立已经64年，改革开放也35年了，我们回想起来还是有很多经验和教训的。这其中很重要的一个问题，也是这场音乐会给我们的启发，就是音乐语言的问题。我觉得何占豪同志从《梁祝》到交响南音《陈三五娘》走了一条音乐语言民族化的成功之路。我们中国的交响乐作品被世界上演奏最多的就是《梁祝》《黄河》《红旗颂》。为什么《梁祝》受到世界人民的普遍喜爱呢？首先是因为它有动听的曲调，它的旋律非常好听。这是根本的，音乐的核心是旋律、是音乐语言，而不是其他手段，其他手段是辅助。我这样说有些同志也未必同意，但是我是有这种感受的，我们可以回想世界上包括那些经典大师的作品，几百年以来流传到现在，最受欢迎的那些都是有生动旋律的。不过有的旋律是用交响乐的手法，不是大段大段地唱下来那样完整，但是它的主题、甚至它的动机都是生动的，都是好听的，都是有生命力的，都是能给人打上深深烙印的音调，否则不可能流传到现在。如果仅是音响堆砌、仅是手法的罗列不可能流传到现在，所以我认为从《梁祝》到交响南音《陈三五娘》是走了一条音乐语言民族化的成功之路，我认为这个意义是很重要的。我没有听何占豪谈过他创作《梁祝》的体会，但是我想就像他刚才讲的，他那么虚心地、脚踏实地地去研究南音、学习南音，从开始不敢接受这个创作，到非接受不可，非把它写出来不可，这个过程就在于他真正深入地掌握了这个戏曲的形式和神韵。这件事这样做是很有意义的，因为中国戏曲有几百种之多，是汪洋大海，是一个富矿，如果我们把我们民族的音乐的宝库开采起来，就像刚才占豪讲的，那么我们会有多么丰富的音乐资源和音乐语言，会有多么生动的可以说数量众多的成功作品。可惜这个工作现在虽然有人在做，但还是很不够。但是我觉得这次交响南音就是一个成功的例子，是一个很好的经验，特别是总工会、市委宣传部组织这个工作，我认为值得赞赏。而且我还没有碰到过工会来组织创作这样的先例，这是做了一件大好事情。

因此，这次的创作也提供了一个很好的经验。这次占豪同志，从他刚才谈的情况来看，确实是好的做法，脚踏实地，而且和包括台湾的音乐家都有很好的深入合作，跟编剧等各个方面都是一次很成功的合作。

现在有一种说法，叫做音乐是世界性的语言，音乐是没有国界的。这个话大概经常都会听到。音乐是不是世界性的语言呢？当然是，美好的声音不管哪个国家，不管什么民族，大家都喜欢，这当然可以说是世界的。但是，是不是音乐就没有国界、就没有民族属性了呢？我觉得不能这样说，音乐还是有它的民族性的，还是有它国家的特点的，有它国家的特色的，我们叫中国特色。正因为有不同的国家特色，不同的民族属性，世界音乐才丰富多彩，它才叫世界。如果大家都一样，那还叫世界吗？那还有世界的丰富多彩吗？所以音乐有民族属性和国家特色，它才更是世界的语言，而且是更丰富、更生动的一种世界语言。所以特色是不能取消的，我们以往一些创作失败的重要原因之一，正是因为它没有特色，千篇一律。在一次会议上杜鸣心教授曾经举过一个例子，他说学校举行一场新作品音乐会，特别请了几个外国专家来听，听完了以后，外国专家发表感想说，你们这些同学写的作品技术是很不错的，跟外国没什么区别。但是我听不出来是中国人写的。这句话很值得我们深思啊，如果我们培养出来的学生最后写出来的作品都不知道是中国人写的了，那行吗？因此语言问题是根本性的。

所以从《梁祝》到交响南音《陈三五娘》的创作经验是很宝贵的，是很值得接受和发扬的。这是一个在语言民族化的方面很成功的例子，这是我说的第一个意思。

第二个意思，我想提两条建议，因为第一次听，很不成熟，仅供参考。

一是我觉得要增加作品中间的矛盾冲突的部分，甚至于包括正反面的矛盾冲突。交响性音乐一个重要的因素，就是矛盾冲突。增加这一部分，更容易发挥管弦乐的效果，现在虽然非常流畅、非常和谐、非常悦耳，但是感到矛盾冲突的力度不够，如果能够适当地增加正反面音乐力量的冲突，我觉得会有助于更好地发挥这个交响音乐的特性，也更好地表现这个作品的力度，这是一点。

还有就是结尾，结尾现在当然是大团圆了。两个主角冰释前嫌了，本来陈三要走了嘛，把他拉回来，一拉拉三次，然后解释清楚了，这个时候音乐回到了主题上，是两句很好听的旋律。到这儿我有要结束之感，因为内容实际上已经结束了，但是后来演员回到后边再出来，完全是一种欢快的气氛结束，大团圆，很美好，这是一种老的程式。回到主题这里，因为主题也很好听，要把主题很好地扩大一下、发挥一下，合唱别光唱那两句，多唱一些，乐队多发挥一些，让演员在合唱声中多做一些表演也好，我觉得这样寓意可能更深长，可能更自然，因为到这儿观众已经明白了，何必要再出来欢快一下，造成一个大团圆的结局？也不一定非要这样。这个地方做个结尾，把音乐力度加强、合唱也加强、乐队也加强，结束到这儿，我觉得可能是比较合适。这是我要说的第二个意思。

第三个意思不完全是这个会议上的，作曲家要在天地之间行走，生活、创作不能离开天地，天是谁呢？天就是人民。人民是我们的天，我们要以人民为中心来进行创作。

还有地，地是什么呢？地是生活、是时代，是我们优秀的民族文化传统，就是我们的脚要站在这个地上，不能把自己悬空。悬空能够写出生动的、深刻的作品吗？我还没有看到成功的例子。《陈三五娘》的创作，包括占豪他们以前的创作，那也是深入研究了越剧、江浙一带的民间音乐，这一次也深入地研究了南音，没有那个基础是不可能的。我以前到福建来考察的时候，王耀华同志请我听过一次南音，我还的确有些感觉，唱得很长，唱得很慢，怎么会像现在这么丰富呢？现在的交响南音当然是提高了，我是这么看的。是丰富了，至于怎么选取的？当时卓先生讲，协助何占豪选唱段，那是经过很艰苦细致的过程的，但是它是提高的，而且青年人也能接受，喜欢老的南音的老年人也能接受，这就是好啊！只有提高事物才能前进，只有提高才是创新，故步自封、原地踏步是不行的。因为当初不管你是三百年也好、一千多年也好，你也是从无到有，从无到有就是创新、就是开创。关键是你这个东西要好，要好听，他就被接受了。像你刚才讲没有激动的都是慢的，现在加入了硬的快板，加入了这种东西，人的感情是有规律的，节奏也是有规律的，生活也是有规律的，生活中间不仅是慢节奏，还有快节奏，有抒情性，就有进行性，要习惯这种规律的发展。不是讲科学发展观吗？科学发展观就是尊重事物的客观规律，虽然可能原来某个曲调、某种拍子没有，那就是要新创的，正如卓先生讲，他要创作一千多首诗词，那是大量的创新哪！这是不容易的，很艰苦的一个工作。

所以呢，我们站在自己国家的土地上，我们从生活中吸取源泉，我们的创作、我们的作品和时代同呼吸、和人民共命运。我们从我们优秀的民族文化传统当中汲取营养，我认为这样的创作道路是值得的，应该脚踏实地走下去。

我想举一个例子，我们大家都知道聂耳、冼星海，聂耳只活到了23岁，只写了二十几首歌曲，他的真正的创作时间只有一年多，涉猎创作的时间也只有四年多，他的作品并不多，但是他为什么成了我们革命音乐的奠基人呢？成了大师呢？成了国歌的作者？就在于他深入到那个时代的现际生活当中去了，他从实际生活中提炼，他是中国第一位写工人歌曲而且写了那么多那么好的作曲家：《大路歌》《开矿歌》《卖报歌》《码头工人歌》等等，他和那个时代那么强烈地共鸣，所以他取得这么巨大的成就，虽然他只活了23岁。

2006年我们全国政协应法国议会和德国参议院的邀请去访问，到法国只有一周的时间，到第六天了，我脑子里突然想到我应该到冼星海学习过的巴黎音乐学院去看看，我牺牲了参观巴黎圣母院而来到了巴黎音乐学院，提出想参观一下冼星海当时在那儿学习和住宿授课的教室等地方。巴黎音乐学院负责人说冼星海在他们那儿并不是很有名。于是我就说，我要向你们介绍介绍冼星海，然后我就开始讲，我讲了几分钟，那位负责人她打断我，她说你是不是要写小说？我说我是搞音乐的，接着我就边说边唱冼星海的作品，《在太行山上》《二月里来》《救国军歌》《黄河大合唱》，我说到每一部作品都是什么情况下写的，它在中国取得什么样的成就。我讲了一个半小时，说完以后她很感慨地说，一定要把我说的话向他们学校很好地介绍，特别是向老师和学生介绍。最后我说，你们巴黎音乐学院要以毕业了像冼星海这样的学生为你们的光荣和骄傲，她接受我的这个观点。冼星海为什么在我们国家取得那么大的成就？就是因为他投入了抗日战争的洪流，投入了那个时代的怀抱，所以他才有那么多的作品，特别是《黄河大合唱》。他在法国巴黎音乐学院五六年时间，实际大概将近七年时间而且还在杜卡斯高级作曲班学习过，他怎么没有写出来呀？回国以后投入抗日歌咏运动，投入抗日战争的洪流，左一个右一个，他写了四部大合唱、两部歌剧和众多抗日歌曲，成为划时代的伟大作曲家。

所以，作曲家要在天地间行走，要知道上边是天，要知道下边是地，不这样是不行的，我看了昨天的音乐会很有感触。谢谢！祝贺你们！

（原载于《中国艺术时空》2013年第6期）

独创的路

作为一个曾经是中国人民志愿军的音乐工作者，在离开朝鲜二十年之后听到了朝鲜民主主义人民共和国国立交响乐团的访华演出，心情是很不平静的。我为朝鲜战友们在二十年的短暂时间里在音乐艺术上所取得的重大成就而感到高兴和敬佩。记得在1958年也就是在我们中国人民志愿军最后撤军回国的日子里，我们曾多次去过朝鲜的首都平壤，有机会观摩朝鲜艺术家们演出的歌剧、舞剧、管弦乐等许多精彩的节目。朝鲜党和政府以及人民军部队也曾派出许多艺术团体到我们志愿军驻地来慰问演出。当时我们看过不少朝鲜歌剧。回国后，近几年来，我们又陆续看了朝鲜革命歌剧《血海》《党的好女儿》《卖花姑娘》等，同二十年前的朝鲜歌剧比，有一个很大的变化。这些革命歌剧把革命的内容和民族形式结合起来了，把外国的先进技术和朝鲜民族的音乐语言结合起来了。这是一个艺术发展上的飞跃，是一个影响深远的创新。根据同名歌剧改编创作的交响乐《血海》正是体现了这个成就。交响乐在内容上集中概括了歌剧的主题思想，鲜明地表达了歌剧的革命内容，在音调上以歌剧的主题为交响乐的主导主题，同时穿插着歌剧里的几首主要歌曲的曲调，从而构成了交响乐的主要旋律部分。在曲式上没有拘泥于外国交响乐必须使用的奏鸣曲式，而是根据交响乐的特定内容来灵活地处理曲式，从而创造了适合这一特定内容的表现形式，使乐曲的内容得到很好的表达。

朝鲜作曲家们的交响乐作品还表现出另外一个重要特点，那就是旋律性、抒情性和通俗性。在旋律、和声、配器等音乐的诸因素中，旋律是主要的因素，一部作品的主题思想、时代气息、生活风貌、风格色彩等无不首先凝结在旋律上。朝鲜作曲家们十分善于运用音乐创作上的这一规律，如管弦乐《我可爱的家乡》《青山田野庆丰收》，钢琴协奏曲《决战之路》，小提琴协奏曲《我们永远忠于您》，长唢呐协奏曲《打秋千的姑娘》等，都具有鲜明的音乐旋律，通俗易懂的表现手法，深刻细致的感情抒发。很久以来，在人们对音乐的评论中常常听到这种意见："能听懂交响乐的人很少。"可以说，这是在许多国家（包括工业技术先进的发达国家）里普遍存在的现象。当然，"曲高和寡"也并非曲不好，但音乐是一种鼓舞人们前进的战斗武器，作曲家经过长期的辛勤劳动，花费了很多心血而写作出来的作品如果只有很少数的人能够听得懂，岂不是太遗憾了吗！从这次音乐会上来看，朝鲜的音乐家们以他们的交响乐作品表明他们已经创出了自己的交响乐发展道路，那就是：在金日成主席的主体思想指引下，把革命的内容和完美的艺术形式相结合，有着浓郁的革命抒情和鲜明的民族色彩，深入浅出的交响乐创作道路。这是一条宝贵的经验，很值得借鉴学习。

音乐会上的交响乐作品有着鲜明的民族风格。这个特点在管弦乐曲《青山田野庆丰收》这首作品上体现得最为突出，不仅乐曲的音调来自民间，并且使用了长唢呐、笛子等民族乐器和打击乐器，而且在整个乐曲的和声、配器上都突出了民族特色。整个作品的风格浑然一体，和谐统一，生动地表现了在千里马精神鼓舞下的青山里人民丰收胜利的欢乐情景，给我们留下了深刻的印象。

音乐家们以深厚的革命友情演奏了中国作品交响组曲《白毛女》和根据人民音乐家聂耳的歌曲《打长江》改编创作的管弦乐曲。歌唱家们还演唱了《世世代代铭记毛主席的恩情》《绣金匾》等中国歌曲。在这些充满真挚情感的表演中，洋溢着朝鲜人民对中国人民的深厚感情，表达了中朝人民用鲜血凝成的牢不可破的战斗友谊。

《决战之路》是一首朝鲜歌曲的名字。在战争期间，在人民军部队里，在朝鲜人民中，这首歌曲广为流传，有力地鼓舞了人民向侵略者进行决死的战斗。现在用这首歌曲改编创作的钢琴协奏曲是一首充满着战斗气息的激情澎湃的作品。当乐曲在慷慨激昂地演奏的时候，我的心情也在激动地起伏着，许多难忘的事情涌上心头。《决战之路》这首歌我是很熟悉的，当年在朝鲜，我们志愿军文工团曾多次演唱过它，在舞蹈里也多次使用过它。在文工团的许多次演出中，我曾不止一次地看到演员们眼含激动的泪花，面带着与阵地共存亡的神情来表演这首歌曲和用它编配的舞蹈。每当这个时候，我和观众们一起都激动得热泪盈眶。

我们虽然回国二十年了，但那战斗的生活、血铸的友情永远难忘。中朝两国人民的战友情谊延绵不断，这次来我国访问演出的朝鲜民主主义人民共和国国立交响乐团的音乐会就说明了这一点。音乐会的高潮以《歌唱华主席》和《金日成将军之歌》来结束就更说明了一切。不久前，华国锋同志对朝鲜的友好访问，在中朝人民友好的历史上写下了光辉的一页，为中朝友谊谱下了新的历史篇章。中朝人民用鲜血凝成的战斗友谊像鸭绿江的流水源远流长，中朝两国人民唇齿相依、休戚与共，一定要世世代代友好下去！

（原载于《人民日报》1978年8月28日）

难忘的一九七九

——关于歌剧《星光啊星光》

　　1979年新年伊始，剧作家所云平的儿子来找我，他就是歌剧《星光啊星光》（以下简称《星光》）的编剧之一所明心。他拿给我《星光》歌剧的剧本并说他和他的父亲都希望我能为这部歌剧作曲，还告诉我说，他们的意见中国歌剧舞剧院也同意，中国歌剧舞剧院已决定排这部戏，今年是建国三十周年，剧院有向国庆三十周年献礼演出的任务，所以事情比较急。我与所云平同志有合作之谊，1977年我曾应武汉军区之邀为他的话剧《东进！东进！》作曲（主要是五首陈毅诗词），所云平应八一电影制片厂之邀又正在将这部话剧改写成电影，那时我正在八一厂工作，于是我告诉所明心说我看了剧本再说。当时我的时间很紧，已担任了故事片《挺进中原》和《雪山泪》的作曲，还在柯岩同志诚邀之下，答应了为她的歌剧《记住啊请记住》作曲，这是中央歌剧舞剧院邀她为国庆三十周年献礼演出的作品。三部作品压在那里，再加上一部歌剧，我的负担确实太重了。时间这样紧，写不好还不如不写，但《星光》的剧情十分感人，它不仅艺术上能激起我的共鸣，而且它唤起了一个作者应有的责任感：通过这个作品揭露"四人帮"及其爪牙的罪行，告诉人们，"文化大革命"这样的历史绝不能允许它重演！在矛盾的心情下我把剧本拿给顾毅同志去看。顾毅是我在沈阳音乐学院作曲系的同班同学，是1946年参军的老同志，但他历经坎坷，1957年被打成右派，妻子离他而去，他被下放劳动改造多年后又复员回老家当工人。可他对音乐痴心不改，一直还在作曲，有时还给我寄来他的新作，"文革"中他的处境可想而知。他的几首作品被刻意打成反动歌曲，号称所谓"三首反动歌曲"事件，报刊上大加批判，他也从右派被批判为反革命，被轮番批斗，身心受到严重摧残，连行动都很困难。粉碎"四人帮"后他还在工厂当木工，1978年八一电影制片厂军教片室有一部影片要我作曲，导演田永贵同志曾和顾毅在一个文工团工作过，于是我就推荐顾毅接替我为此片作曲，因此他来到了八一厂。当我把《星光》剧本拿给他看时他反应强烈，力主我接受下来，并表示愿意协助我一起完成。他帮助我下定了决心。

《星光》讲述了这样一个故事：某省公安厅有一份"801卷宗"，上面记载着江青30年代被捕的情况。这被"四人帮"及其爪牙说成是炮打无产阶级司令部的黑材料，于是操纵公安厅造反派查抄，把拒不交出卷宗的公安厅长祝久鸣打成黑帮并关进牢房，迫使老厅长夫妇双双致死，厅长的儿媳田茹星是公安厅的档案保管员，因拒不交出卷宗而被打成现行反革命并被枪决。厅长的女儿祝蒙蒙因受蒙蔽而与家庭"划清界限"，生活上又受到造反派头头的欺骗与抛弃，父母双亡，幻想破灭使她精神失常，最后投江自尽。厅长的儿子祝光明则携带卷宗出走，坚持与"四人帮"继续斗争。这是一个震撼人心的悲剧故事，它强烈地撞击着我的心灵，使我激昂，使我悲愤，使我拿起笔来对"四人帮"及其罪行进行诛伐。

《星光》是一部抒情性的悲剧。既是大悲，也是大抒，它是我们国家那段历史大悲剧的一个缩影，是十年浩劫、十年动乱的一个局部的再现。在那场浩劫中，像祝久鸣这样的家庭何止成千上万，它的悲在于我们的党和国家在前进的道路上怎么会出现这样的逆转；它的悲在于这段历史给党和国家造成的巨大挫折，给千百万家庭造成的巨大灾难，尤其严重的是它给人们在精神上、信仰上造成的巨大创伤是何其沉痛，这个创伤是相当长的时间内难以彻底抚平的；它的抒在于抒发人民的正义之声，斗争之声，对丑类诛伐之声，抒发爱情、亲情、同志情、战友情，对正义必将战胜邪恶，光明必将战胜黑暗具有坚定信心的斗争豪情。这种爱情的抒发、悲情的抒发、亲情的抒发、豪情的抒发就构成了《星光》音乐的风格和基调。

《星光》故事的一开始就是婚礼场面，气氛热烈，一片喜庆。男女主人公祝光明和田茹星喜结良缘，洞房花烛。他们唱道："歌声随着夜风飘扬，心儿随着歌声跳荡，欢乐的琴弦已拨响，梦中的美景在荡漾。"剧作上的这个安排具有重要意义，因为喜庆的婚礼开场与家破人亡的悲剧结局形成了强烈的对比，它深刻地揭露了这场所谓的革命给人们带来的究竟是什么。因此，第一场的音乐从序曲开始就具有浓郁的欢乐气氛，全场的九段歌唱有七段使用了三拍子节奏，包括全剧的主题歌《星光啊星光》。欢乐的歌声，热烈的舞蹈，把"洞房花烛夜"的气氛推上了高潮。然而灾难就要降临，欢乐即将成为泡影。所以随着反面人物杨慕林的上场，音乐发生了变化，杨慕林用阴阳怪气的腔调对田茹星唱道："那祝家已是瓦上的霜，风前的蜡……"此后，田茹星的三段唱虽然还继续使用了三拍子节奏，但气质已发生了变化，在流畅的曲调中透露出压抑与沉重，苦闷与彷徨，她唱道："晚风刺骨凉，迷雾锁大江，江涛激荡，心绪彷徨，阶级亲人变黑帮，怎叫人不思量……看不清潮流，寻不见灯光，无情的波浪，你要把我带向何方。"喜庆的洞房花烛夜吹进了阵阵冷风，头上乌云已经袭来，预示着将要发生不测。

第二场，灾祸陶临。祝久鸣被"四人帮"及其爪牙揪出来了，说他是黑帮，逼他交出"801卷宗"，他不交；被关进了牢房。第三场，祝久鸣坚决与"四人帮"及其爪牙斗争，最后被迫害而死。临死前他交代田茹星一定要保存好"801卷宗"，并要把卷宗送到中央去，揭露"四人帮"及其爪牙的罪行。这两场戏音乐的重点是抒发战友情、同志情，这种情谊既深且浓。如第二场祝光明与田茹星的二重唱与合唱《请不要忘记我呀亲爱的战友》唱道："当你在黑暗中行走，当你为前程感到忧愁，亲爱的人啊，我愿化作一颗明亮的星斗，照亮你的征途……（合唱）当你对黑暗最后冲击的时候，当你为光明决一死战的时候，请不要忘记我呀亲爱的战友，我将化成一颗明亮的星斗，伴随着你去进行这决死的战斗。"这是在父亲被揪斗、家庭被查抄，眼前一片黑暗时，他们的互相鼓励与支持。又如第三场里的幕后合唱《坐一坐》，是在祝久鸣被逼死之前，当赵子虹去牢房看他，也就是夫妻最后一次相见，面对眼前乌云压顶的局面，二人的心情沉重、痛苦，互相依恋，难舍难分，相对无言，心心相印。这时幕后轻轻地深情唱道："坐一坐，革命的伴侣，坐一坐，亲密的战友。三十年同甘共苦，三十年并肩战斗。心贴心，手携手，恩爱深，情谊厚。好似那山峰隐隐隔不断，好似那江水滔滔不尽流。"而这种同志情、战友情、亲爱之情表现更为集中的是第七场，也就是全剧的最后一场。当田茹星即将被处决，祝光明已经携带"801卷宗"出走，面对死亡，田茹星想到的不是自己的生死，而是遥望祝光明一路平安斗争胜利。舞台上采用时空交置的调度，让田茹星想念中的祝光明出现，先是二人对唱，后由田茹星独唱，这是田茹星对光明的渴望，对胜利的信心，对未来的赞颂，是她临终前对亲人的嘱托，她深情地唱道："光明啊，你再听我说句贴心话，等到胜利的那一天，不要为我戴黑纱，因为天空正铺满绚丽的朝霞；不要为我献花圈，因为大地已开满报春的山花……光明啊，我求你常来看看我，静悄悄说上几句贴心话，虽然是听不到你的声音，但是那温柔的春风、含笑的山花，都会替我把话儿答……"由对唱与独唱组成的这一大段唱，浓墨重彩地抒发了女主人公为捍卫正义实现光明而英勇不屈从容就义的坦荡胸怀和高尚情操，情切切、意绵绵，把对爱人和战友的嘱托与胜利的向往融汇在一起，那样的纯真，那样的甜美，那样的圣洁，那样的深情，那样令人悲伤、令人崇敬。

这部戏只有六个人物（还有一个何腾没有唱词可不算），五正一反，五个正面人物死了四个，确实是个悲剧。而在这个悲剧中，最令人悲伤的人物是祝蒙蒙。她是一个幼稚单纯的青年学生，响应号召参加造反戴上了"红袖章"，并与造反派头头、她父亲的秘书杨慕林发生了感情。但是当她父亲成了"黑帮"以后，她就被剥夺了"红袖章"并被杨慕林所抛弃。开始她还抱怨父母兄嫂对革命不忠诚，没有交出"蓝本本"（即"801卷宗"），后来父亲死了，她也了解了真相，她对使她受骗上当家破人亡的所谓"革命造反"的信念崩溃了，精神失常了。在第七场中，她披头散发精神恍惚，步履蹒跚地走上舞台，口上喃喃自语地唱道："清冷的月光照地下，照着那一束小白花，小白花呀它真傻，它以为是阳光照着它。小花哦蕾呀小花蕾，你是花的小娃娃，小娃娃呀小娃娃，你为什么离开家，跟我去吧小娃娃，我带你回家，妈妈的身边多温暖，风雨都不怕。"在这悔恨的喃喃自责中她走进了大江，结束了豆蔻初开的年轻生命。紧接着合唱聚起："大江中溅起一朵浪花，把不幸的姑娘收下。江涛阵阵，咆哮喧哗，为姑娘倾诉着没说完的话。"这撕心裂肺的歌声怎不催人泪下！

《星光》的剧本基本上是沿用"话剧加唱"的写法，但它故事生动，人物集中，情节感人，剧诗写得富有歌唱性，有些部分歌唱的比例也很重，它主要的故事情节、人物感情都是通过歌唱表达出来的，因此也可以说它是"唱剧加说"或者是"歌剧加话"。这也许是中国式歌剧的一种形式，或者说是中国式歌剧的形式之一。如第七场就几乎从头唱到尾。剧中的第一主人公田茹星在全剧七场戏中除了第三场没出场外，在六场戏中共有22段唱，仅分量重的唱就有"光明啊，你再听我说句贴心话""听江湖""斥强盗逻辑""爸爸的钢笔"以及主题歌"星光啊星光"等5个段落。男主人公祝光明有11段唱，主要是陪衬田茹星；祝蒙蒙的8段唱中的"一刺、白花""问大江"也很有分量；赵子虹唱得虽不多，仅有5段，但"孩子啊原谅妈"令人十分沉重；祝久鸣只有4段唱，但塑造了铁骨铮铮的不屈形象；反面人物杨慕林也有5段唱，阴阳怪气，符合他的身份。特别应该提到的还有幕后、幕间的合唱以及人物唱段的伴唱与辅助合唱，共有23段之多，它对全剧起到重要作用，有些地方甚至是"画龙点睛""反客为主"，如第二场赵子虹看望祝久明时的"坐一坐"，第三场祝久明死时的"倒下了"，第七场祝蒙蒙走进大江时的"大江中溅起一朵浪花"等处的幕后合唱都起到了画龙点睛、推波助澜、刻画人物、深化主题的作用，使人物与剧情"更上一层楼"。主题歌"星光啊星光"在全剧中出现了三次。第一次是在第一场田茹星与祝光明结婚喜庆的高潮；第二次是在第四场的结尾，田茹星掩护祝光明携带"801卷宗"出走，"四人帮"爪牙包围搜捕的危急时刻；第三次是在第七场，在全剧的最后，随着田茹星被处决的枪声响起，场上万籁俱静，顷刻夜空中出现满天星斗，预示着黑暗将尽，曙光在前。主题歌三次都出现在全剧的点题位置。全剧的乐队配器部分以及首尾和各场之间的连接乐段均由刘以健、姚加正两位同志来担任。（记得顾毅同志好像也写了一小部分，刘以健同志为主。我因还有其他几部作品而无力参与。）他们在时间很紧的情况下赶写出数量众多的乐队部分，对此剧的顺利上演起了重要作用。

《星光》能够上演并获得成功，中国歌剧舞剧院的领导、导演、演员、舞美、全体工作人员功不可没。当所明心把剧本送到乔羽同志处，时任业务副院长的乔羽看过剧本当即表态支持，院长晏甬同志、副院长兼党委书记李刚同志看法一致，坚决支持这个戏投排，后来又定为向建国30周年献礼演出剧目，这在当时的历史条件下可谓有胆有识，因为当时中央对"文革"尚未作结论，距1981年9月党的十一届六中全会对"文革"正式作出结论还有两年多。能够在没有"红头文件"依据的情况下投排这样一个戏确属难能可贵。后来出现的一些情况也证实了这一点。剧院领导的工作抓得很紧。记得我们投入作曲之初，乔羽同志还带了几个同志来审听曲子，第二场听过之后他才说："没想到你们效率这样高，我们也就放心了。"排练时院长、副院长都到现场，那时中国歌剧舞剧院的条件比较困难，每天中午我和晏甬、乔羽因为家离剧院远不能回去，就在食堂灶间的大案板上吃着极简单的饭菜，乔老爷（乔羽同志）还自得其乐地就着馒头喝一两"二锅头"。吃完饭我们就在有着一张破床、一张破写字台、一张破长沙发这"三破"的房间里"卧床"休息。在三人中我年纪最小，自然要拣最"破"的地方。（据说这就是堂堂中国歌剧舞剧院院长的办公室，15年以后，我作为全国政协教文委考察组成员，为解决中直文艺单位特殊工种补贴问题而再度来"中国院"时，看到房子依然如故，张曙云同志见到我的第一句话就说："老傅，你看和排《星光》时有什么变化？"我听后心中非常难过，中午招待我们吃饭，我没能吃下去。后来我做了我力所能及的事情：同年11月全国宣传工作会议期间，我受全国政协教文委的指派到京西宾馆向国务院四个部作了考察汇报，会议由当时文化部常务副部长高占祥主持，并有劳动部、人事部、财政部等有关业务部门的负责人参加，政协委员只有我一个人，我用1小时40分钟时间列举了中国歌剧舞剧院等中直文艺单位存在的大量困难，建议给予解决。）不久，为了改善排练环境，剧组又搬到大兴县文化部一个"文革"以来停止使用的旧学校里，记得我住的房子窗上没有玻璃，蚊子横飞。导演王雅琪同志请来著名导演舒强同志作《星光》的艺术指导，舒强每天要从中央实验话剧院赶到大兴县来排戏，经过舒强同志的指导，排练进展明显。万山红当时很年轻，是一个没有进过音乐院校、从东北小城市考进中国歌剧舞剧院的青年演员，能够担任田茹星这样重的角色很不容易，靠她的素质和勤奋硬是拿下来了。由于剧院领导的团结一致，全院上下拧成一股绳，工作进度很顺利，到了7月就进入彩排了。

彩排是在中央党校礼堂进行的。在第二场彩排开演前，中央党校教育长宋振庭同志会见了我们几个编剧和作曲者。他说："哎呀！同志们，你们的戏在我们中央党校里引起了轩然大波。昨天晚上学员们看过你们的戏之后，今天的学习讨论会就不讨论原来的题目了，光讨论你们的戏了，争论得很热烈。"我们问："争论什么？"宋教育长说："关键是'文化大革命'能不能否定，赞成你们这个戏的学员认为'文化大革命'应该否定，不赞成你们这个戏的学员认为'文化大革命'不能否定。"我们又问："宋教育长你怎么看呢？"他说："我是赞成你们这个戏的，'文化大革命'必须否定。"发生在中央党校里的这场争论不是偶然的，它是当时社会思潮的反映，考虑到中央党校学员的社会地位（多为厅局以上干部），这场争论就更具有代表性。时隔不久，在中国歌剧舞剧院召开的一次《星光》座谈会上又出现了上述争论，焦点仍然是"文化大革命"能不能否定的问题。持反对意见的同志还是说："'文化大革命'是毛主席亲自发动领导的，能全部否定吗？至少要四六开或者三七开吧。"这种争论甚至还出现在同年10月下旬召开的第四届全国文代会上，在全国文联主席周扬同志的总报告中有这样一句话：粉碎"四人帮"以后歌剧也有好作品嘛，比如说《星光啊星光》。但是在讨论这个报告时×××代表团里就有不同看法，在这个代表团的简报上也反映了这个看法："《星光》怎么能算是好作品呢，难道'文化大革命'能否定吗……"周扬同志看到这份简报之后，当晚即去看《星光》的演出，看完后他在当晚召集的各代表团团长会议上说："我作报告时还没有看过这个戏，报告也不是我一个人写的。我是看了×××代表团的简报后今晚才来看戏的，看了戏之后，我认为我的话不但没有讲错，讲得还不够。"《星光》彩排审查时，编剧作曲的有关上级均未到场，事隔一年之后，我的两位领导还不无善意地对我说："你写《星光》和《枫》（也是关于"文化大革命"的）那样的作品干什么，吃力不讨好，别人还对你有意见。在评级会上人家提出你创作思想不端正，写了《星光》和《枫》。要不是我们说你还写了《雷锋》《地道战》《闪闪的红星》，评级你就不行了。"听后我只能哑然，因为他们是好意。文代会前后，《星光》在天桥剧场演出许多场，观众络绎不绝，反响热烈。我们几乎每天到剧场观察演出的反映和在剧场休息室接触各方面人士，广泛听取意见。许多观众都很激动，尤其是一些老同志，他们大多在十年浩劫中被打成走资派、黑帮、黑线人物，甚至是反革命，横遭摧残，家破人亡，因此一面看戏一面流泪，甚至有人失声痛哭。有些文艺界的前辈和领导也给予热情支持。记得音协名誉主席吕骥同志看完演出后上台表示祝贺，他说，不是说粉碎"四人帮"以后音乐界没有作品吗？今天看了你们的戏，这不就有了吗。上海市委副书记兼宣传部长陈沂同志在演出休息时向我和所明心要曲谱和剧本，说要推荐给上海歌剧院演出。据后来他对我说，开始上海歌剧院有人担心怕演出赔钱，他说："我对他们说，赔了钱市委给你们补贴。结果一个月内连演28场，不但没有赔钱，还赚了钱。"当时在上海歌剧院《星光》里扮演祝蒙蒙的青年演员王作欣八年之后在美国获得了音乐博士学位，到北京时特地来看我，她还谈到《星光》对她的影响。陈沂同志还在上海《文汇报》发表了整版的长文来评论这个戏。中国戏剧家协会、中国音乐家协会、建国三十周年献礼创作演出办公室分别召开了《星光》的座谈会。在由舒模同志主持的中国戏剧家协会的座谈会上，作家柯岩和青年作曲家黄安伦富有感情的发言给我留下了深刻的印象。对《星光》的上演许多报刊都给予了报道（《光明日报》在头版头条）。总起来看，文艺界、舆论界对《星光》给予了积极的评价。在建国三十周年献礼创作演出评奖中，《星光》被评为创作一等奖和演出奖。《星光》的音乐因为我的能力所限和时间的仓促还存在许多缺点，今后如有机会我将作必要的修改。

难忘1979，还因为这一年是我几十年创作生涯中最激动、最紧张、最热烈、最多产的一年。除了歌剧《星光》之外，还有歌剧《记住啊请记住》，电影《挺进中原》《雪山泪》《梅花巾》以及一批歌曲，为了更有效地集中工作，我住到了空军指挥学院招待所。那时住招待所不要钱，有适当的介绍就可以，我和顾毅是由《星光》的编剧张思恺同志（当时他是福州军区空军文化部长，另两位编剧是所明心和谢友良）介绍去的，实际上那时我等于是同时在为中国歌剧舞剧院和中央歌剧舞剧院的两部歌剧作曲，八一厂、峨影厂、珠影厂的同志也与我保持联系，柯岩同志还曾到招待所来找我研究过《记住啊请记住》的创作，中央歌舞剧院曾两次召开座谈会讨论这部歌剧的剧本和已写出的部分音乐。记得讨论音乐时，中国音协副主席李凌同志还参加了。因为忙，我平时晚上不回家，只在星期六晚饭前由中国歌剧舞剧院派车送我回家，星期一早饭后再接回来，但这样一来每周就有一天多不能集中精力工作，所以我就改为每周二晚回家，周三早上回来，但时间还是不够分配，索性后来就不回家了，直到《星光》开排后才有所改变。记得开始写作《星光》时有65段唱（正式演出时55段），初稿我们只用了28天就写出来了，我与顾毅流水作业，我写第一稿，然后交给他来改，一天平均要写二至三段，还要配合唱，顾毅当时还处在落实政策重组家庭等复杂曲折的故事当中。有一段时间，我的另一位同学朱广庆同志出差到北京，经我介绍也住进了这个招待所，写作余暇（这个"暇"实在很少），三个同学在一起谈天叙旧，喝上几杯，还真是其乐融融。三个人还一起讨论过顾毅家庭纠葛的处理问题。《星光》开始排练后，有一段时间是到福州去排，由中国歌剧舞剧院与福州空军文工团联合排演，因为我还要写其他作品分不开身，排练当中音乐方面遇到的问题都由顾毅同志处理。

电影《雪山泪》是写西藏推翻奴隶制的故事，摄制组在西藏拍摄，我本可以去到那里生活一段，而且我过去给自己立的规定就是，每搞一部片子都要尽可能地到故事发生地去一段时间，以便熟悉那里的生活，搜集那里的音乐。我去过祖国大好河山的许多地方，而西藏却从未去过，一直有这个愿望，但这次竟失掉了机会。为什么能在28天里写出65段曲子，为什么能在一年里接手创作五部大型作品，（当然，歌剧《记住啊请记住》没有上演，因为《星光》之后再完成这部歌剧，排练演出于国庆节，实际上已经来不及了，再加上其他几部影片的催促，所以写到后来我也就放下了，至今，我对柯岩同志和中央歌舞剧院仍然感到很抱歉。）动力是什么？有人说，粉碎"四人帮"之后，文艺创作出现了"井喷"现象，也许，我也是这"井喷"中的一滴水吧。的确，被压抑十年，万马齐喑的局面一旦被冲破，广大文艺家爆发出来的热情和力量确实是巨大的，惊人的。

知识分子因为拥有知识，了解信息，所以它是社会的先觉者。

1995年举办我的作品音乐会时，由于曲目多，时间又不宜过长，有些同志建议不上《星光》的选曲，而我下决心拿掉其他一些作品，甚至是获全国一等奖的作品，上了《星光》第七场，并重新制作服装布景灯光道具，增加了舞蹈，仍由万山红主演。因为《星光》是我音乐生活中难忘的一页，也是我们国家拨乱反正那段历史中文艺舞台上一朵耀眼的浪花。

（原载于《人民音乐》1998年第11期）

亿万人民纵情歌唱

——在全国群众歌曲创作研讨会上的讲话

在隆重庆祝建党八十周年的多彩活动中，群众歌咏活动是一道亮丽的风景线，李岚清同志热情地撰写了《广泛开展群众歌咏活动，大力推动先进文化建设》的文章给予肯定，并明确指出了今后的发展方向及应采取的措施。今天，文化部和中国音乐家协会召开这个会议是一项贯彻落实岚清同志文章精神的措施。我谈几点学习体会和意见供讨论，不妥之处请大家指正。

一、群众为什么要歌唱——景山公园见闻

去年隆冬季节，一位朋友告诉我，景山公园每星期天都有很多群众自发地到那里去唱歌，这引起了我的好奇。于是，在一个星期天我也特地到那里去看看。我到达时已经是上午9点半钟，忽然眼前出现了一个熟悉的身影，他是一位将军，住地离景山公园很远。我心想难道他也是来唱歌的吗？事实果然如此。这位将军从9点半一直站到12点一刻，一首不落地和大家一道放声歌唱。虽然是大冬天（我因精神准备不足，穿得少，已冻得跺脚），但这里已聚集了两三百人，歌声是那样的昂扬，情绪是那样的高涨，几乎每唱完一首歌人们都要自发地鼓掌、欢呼，像是在庆祝胜利。这情景深深地打动了我这个老音乐工作者。为了弄清究竟，我一直等到他们

全部唱完才请来手风琴伴奏和几位唱歌者聊了起来（这时有人已把我认出来）。据他们说，这里的合唱队伍完全是自发的，没人联络召集，大家在这里唱歌已有五六年了，北京其他公园里也有类似的情况。我问他们是不是在专业团体里工作过？他们说，这群人中"藏龙卧虎"，将军、部长、教授、专家都有，自然也可能有在专业团体里工作过的，但指挥、手风琴伴奏和他们几个全是业余的，并问我有没有新歌交给他们唱，我答应下个星期天带给他们。七天后我如约前往，将一首《振兴中华》交给了他们。一个月后，在中国音乐家协会召开的新年团拜会上，我讲了在景山公园的见闻，并建议"在下半年适当的时候召开群众音乐工作会，对群众中蕴藏着的巨大的音乐热情给以正确的引导"。这次会议召开的前一天，我又来到了景山公园，看看情况有什么变化。一进门，首先我看到相隔不远的两群人正面对着抄在大纸上的歌谱在唱歌，还有人在教唱，每一群有五六十人。当我来到去年冬天去过的那有个亭子的地方，那里已聚集了四五百人，为了了解他们到底都唱一些什么歌，我花了42元钱买了一套那里的歌片，共153首。这时他们开始练声（每次从9点半练到10点，10点开始唱歌）。为了仔细地看歌谱，我就朝相反的方向走去，一边走一边逐页翻遍了153首歌。从内容上看，除两首较差，其他151首均属内容健康向上，歌唱祖国、歌唱人民、歌唱共产党、歌唱社会主义、歌唱改革开放和现代化建设的新时代和新生活的作品，其中有《团结就是力量》等革命歌曲、中外名曲、中外影视歌曲、中外艺术歌曲、民歌等等，既有主旋律又有多样化。当我返回到唱歌的地方时，那里聚集了上千人，还有的人虽然站在外面，但也跟着唱，还有的人从远处听到这里的歌声，一边往这里跑，嘴里也一边跟着唱。看到这种情景，不禁使我联想到电影《翠堤春晓》里各种各样的人被施特劳斯的音乐所吸引，从四面八方拥向杜勃尔咖啡馆的场面。当唱到《革命人永远是年轻》的时候，业余指挥说道："我们每个星期'年轻'一回，唱好歌心情舒畅，精神振奋，星期一上班工作就更有精神了……"话音未落又爆发出一片掌声和欢呼声，接着"革命人永远是年轻，他好比大松树冬夏常青……"的歌声激越优美，响彻云天。这时，我的心潮难以平静，我不由得想到：我们的词曲作家们有理由为自己的工作而感到自豪，他们用心血浇灌出来的作品之花开放得多么灿烂，他们谱出的歌声被一代又一代人所传唱着，鼓舞着人们坚定理想，坚定信念，坚韧不拔地去战斗、去工作、去劳动、去生活，对我们的党和国家、对我们的人民和时代充满了无限的爱。同时我也在想，人们为什么会这样纵情歌唱呢？为什么那歌声是那样由衷的甜美呢？那是因为中国人从来没有过上像今天这样的好生活，心情舒畅。1978年党的十一届三中全会实现了工作重心的转移，从以阶级斗争为纲转向以经济建设为中心，坚定不移地实行一个中心两个基本点的基本路线，经济建设取得了巨大成就，社会生产力、综合国力、人民的物质文化生活水平有了很大提高，这就是亿万人民纵情歌唱的物质基础和根本原因。因此，人们发自内心地歌颂党、歌颂具有中国特色的社会主义、歌颂自己的新生活。同时，每周一次的纵情歌唱，对他们来说也是"陶冶情操、净化心灵、寓教于乐、愉悦身心"。正如群众歌唱家们那简朴的歌本封面上的题词"相逢何必曾相识，高歌一曲乐陶然"。

二、群众歌曲创作的任务——用美好的歌声鼓舞亿万人民为实现中华民族的伟大复兴而奋斗

实现中华民族的伟大复兴是中国共产党发出的伟大号召，是我国社会主义现代化建设第三步发展的战略目标，是亿万中国人民长久以来的向往，是近百年来中国许多爱国者和仁人志士抛头颅、洒热血为之奋斗的夙愿。翻开中国近代史，由于清政府的昏庸腐败，1840年的鸦片战争，1900年的八国联军进北京、火烧圆明园，1904年的甲午海战，中国连连失败，签订下几十个丧权辱国的不平等条约，昔日的中华大国一落千丈。1931年的"九一八"事变，日本侵略军先占沈阳城，后占东三省，1937年的卢沟

桥事变，日军再占平津、华北、上海，上海租界里的公园门上公然挂着"华人与狗不得入内"侮辱中国人的牌子，中华民族几乎到了亡国的地步。面对清朝的腐败，"革命军中马前卒"邹容曾高呼"拼将十万头颅血，须把江山力挽回"，巾帼英雄秋瑾曾拔剑当歌"我以我血荐轩辕"。孙中山成立"兴中会"，喊出了"驱除鞑虏，恢复中华"的口号，田汉、聂耳在《义勇军进行曲》中怒吼"起来，不愿做奴隶的人们，把我们的血肉，筑成我们新的长城，中华民族到了最危险的时候，每个人被迫着发出最后的吼声……"中国共产党高举起抗日民族统一战线的大旗，发出动员全民抗战的《八一宣言》，中国人民经历了二十八年的革命战争，牺牲者数以千百万计，才迎来了中华人民共和国的诞生。新中国成立之后，在社会主义建设的过程中曾走过弯路，付出过沉重的代价，但终于迎来了改革开放和社会主义现代化建设的明媚春天。今天的春光、今天的繁荣、今天的兴盛是多么的来之不易！现在我们已经进入新的世纪，已经进入全面建设小康社会、进入改革开放和现代化建设的新的发展阶段，中华民族伟大复兴的光辉前景正在向我们招手走来。因此，用美好的歌声鼓舞亿万人民为实现中华民族的伟大复兴而奋斗，就是我们群众歌曲创作的根本任务，是我们词曲作家无上荣光的神圣使命。为此，我们的词曲作家要满腔热情地投入工作，创作出振奋人心、鼓舞斗志、优美动听、群众喜闻乐唱的歌曲。让歌声插上翅膀，在亿万人民群众中展翅飞翔。正如李岚清同志所指出的："我们要广泛开展群众歌咏活动，把人民群众的热情、智慧和力量调动起来、凝聚起来、发挥出来，为推动中国先进文化的发展，不断满足人民群众日益增长的精神文化需要，实现中华民族的伟大复兴做出更大的贡献。"

三、音乐是为人民群众的

人民群众是历史的创造者，是推动历史前进的主人。一切为了群众，一切依靠群众，从群众中来，到群众中去，集中起来，坚持下去，这是中国共产党根本的工作路线。《中共中央关于加强和改进党的作风建设的决定》中指出，"加强和改进党的作风建设，核心问题是保持党同人民群众的血肉联系"，李岚清同志提倡为群众创作歌曲正是这种精神的体现。

中国共产党的根本宗旨就是为人民服务。这是党的一切工作的出发点和落脚点。中国共产党之所以由小到大，由弱到强，正是因为它的宗旨是为人民服务并赢得人民群众拥护的结果。从中国工农红军进行艰苦卓绝的两万五千里长征到今天"三个代表"重要思想的提出是一脉相承的，都是这一宗旨的体现。在中国共产党领导下的音乐工作，当然也要贯彻为人民服务这一根本宗旨。人民音乐为人民，人民音乐人民爱，群众歌曲为群众，群众歌曲群众唱，这是顺理成章的事。我们的工作不能离开这个出发点和落脚点，这个观念要牢固地树立起来。我们应以美好的精神食粮奉献给人民群众。正如中共中央宣传部领导同志在一封信上的批示所指出："党的文艺方针，总的是'二为'方向'双百'方针，弘扬主旋律，提倡多样化，尊重文艺规律，尊重文艺家的创造性劳动，深入生活、深入群众，把美好的精神食粮奉献给人民。创作中要有精品意识，既有'阳春白雪'也有'下里巴人'，既可雅俗共赏也可各有群体。总的要求是给人以启迪，给人以鼓舞，给人以教育，给人以欢乐，给人以美的享受。"

音乐不能脱离它的服务对象，音乐的表现形式和写作技法都是为内容服务的，要能为服务对象所理解和热爱。真正先进的创作技法和表现手段是来自生活，来自实践，有利于为内容服务，有利于为群众服务的，而不能是它的相反。当然欣赏音乐各有群体和侧重面，如交响乐和通俗歌曲就有不同的听众和群体，既不必也不可能强求一律，各有各的对象和作用。这两种体裁的写法当然有很大的不同，有雅俗之分，繁简之别，但不论是交响乐还是通俗歌曲，不论哪种体裁都应把写作的手法和健康的内容有机地统一起来，不能单纯追求形式上的"高超"和"通俗"。

实践是检验真理的唯一标准。歌曲的实践要通过演唱，器乐曲的实践要通过演奏，歌曲要唱给听众，器乐曲要奏给听众，广大的听众就是实践的检验者，离开这个实践检验的主体而"孤芳自赏"是行不通的。我们的音乐既然是为人民群众的，那就需要赢得人民群众的接受和喜爱，成为他们精神文化生活中不可或缺的组成部分。

总之，一切为人民群众服务的观念必须牢固树立，才能保证我们工作的正确方向和成效。

四、与时代同呼吸，与人民共命运

作品是应运而生，作品是时代的产物。被历史和实践筛选出来，受到广大群众喜爱的那些优秀作品不仅有着重要价值，起到重大作用，有的作品甚至有着里程碑影响和划时代的意义。而这样的作品之所以能产生，就因为作者是与时代同呼吸、与人民共命运的。今天在谈到开展群众歌咏活动时，我们不能不联想和汲取历史上群众歌咏活动的光荣传统和宝贵经验。纵观中国共产党领导中国革命和建设的八十年历史，产生作品最多、质量最高、流传最广、影响最大的是抗日救亡歌咏活动。当时有人用"有人的地方就有抗日救亡歌声"这句话来形容抗日救亡歌咏活动之广泛。《义勇军进行曲》《救亡进行曲》《八路军进行曲》《大刀进行曲》《中国不会亡》《游击队歌》《新四军军歌》《抗日军政大学校歌》《救国军歌》《露营之歌》《武装保卫山西》《在太行山上》《松花江上》《嘉陵江上》《延安颂》《五月的鲜花》《九一八小调》《歌唱二小放牛郎》《铁蹄下的歌女》《晋察冀小姑娘》《黄河大合唱》……不胜枚举。为什么会形成这样的局面呢？就是因为这些抗日救亡歌曲的作者们置身于时代的洪流和人民的怀抱，将个人的命运完全融入国家和民族的命运之中。当"中华民族到了最危险的时候"，当"华北之大已经放不下一张平静的书桌"的时候，这些歌曲的作者们怒火中烧，拍案而起：国家兴亡匹夫有责的使命感、责任感使他们用手中的笔去点燃抗日的烽火，投身于保卫中华民族的战斗，有些作者甚至直接拿起武器与敌人拼杀直至牺牲在抗日的前线。正因为如此，所以当冼星海看到光未然（张光年）从山西抗日前线回延安途经壶口瀑布而写成的长诗（《黄河大合唱》原稿）后激动不已，仅用了六天半的时间就在延安窑洞里微弱的油灯下写出了轰动延安、唱遍全国、流传世界、历经半个多世纪久唱不衰的《黄河大合唱》。如今它已成了中华民族的文化瑰宝和音乐经典，成为中华民族伟大精神的象征。再如，并非专业音乐工作者的麦新创作了著名的《大刀进行曲》（1947年麦新牺牲在与国民党匪特的战斗中），一时间"大刀向鬼子们的头上砍去"几乎成了抗日杀敌的代名词。担任大学美术教师的张寒晖痛感东北大好河山的沦丧而写出了《流亡三部曲》，其中的《松花江上》感人肺腑，至今还是歌唱家们的保留曲目。当唱到"爹娘啊！什么时候才能欢聚在一堂"的时候，歌者、听者往往声泪俱下。《五月的鲜花》是光未然发表在一个小报上的一首小诗，被"九一八"事变的亲历者、事变当时在沈阳担任小学数学教员，后来流亡到北平的阎述诗看到并谱成了歌曲。此曲一出不胫而走广为流传，它以极为抒情的笔调赞扬了抗战志士为民族而牺牲的伟大精神。歌曲影响很大，但作者却长期默默无闻地在北京一所中学里担任着数学教师的工作。同在北京工作几十年的光未然却一直不知道曲作者是谁，人在哪里，直到阎述诗逝世真相大白，光未然才以非常遗憾的心情撰写文章表示敬意。瞿希贤作曲的电影《青春之歌》里有几段音乐给我留下了深刻的印象：一天晚上，林道静的住所北京四合院的厢房里，一群东北流亡学生聚会，同学们谈到家乡的沦丧、亲人的离散和国民党政府的不抵抗政策时非常气愤伤心，这时《松花江上》的歌声油然而起，由低沉而高昂，当唱到"爹娘啊，爹娘啊"之处，同学们声泪俱下泣不成声。林道静被捕后和地下党员林红关在一个牢房，当敌人呼喊"林红出来"时，林红知道自己"最后的时刻"来到了，于是她整理了衣服，梳理了头发，把一件红毛衣送给林道静，把一个梳子送给因拿了一本红皮书而坐牢的小姑娘，对她们讲起了自己的身世。这时《五月的鲜花》的歌声轻轻响起，没有唱词只用哼鸣，歌声深情地赞颂了革命志士忘我的牺牲精神，就像五月的鲜花一样瑰丽、鲜艳、圣洁。当林虹跨出牢门，走在阴暗的监牢走廊上的时候，长号和着乐队奏出了《国际歌》的音调，一个共产党员视死如归的崇高形象矗立在我们的心中。北平爆发了"一二·九"学生运动，北大、清华等多所大学游行示威的队伍冲上街头，迎面是荷枪实弹拿着高压水龙头的反动军警，这时"工农兵学商，一起来救亡，拿起我们的铁锤刀枪"的歌声冲天而起，有如强大的武器在向敌人开火。当唱到"我们要建设大众的国防，大家起来武装，打倒汉奸走狗枪口朝外响"的时候，另一处"起来，起来，起来，我们万众一心冒着敌人的炮火前进"的歌声插入，使《救亡进行曲》和《义勇军进行曲》交织起来，再现了当年抗日游行的群众场面，歌声和乐声汇成了强大的攻势向反动军警冲击。在音乐中，同学们"脚步合着脚步，臂膀挽着臂膀"地向前冲去，江华高呼口号，林道静站在有轨电车门上撒传单呼口号，这里只有演员的动作和口形，并没有语言，一切全都融汇在抗日的歌声和音乐里去了，那鲜明生动的情景至今让我难以忘怀。

几千年的封建统治，近百年的帝国主义侵略，二十八年的革命战争，中国人民为了推翻帝国主义、封建主义、官僚资本主义三座大山的压迫与剥削，进行了艰苦卓绝、前赴后继的斗争，付出了巨大的民族牺牲，终于在中国共产党的领导下取得了最后胜利，建立了人民当家做主的新中国，于是《歌唱祖国》应运而生，发自内心地唱出了"五星红旗迎风飘扬，胜利歌声多么嘹亮，歌唱我们亲爱的祖国，从今走向繁荣富强"。十年噩梦、十年浩劫，使中国的社会主义建设事业遭受到巨大的破坏，经济几乎到了崩溃的边缘，1976年10月，"四人帮"被粉碎，一朝噩梦醒来，举国上下欢欣鼓舞，欣喜若狂，《祝酒歌》应运而生，唱出了"美酒飘香歌声飞，朋友啊请你干一杯，胜利的十月永难忘，杯中洒满幸福泪"。1978年12月召开了党的十一届三中全会，中国历史翻开了新的一页，《在希望的田野上》应运而生，唱出了"我们的家乡，在希望的田野上……我们世世代代在这田野上奋斗，为她幸福、为她增光"，这里说的"希望"难道仅是麦苗、高粱和谷穗吗？不是的，这是说我们的国家、我们的人民面前出现了希望，我们进入了一个新的历史时期。1992年春天，小平同志发表了具有划时代意义的"南方谈话"，《深圳日报》发表了《东方风来满眼春》的长篇报道，中共中央发出了二号文件。随后召开了党的"十四大"，提出了邓小平理论，并以邓小平理论为党的旗帜、党的精神支柱，提出了建立社会主义市场经济体制等一系列重大举措，中国的改革开放和社会主义现代化建设进入了新的发展阶段，此后产生的《春天的故事》唱出了"一九九二年，那是一个春天，有一位老人在中国的南海边写下诗篇"。党的富民政策使改革开放地区的经济快速发展，人民的生活大幅度提高，因此，在农村新楼房的门上普遍贴着这样的对联："翻身解放不忘毛泽东，发家致富不忘邓小平，改革开放好"。小平同志逝世后，中国的道路如何走？是否会变？这是全国上下、党内党外、国内国外都极为关注的大事。而以江泽民同志为核心的第三代领导集体高举邓小平理论的伟大旗帜，坚决贯彻党的基本理论、基本路线、基本纲领，坚决执行改革、发展、稳定的方针，改善周边环境，调整国内矛盾，使得我们的国家经济发展、政治稳定、民族团结、社会进步。近十年来，我国的社会生产力、综合国力、人民的物质文化生活水平又有很大的提高，已经进入了全面建设小康社会，进入改革开放和社会主义现代化建设的新的发展阶段，《走进新时代》应运而生，它由衷地赞美道："总想对你表白，我的心情是多么豪迈，总想对你倾诉，我对生活是多么热爱……我们唱着东方红，当家做主站起来，我们讲着春天的故事，改革开放富起来，继往开来的领路人，带领我们走进新时代。"这难道不正是我们生活的缩影和概括吗？这难道不正是我们时代的风貌和象征吗？正如80年代初期产生的歌曲《年轻的朋友来相会》所唱的那样："再过二十年，我们重相会，伟大的祖国，该有多么美，天也新、地也新，春光更明媚，城市乡村处处增光辉。"今天的现实难道不正是这样吗？我的举例可能不够全面，但仅就这些作品来说，也足以证明作品的产生是离不开生活的。作家要与时代同呼吸，要与人民共命运，才能产生出优秀的作品。说上述作品是生活的里程碑并不为过，从政治影响来看，《歌唱祖国》《春天的故事》《走进新时代》不但是生活的里程碑，同时也具有划时代的意义。江泽民总书记在今年5月18日给几十位老文艺家的一封信中说："'问渠那得清如许，为有源头活水来。'社会生活是文艺创作的唯一源泉。只要我们坚持贯彻落实党的文艺方针，真正投身人民群众进行改革开放和现代化建设的伟大实践，深入体验当代中国发展和进步的历史进程，就一定能不断创作出无愧于我们这个时代的优秀作品。"这是对我们广大文艺工作者的殷切期望，我们应当深刻记取并坚持实行。

五、创作需要两个"吃透"，后者比前者更重要

进行艺术创作要有两个"吃透"，一是要"吃透"作品的主题思想，二是要"吃透"作品的艺术风格，而后者对于作品的成败往往更重要。为什么呢？因为对一部作品，特别是对一首歌曲来说，一看歌词就可以一目了然，这首歌要表现什么思想内容可以看得明明白白。但你要把歌曲写成功，要把歌词的思想内容表现得生动、准确、深刻就不是一件容易的事，因为对同一个主题思想的歌词，可能有若干不同的表现形式，作者需要认真地反复斟酌、推敲，从若干方案中筛选出最佳方案，并将它体现于作品之中，才有可能获得成功。千万不能"浅尝辄止""差不多就行"，这样做就等于"自杀"，就意味着失败。尤其要指出的是，当你已经改了又改，试用过许多方案之后还不满意，效果还不好，当你已感到很累、很疲惫，甚至有"江郎才尽"之感的时候，也千万不要停下来，不要放弃。或者当你选出某个方案还算说得过去，效果大致上还可以的时候，你也千万不要满足，还要鼓足勇气继续向前跋涉，向前追索，向上攀登。要勇于否定自己，要有"会当凌绝顶，一览众山小"的决心，否则就会是"为山九仞，功亏一篑"，写出来的作品就会是"随大流""一般化"，没有

个性，不够典型，缺乏生命力，而这时你已经走了九十九步，还有一步之差你就停滞不前了，结果已走过的九十九步也就前功尽弃了。毛泽东曾说过："胜利往往就在最后坚持一下的努力之中。"所以对于作品的艺术风格、音乐语言，一定要狠下功夫，反复推敲，首先要做到自己满意，自己通得过，要有"语不惊人死不休"的毅力。当然，说起来容易做起来难，但也正因为它难，才能体现出艺术创作的甘苦和功力，也可以说苦中有乐、乐在苦中、功在苦中吧。首届中国音乐金钟奖歌曲金奖第一名《大漠之夜》的创作可谓"十年磨一剑"，尚德义前后用了十年的时间进行过多次修改，终于一举达标，获得专家和评委们的高度评价。王世光的《长江之歌》因为旋律写得既优美动人又气势恢宏，所以被填上歌词后广泛流传。赵季平的影视音乐和陆再易的以祖国为主题的声乐作品都有独具的风格和成就。朝鲜族的张千一写的《青藏高原》因为准确地抓住了藏族音调的风格气质，写出了广袤无垠、直达天宇般的旋律，受到包括藏族同胞在内的群众的普遍喜爱。当你千辛万苦废寝忘食创作的作品最终获得成功的时候，一切辛苦也就成为美好的回忆了。而且时间越长，作品的生命力越久，价值就越大。再回头看看当初的艰辛，你就更会感到当初的辛苦确实很值得，庆幸自己"咬牙"坚持了下来，否则就不会有今天的成果。因为艺术作品是以质取胜的，只有质量才是艺术作品的生命所在。当然，我自己也并没有做好，但是，我希望有更多的后来者比我做得好，所以我才不揣冒昧地说这番话。

六、找准切入点，写好主题

有如医生开刀，刀口选在什么位置，会关系到手术的成败，病人的死活。作家写作品，对于大千世界的生活如何下笔，从什么角度去提炼和概括，从什么切入点去开掘，既关系到作品的深度、特色，也关系到作品是否能取得成功。作曲家的创作规律也基本如此。人们常说作曲家的"风格"如何，甚至说一听作品未看署名就知道是谁写的，因为听出了某位作曲家的"风格"。比如王酩的《妹妹找哥泪花流》《边疆的泉水清又纯》《难忘今宵》确有一脉相承的风格。谷建芬的《年轻的朋友来相会》《请把你的微笑留下》《二十年后再相会》也确有一脉相承的风格。王酩、谷建芬的一些作品的切入点都选得很好，既有自己的个性又雅俗共赏。孟卫东的《同一首歌》写得很有情，听此歌时，有一种发自内心的肃然之感。戚建波的《常回家看看》看似极其平常，其实它是我国社会稳定、生活祥和、人心思安的一种反映，它抓住了一个独特的生活切入点，受到了老百姓的欢迎。臧云飞、刘斌的《当兵的人》，孟庆云的《长城长》，几位作曲家合作的《军人道德组歌》都从不同的视角成功地反映了当代军人的风貌。周巍峙的《中国人民志愿军战歌》是抗美援朝时期的优秀代表作，晨耕、生茂、唐诃、遇秋的《长征组歌》一经问世久唱不衰，都是军事题材的精品。王立平的《太阳岛上》，徐东蔚的《请到天涯海角来》都以其鲜明的地方特色受到好评。找准切入点的意义在于作者对自己所写作品是否深思熟虑，是否理解得很透彻，是否抓住了作品的特征、个性、风格、气质，也就是说是否抓住了最能代表这个作品的典型音调并加以展开，从而一气呵成、势如破竹地结构全曲，是否能做到这一点，也就成了创作成败的分水岭。一个成熟的作曲家或者是一首成功作品的作者，哪怕他还很年轻，经验并不丰富，但他的成功作品必然是他成竹在胸、"吃"得很透、抓得很准的作品，否则是不可能取得成功的。

典型性是对作者概括能力的检验，也是对作者熟悉生活程度、掌握生活能力的试金石。越是典型的则越是本质的，因为典型是事物本质的集中体现，是事物的核心、内涵、特征的集中反映。一个典型人物必然是某一阶层、某一方面、某一类人群的代表，一段典型音调也必然是某一民族、某一地区、某一类型音乐的代表。凡属成功之作，必定具有很强的典型性、代表性，这已被无数成功作品的创作经验所证明。

旋律是音乐的灵魂。举凡古今中外流传久远的成功之作几乎都有着动人的旋律。我注意到在庆祝建国五十周年的各种音乐会上，被演唱作品最多的作曲家就是刘炽，他的《祖国颂》几乎成为所有合唱团都选唱的曲目，还有《我的祖国》《英雄赞歌》《让我们荡起双桨》《翻身道情》等等，他写的《新疆好》几乎已被当做民歌，至今在新疆各地广为流传。刘炽熟悉民族民间音乐，从小参加中国工农红军，经历了多次革命战争，他的作品植根于生活，充满着对祖国和人民的热爱。刘炽是一位旋律大师，他把时代精神与民族风格很好地统一了起来，凝聚在他作品的旋律上，所以，他的许多作品至今在群众中广为流传。

写好主题很重要。贝多芬说过，写好了主题就等于写好了作品的一半。这话是很有道理的，这也是这位伟大作曲家从丰富的创作实践中总结出来的经验之谈。因为音乐主题往往是全篇作品主题思想和艺术风格的集中，而对主题的提炼和选择，也就是对全篇作品的本质概括，是典型中的典型。好的音乐主题往往"一语中的"。如《大刀进行曲》的头一句：

如《黄河大合唱》里的《保卫黄河》的头一句：

再如《五月的鲜花》里的头一句：

五　月　的鲜　花　　开遍了原　野，

第一个例子给人一种怒不可遏、泰山压顶之势，表现出对敌人的强烈仇恨。第二个例子表现出一种群体的誓言般的坚定决心，千军万马般的战斗激情和气势。第三个例子是慢板，八度下行的音调从高到低，表现出深深的怀念和赞美，赞美中又带有哀伤，哀伤中又怀着敬意，给人以鼓舞，给人以力量。一些器乐作品也同样如此。比如贝多芬的《第五交响曲》的"命运"主题，柴科夫斯基的《第六交响曲》的"悲怆"主题，何占豪、陈钢的《梁祝》小提琴协奏曲的主题，门德尔松的《小提琴协奏曲》的主题等，都对整部交响曲和协奏曲的构成起到关键的作用，那些鸿篇巨制也都是在这些精彩的主题的基础上构筑发展而成的。首届中国音乐金钟奖获奖的21部交响乐和36首歌曲中也不乏其例，有许多成功的经验。所以，找准切入点，写好主题是创作成功的基本保证之一，切不可等闲视之。

七、学无止境

周恩来总理生前曾要求自己活到老，学到老，改造到老。从宏观的角度来理解这句话的意思是说，客观世界的发展变化是无止境的，而我们主观世界的学习也是无止境的，要不断地调整主客观世界的差距，不断学习新知识、新经验、新技能，以便能够更好地为人民服务，为社会做出应有的贡献。从微观的角度来理解这句话，还应包含着严于律己的精神。不管什么时候，也不管你的地位有多么高，事业上有多么大的成就，都应该严格要求自己，都不能忘乎所以、居功自傲、满足现状、停滞不前。这些人生的哲理很中肯，具有普遍意义。

中央要求我们要讲学习，讲政治，讲正气，这对于文艺家同样必要。

词曲作家不仅要学习业务提高技术能力，同时也要学习政治，学习哲学和历史。任何一位伟大的作曲家绝不可能是一个思想贫乏的人，贝多芬就曾经在波恩大学学过哲学。今天蒋开儒同志也在座，过去我们不认识，从未交谈过，但《歌唱祖国》《春天的故事》《走进新时代》这三首划时代的作品后两首都出自他的笔下，我相信他会是一个努力学习的人，否则怎么可能写出这样的作品？又怎么可能对生活和时代作出这样生动的概括呢？我们的词曲作家需要学习马列主义、毛泽东思想、邓小平理论，学习江泽民"三个代表"重要思想和"七一"讲话，学习《中共中央关于加强和改进党风建设的决定》等对我们工作具有指导意义的重要理论文献。对于词曲作家来说，要想写出好的作品，一要有正确的世界观、人生观、价值观、艺术观，二要有对生活的深入了解，三要有一定的创作技巧，一是方向，二是内容，三是表现手段，三者缺一不可。当今世界千变万化，日新月异，历史与现实、国内与国外、东方与西方交相辉映，交融并存。在美国发生的"9·11"事件改变了世界的形势，我们需要思考的问题和学习的东西太多了。正如江泽民总书记在"七一"讲话中所指出的："中华民族的优秀文化传统，党和人民从五四运动以来形成的革命文化传统，人类社会创造的一切先进文明成果，我们都要继承和发扬。"这就需要我们孜孜不倦地进行多方面的学习。古为今用，洋为中用，古今中外一切为我们所用。以现实生活为根据，以时代的发展为要求，与时俱进，锐意创新，只有创新，事物才能向前发展，艺术才能不断进步。艺术上的创新不仅是必须的，也是必然的。传统是历史上彼时彼地先进经验的总结，时间、地点、条件变了，原封不动地照搬历史上的经验行不通，必须结合现实给以发展，也只有发展传统才能真正地继承传统。

学习要实现两个结合：一是马克思列宁主义（包括其他方面的先进理论）与中国具体实际的结合；二是中央的路线、方针、政策和本单位、本部门、本职工作实际的结合。在学习和应用上，要反对教条主义、本本主义和形式主义，反对照抄照搬。在如何学习外来理论方面，历史上中国共产党曾有过痛切的教训，中国革命和中国工农红军几乎被教条主义的"左"倾军事路线给断送，后来改变了路线方针政策才扭转了局面。如果要是按照教条和本本办事，什么社会主义市场经济，什么证券市场，什么私人买房子、买汽车都是不可想象的，那也就没有今天的繁荣局面。党的路线方针政策不能脱离群众和实际，我们的音乐工作同样也不能脱离群众和实际，学习外国音乐是为了让我们的中国音乐为中国人更爱听，学习古代音乐是为了让今天的中国音乐为中国人更喜爱。当前的群众歌咏活动出现了许多新的特点：水平明显提高，题材更加广泛，形式更加多样，自娱性更强，中老年人参与的更多。我们要研究这些新特点，工作更要有针对性。我们要建设面向现代化、面向世界、面向未来的、民族的、科学的、大众的社会主义音乐文化。立足中国、立足实际，兼收并蓄，走有中国特色的音乐之路，更好地为人民服务，这是我们学习的根本目的。

八、自发与自觉

我们学习李岚清同志的文章，召开群众歌曲创作研讨会，目的就是为了更加广泛健康地开展群众歌咏活动，推动先进文化建设，为最广大的人民群众服务。

当前的群众歌咏活动有着很高的热情，有着很广的参与面，也有着很大的自发性。我们要抓住这个时机，珍惜群众的积极性，因势利导，要有针对性地努力做好多方面的工作，使这种可贵局面长盛不衰，健康发展，成为我国社会生活中的一道亮丽的风景线，成为建设具有中国特色社会主义、推动先进文化建设、保持社会安定祥和的一种积极力量。

首先，我们要多创作群众喜爱并能演唱的歌曲，为他们写出内容好、曲调好，易唱、易记、易传的新歌。当然也要写一些专业水平高、艺术性强的歌曲，供给一些水平较高的群众歌咏团体来演唱，满足多方面的需要。

在创作上要把民族的、科学的、大众的三者统一起来，要把民族风格和时代精神统一起来。新写的群众歌曲既不同于历史歌曲，也不同于外国歌曲，而是具有中国特色社会主义的现代中国歌曲。

　　要热情讴歌改革开放，讴歌社会主义现代化建设，讴歌新时代和新生活，要振奋人心，鼓舞斗志，要充满信心和力量，充满希望和光明。

　　要有计划有组织地为群众歌咏活动培训指挥、教员等骨干力量。

　　各地音乐家协会要把群众歌咏活动当做一件十分重要的工作来抓：组织创作，培训骨干，协调活动，搞好服务，为群众歌咏活动的健康发展营造良好的环境。总的指导思想是："以科学的理论武装人，以正确的舆论引导人，以高尚的精神塑造人，以优秀的作品鼓舞人。"沿着先进文化的前进方向，为培养具有思想道德素质和科学文化素质的"有理想、有道德、有文化、有纪律"的社会公民而努力工作。

（原载于《人民音乐》2001年第12期）

《红星照我去战斗》和《映山红》的创作背景

电影《闪闪的红星》，于1973年拍摄，1974年上演。"文革"当中，大家都知道歌曲是高尖硬响，东风吹战鼓擂，现在世界上究竟谁怕谁的曲风。所以那个时代，连《地道战》里的插曲，在放广播的时候，都给剪掉，理由是这个曲调太软。那么《闪闪的红星》是一个抒情性正剧的片子，这个剧本也写得很好，影片的导演、演员，总体都是很好的片子。在我接手音乐之前，本来是因为请另外两位同志，也都是很好的作曲家，可是另外的同志呢，因为出国了，没有回来后来就找到我头上了，所以我进入比较晚，记得是1973年10月15日给我交代的任务。

交代任务之后，我就拿到歌词、主题歌，将一些意见和问题跟作者们、剧作家们进行商量，后来又几经周折，又请人写这个歌词，主题歌。到了24日，我带着这个剧本就找到组织上介绍的，当时在北京参加编辑的沈阳军区的两位词作家，吴大维和魏宝贵，请他们来担任歌词的写作。他们问我说，你有什么要求吗？我说，既然剧本叫《闪闪的红星》，主题歌就叫《红星歌》，三个字，容易记住。再一个，我有以下几条要求，第一就是这个歌虽然是现在写的，但是故事是30年代的，让人听起来30年代也能有这样的歌，不要觉得距离很大，不能格格不入。其次，这个片子是军事题材的，这个主题歌应该是一个进行曲。第三，主人公是一个小孩，小东子，所以这个主题歌应该有些儿童歌曲的气质，这个歌词不要长，言简意赅，易记易背，容易上口。他说，那你什么时候要？我说，我下星期二上午要，因为我晚上就要坐火车到外景地去了。因为电影的生产过程是这样的：一般歌曲要先期录好了之后，与外景场地同步播放，这样可事先让导演和摄影师根据歌曲的情况，切分好镜头，某个镜头多长，从哪个句子起，到哪个句子结束，这样排下来的画面视听可统一协调。因此等着急要这个歌。结果周二词已写出来了，作者念给我听，"红星闪闪放光彩，红星灿灿暖胸怀，红星是咱工农的心，党的光辉照万代。"我一看很好，我一点意见都没有。这时我身后有一个人说话，是不是还应该加上两句话，我们仨不约而同地回头，一看是王士祥同志，就是写《十五的月亮》词作者，他说是不是应该加上两句话，"跟着共产党，跟着毛主席"。我们仨开口同时说："对对对！"我们都很高兴顺利地完成任务。当晚我便带着这个歌词上火车了。火车坐了一天，然后是七个小时公共汽车。一路同行的还有一个老摄影师，他比我大十几岁，那时我还得帮着他拿箱子，但是我一路上一直在构思这个歌。红星歌，应该是什么样一个调子，什么样一个主题。公交车上人来人往，非常喧闹，不少人带着鸡笼子、鸭笼子，我就像没听见一样，一路上也不说话，只想把这个歌写出来。到了景德镇，摄制组派来一个拉粮食的大卡车，我们俩坐在后车帮里头，再一小时四十分钟到了俄湖，摄制组同志都在外边拍外景，屋里没人，分配我跟两个录音师在一个小房子里。我进屋就趴在床上把这个曲调写出来了，因为一路上的酝酿，我一口气写完，后来这个曲调再没改过，就是现在唱的那个样子，只不过后来配成了合唱。其他的歌词就是"手捧红星盼红军，热血迎来红旗飘"。这三首歌就是现在影片里映山红两处的地方，映山红二就是它的热血迎来红旗飘，东子妈被火烧，原来计划唱"不怕杀来不怕烧，壮志更比火焰高，歌声唱得山河动，热血迎来红旗飘"，情感是非常激烈的，我以一天一首的速度完成。然后呢，《红星歌》是分三次出现，每一次出现是不同的。都写完了之后，我察觉到一个问题：这个电影里头缺乏一个男声独唱的歌，当时都是女声和一些儿童的，没有一个男声的，我认为应该有一个男高音的独唱。那么在什么地方唱呢？因为剧本原来是没有这个设计，要想实现这个意图，必须得找一个唱的落脚的地方。于是，我就仔细翻剧本，最终找到一个地方，就是叫《竹排流水》，编剧有16个字的提示，"两岸青山，一湾绿水，一叶竹排，顺流而下"。描写起来很美，而且又没有演员的对话。电影里唱歌，切忌和演员对话打架，一打架，两边都听不清楚，两败俱伤。这个桥段又没有台词，不是很好的地方嘛。

我找到地方以后，当天晚上就向导演们提出来了。我说，建议有一个男声高音独唱。当时大家都愿意，他们说艺术质量因此提高，在哪儿唱？我说，我找着一个地方，就是竹排流水的地方，特别是摄影能在这个场景发挥。大家说，好啊好啊，那找谁来写歌词呢？后来他们说，找王有军政委吧，我们故事片的政委，他本身又是创作组组长，当时他就在楼下，正在摄制组检查工作，他比我们大十好几岁。11月，天都很凉了，窗上也没有玻璃。大家派我代表剧组去请王政委，王政委先是答应说好。又问："你说写什么呢？怎么开头呢？写什么呢？"我是顺嘴一说，"小小竹排江中游"吧。我就说了这么一句，第二天政委就把歌词写出来了，两段词，不过呢，词有不一样的地方，初稿是"小小竹排江中游，巍巍青山两岸走"，后面接的是"天寒鸟高飞，水里鱼浅游"。这个词是什么意思呢？因为潘东子是到瑶安镇做地下工作，宋大爹送他去。所以是"天寒鸟高飞，水里鱼浅游"。因此，原词有这个。但是后来改来改去，就都改掉了。词曲定稿都交给李双江录音，一边是总政歌舞团的合唱队，一边是李双江独唱，唱得很好，大家也给他鼓掌。我就对着合唱队的同志讲，大家都听了李双江同志独唱，录音也结束了，可是我们还没有歌名。我们在江西，研究过了好几个名，比如《小小竹排》《明日红星照江头》，等等，好像都觉得不尽如人意。请大家帮我们想一想，叫一个什么名字好。三天之后，我收到了歌唱队男高音一位叫魏闽军的同志给我的一封信。他说，我经过三天的考虑，觉得是不是可以叫做《红星照我去战斗》，我一看，眼睛一亮，就是它！所以这个歌名的产生，还是合唱队的同志帮我们想了这么一个名字。

《映山红》则是另外一番情景，三稿剧本的时候就有映山红的歌词，可是到第四稿的时候就给修改掉了。我以第四稿为基础把这些歌都写完了，整个摄制组讨论通过，包括炊事员和医生，我们在一个没有墙壁的大棚子里吃饭。然后在那儿唱给大家听。通过了以后，然后我就借了马路对面公社卫生院的一个房子，独自在那个地方写我的总谱。有的时候从晚上要写到第二天早晨4点钟。我是30日到达景德镇俄湖，14日离开返回北京，就在这13天多的时间里头，我还得先写完唱声乐，写完声乐接着写器乐，时间是很紧的。所以我经常是写到清晨，但终归是完成了任务。

回到北京后，在录音之前，我们音乐组有三个人，我顺手一拉抽屉，看到《映山红》第三稿。我说，怎么还有一个第三稿，翻了翻突然翻到"夜半三更盼天明，寒冬腊月盼春风，若要盼得亲人回，岭上开遍映山红"。我一念，他俩都说这个歌词好，这个歌词比你写的那个"手捧红星盼红军"好，可"手捧红星盼红军"不但写出来了，连乐队都配好了。那个歌词是什么呢？"夜漫漫雾重重，手捧红星盼红军，赶走黑夜是天明，拨开乌云天放晴，春风扫进山中雪，胜利花开万里红"。一共有两首，第二首也是大体差不多。第三首"不怕杀来不怕烧，壮志更比火焰高，歌声唱得山河动，热血迎来红旗飘"，都是很慷慨激昂、很热烈的。但是，当时他们俩就说，这个比那个好，我也有同感。他们说你应该写这个。我说，那几个都写完了，乐队也写完了，而且摄制组全体包括导演都通过了。我把这个否定了，按程序也不合适呀。我再写，我是不是能超过原来的呢，原来写的"夜漫漫乌重重……"也是流利的，思想斗争了两天，到底是写不写，写就意味着把那三个都毙了，都得否，从程序上说不合适。因为摄制组导演拿主意，都通过了，自己又否了，重新写，超过他们吗，要超不过了怎么办。另外，从程序上、从质量上，都没有把握。但是我想来想去，一个核心问题就是此情此景下，东子妈究竟应该唱什么样的歌，她那时候连共产党还没加入呢，她丈夫走了，她丈夫到什么地方她也不知道，何年何月回来她也不知道，她只知道革命一定会胜利，对革命充满信心。但是什么时候胜利？何年何月胜利，她不知道。那只是一个革命群众的一个向往，她的一个信念。所以，此情此景下，尤其是胡汉三都回来了，在白色恐怖的高压气氛下，她唱一个更深沉的，不那么明朗的歌是切合此情此景的人物思想感情的分寸的。我这个问题想清楚之后，不如现在，把这三个歌全否了，这是我自己做出的决定。也来不及与摄制组和其他同志商量，经过两个小时创作出《映山红》，因为是同一个主题，原来是"夜漫漫，夜半三更哟，盼天明"，修改为"寒冬腊月哟，盼春风。若要盼得哟，红军来，岭上开遍映山红，若要盼得哟，红军来，岭上开遍映山红，岭上开遍映山红，岭上开遍映山红"。

这个更符合人物此情此景下的感情了，旋律深沉，让人有一种发自内心的一种激动。接着这个主题，两个歌很快写出，我就是把歌词改了三次，"若要盼得亲人回"，"亲人回"这个方向不太明确，我把它改成"红军来"，因为盼谁呀，盼红军，你要亲人回，国民党也能唱，就改这三字，其他一切照旧。结果是想不到这个歌是作为最有生命力的一首歌，各种唱法都在唱。所以这也就是像当初写"雷锋我们的战友"似的，从量变到到质变，从一般性的解放军英雄人物，到具有个性的雷锋，这个从一般的对红军的向往，到映山红这样一个具有个性的这种概括，这个转变是非常值得的。可是当时也不是这么简单，电影刚放映的时候，河北片子会演，演唱者邓玉华就报的《映山红》，他们有关组织者就不让他唱。他说，电影都演了，怎么不能唱呢？有关组织者就说，那作为影片里也许是存在的，可是作为这儿，作为优秀的节目，那能算优秀节目吗，就给他否回去了。A拷贝出来（所谓A拷贝就是刚拿出来的样板，不是公开发行的，拿出来内部提建议的）后有一天晚上，导演李俊同志我们俩有一段对话，他是"三八式"老干部，比我大十几岁。"小傅，你对咱们的音乐有没有什么担心？"我说，"我没什么担心。"他说："我就担心人家会不会说这个《映山红》太软。"我说："我不担心。说实话，我认为，最能代表我创作风格的就是《映山红》。"但是他的担心不无道理，不幸被他言中，就是前述讲的不让唱。但是回头来，不只是《映山红》，就是整个《闪闪的红星》的影片，以及音乐，在那个年代诞生，我觉得回过头来说还是难能可贵的。我作为电影音乐的作者，我当时没有想那么多。影片上映之后也有若干个座谈会，其中有一个座谈会是一些作家们给我提问题。他说，为什么你要写这样一些东西，他倒不是批评我，但是那个话里头也有点问我的这个意思。我当时的回答是这样说的，我说不是别人说的，这个是毛主席他老人家本人说的！世界上的一切事务都是对立的统一，你不能光有战斗戏没有抒情戏，这不符合事物的规律。我当时原话就是这样讲的，而且我说样板戏也是，样板戏也有抒情段落嘛。所以，问我话的同志也就没有再说什么了。我当时也没想会不会挨批评，只觉得这是出自我一个艺术工作者的良心，我对生活的一种本身的正常的反映。

人生我有三句话，诚挚于人生，执着于事业，忠诚于理想。要诚挚于人生，对生活不要粉饰。所以呢，《映山红》是一个有意义的一件事。现在回过头来，幸亏当时走了这一步，如果我没翻剧本，没看到这个歌词，或者尽管是翻了剧本，由于种种，继续使用通过了的版本又或是不忍心否定自己，便都没有如今的歌曲。幸亏还是诚实，生活采取诚实的态度，就是怎样的选取才更合乎人生活本身的面目。所以也要感谢八一厂，幸亏我们的导演编剧写了这个剧本，拍了这个片子，也为我提供这样一个用武的地方，我很感谢他们。

《雷锋》与雷锋精神

　　关于什么是雷锋？什么是雷锋精神？雷锋的形象主要的特征是什么？1963年3月5日，毛主席发表了向雷锋同志学习的号召之后，全国都轰轰烈烈展开了向雷锋同志学习的热潮。八一电影制片厂当时决定拍一个分上下两集的大型故事片——《雷锋》。在计划经济时代，组织分配给我的任务是写一个叫《岸边激浪》的故事片。我们组长巩志伟同志写《雷锋》。巩志伟同志的创作经验很丰富，又是我们的领导，这样分配本来很正常。但意外的是，《岸边激浪》的导演同志，认为我那时候只有20多岁，年轻没有经验，他说，他是第一次担任故事片导演，组织再给我派一个没有经验的傅庚辰来，我这个片子不是要砸嘛。他不同意，指名要已定好写《雷锋》的巩志伟同志搭档。巩志伟为难地说咱们这个工作都已经分定了，我说没关系，那咱俩就换嘛。同时，客观情况也发生了变化，《雷锋》从上下集变成一集了，规模缩小了一些，于是我们俩就交换了任务。在这个情况下，我下决心，一定要把这个片子音乐写好，第一是雷锋精神是令人感动的，我觉得雷锋比我小不了几岁，一个年轻的战士，能够总结出来"人的生命是有限的，而为人民服务是无限的，要把有限的生命投入到无限的为人民服务当中去"，这样看似很简单、浅显，实际深刻的总结，很不简单。所以我心里对雷锋这种人物是敬仰的，我觉得应该向他学习，这一个基本动力。再一个，人总是要穷则思变嘛，既然人们认为你不行，你就应该争取，让人感到你还行。

　　我就带着这两种动力投入《雷锋》的创作，为此我还买了印有向雷锋学习字样的一个笔记本。我的体验生活的计划，写作的计划，以及后来到雷锋部队深入生活、采访，和我的日记（包括我采访雷锋当初的指导员，我们去的时候，他已经是团的领导了。我采访他进行了五次谈话。包括我跟乔鞍山的两次谈话、雷锋班班会的记录、我找到雷锋在抚顺贸和区小学当校外辅导员与他直接接触的教委员谈话），这些记录都在我的笔记本上。另外，我去他原来在鞍钢工厂参观、在他连队参观展览室做的日记、感受也都在这个笔记本里头。采访开始一段之后我就察觉，我原来的看法不准确。在去雷锋部队之前，我曾在沈阳音乐学院找了一位文学教授写歌词，歌名叫《高岩之松》。意思就是高高的岩石上面长出来的一棵松树，那当然很挺拔，从石头缝里头长出来，很坚定的形象，象征着雷锋立场，象征着坚定的品格，革命精神，这当然是正确的。再加上当时我爱人在那儿读书，我是到那儿一边是创作，一边是休假，就把这个曲子写出来了。我们夫妻两都对作品感觉是流畅的，抒发感情的。我带着这个歌到部队访谈之后，特别是参观展览室，那些朴素的东西，我就觉得不对了。什么是雷锋呢？雷锋是和平年代产生的英雄模范人物，他不是战火纷飞，不是董存瑞舍身炸碉堡，黄继光舍身堵枪眼，邱少云埋伏在敌人阵地前边，被燃烧弹打着了纹丝不动，本来翻身可以扑灭火，但是目标就暴露了，为了不暴露目标，活活被烧死这种壮烈的革命英雄主义精神，最终要体现在一个强烈的动作上。雷锋不是，雷锋是一点一滴的，袜子穿旧了不领新的，补了补继续穿；把自己的津贴费，以战友的名义寄到战友家里去；街上捡一个螺丝钉也给它收藏起来；风雨中背着老大娘，一背就是二三十里路；星期天带着病去小学工地上劳动。他的事迹都是在这种平凡的事务当中，所以他是伟大孕育平凡，这是雷锋精神的特点。有了这个认识之后，我就觉得原来写的《高岩之松》不能用了。现在来讲，何必呢，还要改。那么改什么呢？词也没有，我跟教授联系，我说你能不能再写一个，他因为在学校上课很忙，也没有这个生活，不方便重写。我就带着这个问题回到北京八一电影制片厂。当时这个问题一直在我脑海里边思考，什么是伟大孕育平凡，雷锋精神在我的歌上怎么体现？思来想去，这个过程大约有两个多月了，一天晚上想到夜里12点多钟，躺下后思绪还在翻腾，到底什么是雷锋形象，什么是伟大孕育平凡，怎么体现，1点多钟时，突然，我意识到，"雷锋，我们的战友，我们亲爱的弟兄……"这是我要所抓取到的一个形象，我翻身拧开台灯就写下来了，战友、兄弟，我们是平等的，我们是一个行列，一个队伍里的人。雷锋，我们的榜样，我们的青年的标兵，你是我们队伍里的人，你是我们一个行列的，你是走在我们队伍前面的人。所以伟大，平凡，这两点都概括了。雷锋名字唱得很响亮，他是主题意义的。以前我们唱雷锋的歌很多，但是已经很流传了，都已经有十来首歌流传了。所以我不能写得和那些歌是一样的，因为一样的，人家也就不愿意再听再唱了，必须有一些不同的意思在里头，要有这个时代的这样一些气息和朝气。主题定后我趁热打铁把曲调先写出来，一下子如释重负躺下睡觉，到第二天九十点钟起来后，三段词势如破竹全填进去了。这样《雷锋——我们的战友》这个主题歌就诞生了。电影一上演，这个歌很快就流传。我那时候接到很多信，从黑龙江到海南岛，我的笔记本里头还保留了两封信。一封信是指挥韩荣洁同志给我写的，要求我把电影音乐改编成雷锋交响作曲，中央乐团要在舞台上演出。再一个是广州21中学高三班的同学给了我写了一封信要这个主题歌，他说在电影院放的歌词不能完全放得那么清，要求给他这个歌片。

1998年，钱伟长同志带领我们考察组考察打击文物盗窃和走私情况。当我们到达陕西省当晚，省委领导和我们共进晚餐时，介绍到我，说这位是傅庚辰委员。时任省委书记李建国说，庚辰同志，《雷锋，我们的战友》是你写的吧？我说是。他说我得敬你一杯酒，当时全场三桌大家都愕然，不知所以。我当时一听就想到，他当年可能是学生。我说，李书记你今年多大岁数？他说我52岁。我说，那1964年上演《雷锋》的时候你16岁，正在读高中是不是？他说没错。你可不知道，那时候我们天天唱《雷锋，我们的战友》，给我的印象太深了！后来我俩挎着胳膊，对着酒杯一饮而尽，然后他很热情地问你们要不要去延安参观？我说钱老带队，我们集体行动，以后有机会再说，我说谢谢你，谢谢你。他现在的职务更高了，那时候都是中央委员、省委书记了，能有这样的感触，可见这首歌当时在青年学生群体里的影响。我认为从创作角度来说有一个很重要的问题，在纪念毛主席在延安文艺座谈会讲话发表70周年时，又一次重申这个道理——生活是创作的源泉。我认为在创作当中，要深入、深刻地去理解创作的主题和题材，要把它典型化，典型出来之后，才具有代表意义。就像雷锋，雷锋典型就是和平年代的英雄，他不是一般的普通的解放军英模，应该深刻抓住这样一个典型，使得他具有典型的意义。深刻理解他的个性，作品才有个性，才有生命力。就像我们通常讲"中国特色"，中国特色就是我国社会主义的个性，中国特色的社会主义具有生命力。所以，《雷锋》的创作过程，我觉得那个变化是至关重要的，如果我停留在《高岩之松》那个阶段，既便高岩之松也没错，可是那不是雷锋，而这个是雷锋。所以，这个量变到质变，至关重要。我在这么多年创作生涯当中，类似的体会有好几次，事后都证明，这个决心是对的，下定决心，作者要勇于否定自己。一旦你觉得你那个不大行，千万不要差不多就行。随大流就一般化，一般化也就没有生命力了，为山九仞功亏一篑，必然结果就是这个。如果你经过艰苦的努力，最终找到了这个问题的症结，找到了问题的本质，将会在攀登过后体会会当凌绝顶。这个过程中千万不要向自己妥协，不要觉得，好像黔驴技穷了，不能有这个想法，一定要坚持到底。

迈上新起点

今天，是我人生中一个重要的日子。回顾79年的人生路、66年的艺术生涯，往事如烟、思绪如潮，千言万语涌上心头：1948年3月我穿上军装参加东北音乐工作团。那时的哈尔滨天气很冷，我的床上没有褥子，睡草垫子；我们没有菜金，要自己动手开地种菜；粮食不够吃，每天要吃一顿稀饭。天气虽冷心里热，因为解放战争已从战略防御转为战略进攻，胜利的曙光就在前面，我们的心中充满了希望。从延安来东北的文艺前辈给我们上政治课、文化课、业务课，给我们讲革命的人生观、世界观、艺术观，教育我们要树立全心全意为人民服务的思想。我们翘首盼望新中国的诞生，盼望着中国的老百姓永远过上不受压迫不受剥削的好日子，过上国家富强、人民幸福的新生活。这就是我们那一代人当时的中国梦。

辽沈战役胜利后，我们进入沈阳。我调到东北鲁迅文艺学院学习，从一个小学生变成大学生。后来又在东北音专、沈阳音乐学院、中国人民解放军国防大学第一期学习，深感组织上的关怀。虽然我曾担任过总政歌舞团团长、解放军艺术学院院长、中国音乐家协会主席、全国政协教科文卫体委员会副主任等职务，但归结到底我还是一个为人民服务的音乐工作者，一个作曲家。为人民作曲是我的本分和天职。

忘不了为写作《雷锋》电影音乐，在雷锋班与战士们同吃同住同训练的日子；忘不了为写作《地道战》电影音乐到河北省清苑县冉庄去钻地道，采访老民兵，追随河北民间剧团哈哈腔艺人大贵子、小贵子，走村串户倾听他们的演唱，搜集民间音乐的素材；忘不了在十年动乱中的1973年冬天，在江西景德镇鹅湖农村的一间陋室里写作电影《闪闪的红星》音乐歌曲及管弦乐总谱那充满激情的时刻；忘不了在新疆喀什紧闭门窗聆听维族老人肉孜乌苏尔、乌维马尔演唱已被禁演的维族大曲《十二木卡姆》，几乎每唱完一套大曲，两位老艺术家都会声泪俱下的感人情景；忘不了在福建福安向畲族民间歌手学习畲族民歌；在江苏苏州向评弹艺人学习评弹；在江西赣州向采茶剧团学习采茶戏，学习江西民歌；更忘不了为写作革命历史题材作品三上井冈山、重走长征路，从江西瑞金到陕北延安，一路上的所见所闻所思所想和我所经历过的战争岁月给我留下的深刻记忆和深入思考；我还忘不了1992年参加中央军委学习组，沿着小平同志南方视察路线在深圳、珠海、汕头参观学习，忘不了参观中所见到的农村和渔村家家户户新建的小楼上都贴着的同一副对联："翻身解放不忘毛泽东，发家致富不忘邓小平。改革开放好。"和那副对联给我的强烈震撼！那对联是人民群众发自心底的歌声，那歌声也唱到了我的心底；忘不了专程到江西南昌望城岗陆军学院"文革"中邓小平被软禁的地方采访，在"邓小平小道"上反复行走时的浮想联翩、深深思索。我想象小平同志在望城岗的一年多，在小道上的一千多次行走，是改变党从以阶级斗争为纲转向以经济建设为中心的思想酝酿；是改革开放的思想酝酿；是改变中华民族命运的思想酝酿。三上井冈山、重走长征路促成了我在建党九十周年时写作大型声乐套曲《毛泽东之歌》；寻访小平同志"南方谈话"的足迹，重走"邓小平小道"为写作大型声乐套曲《小平之歌》埋下了伏笔。生活源泉、战争岁月，与时代同呼吸、与人民共命运的信念照亮了我前进的创作道路。祖国大地的芬芳，民族音乐的宝藏哺育了我，使我的笔下迸发出激情燃烧的火花！66年的音乐生涯告诉我：音乐的本质是美。音乐要给人以鼓舞，给人以力量，给人以陶冶，给人以欢乐，给人以美的享受。人民的音乐要歌颂人民，歌颂中国特色社会主义，歌颂伟大的中国梦。践行我的承诺，自己作词写出了歌曲《中国梦》《老百姓的雷锋》《自个儿的事》（杨勇进词）。2013年3月1日由中国文联、中国音协和抚顺市委、市政府主办，5月3日由北京市委宣传部、首都精神文明办、市文化局主办，分别在抚顺雷锋大剧院和北京中山音乐堂举办了《老百姓的雷锋》傅庚辰作品音乐会。中国文联副主席李前光同志专程去抚顺代表中国文联出席音乐会。2014年8月28日中国政协报在全国政协礼堂举办"中国梦"纪念邓小平同志诞辰100周年《小平之歌》音乐会。目前，歌曲《中国梦》已在《人民日报》《光明日报》《解放军报》《中国艺术报》《歌曲》月刊发表，中央电视台三频道播出。《老百姓的雷锋》已在北京市和抚顺市流传。

习近平总书记在全国文艺工作座谈会上的讲话号召我们要为人民，为中国梦创作出文艺的高峰作品。我们文艺工作者当共同为之努力。

我坚信，在以习近平同志为总书记的党中央领导下，中华民族伟大复兴、国家富强人民幸福的伟大中国梦一定会实现！

辑二

观点 评论

井冈山红歌会红在哪里

作为评委，我参加了今年的井冈山红歌会，感慨甚多。

所谓红歌会，是要通过歌咏形式，牢记革命历史、革命先烈的光辉业绩，继承与发扬光荣的革命传统。红歌会的特点是贵在参与。参赛方式很灵活，不收取报名费，可以随时报名参加。年届81岁的长者，年方7岁的小娃娃，都成了红歌会的选手，北至黑龙江南至海南岛，从祖国的四面八方汇成一股歌咏的洪流，涌上了井冈山。红歌会的另一特点是，没有必选曲目和规定曲目，但参赛者不约而同地选择了那些与中国共产党领导中国人民推翻三座大山的波澜壮阔、翻天覆地的伟大斗争历史相关的歌曲：《毛委员和我们在一起》《苏区干部好作风》《长征组歌》《毛主席的话儿记心上》《红梅赞》《红星歌》《映山红》《我为伟大祖国站岗》《红星照我去战斗》……

一个武警战士从山东驱车上千公里登上井冈山，十分疲倦地走进赛场，仍然取得当天的好成绩。一行歌手骑着自行车沿着当年秋收起义的路线，骑行600多公里后到达井冈山红歌会的赛场，汗水淋漓、气喘吁吁地走进赛场时，人山人海的观众爆发出热烈的掌声，自行车队歌手也取得了当天的好成绩。一队身着红歌会工作衫的歌唱者列队来到赛场，他们队形整齐，歌声嘹亮，感情充沛地演唱了《毛委员和我们在一起》，博得了场内外观众的声声喝彩。

当赛场仅剩下两名选手的时候，观众和评委的心都已经悬了起来，气氛十分紧张，这时主持人请他俩最后说两句话。井冈山文化馆的选手深情地说："虽然我很爱唱歌也想最后获胜，但我还是衷心希望身旁这位大哥能够获胜，因为他是坐在轮椅上唱歌的，他比我困难得多。"轮椅上的歌者则说："很感谢这位小兄弟的好心，虽然我也希望取得最后的胜利，但实事求是地说，这位小兄弟确实比我唱得好，到莫斯科的名额还是应留给他……"

听到这里，我和许多人都热泪盈眶，这是多么美好的心灵，这位轮椅歌者曾考上清华大学。但因两腿残疾而失掉机会，但他自学成才，现在还在做教学高考的辅导工作，还办了自己的工厂，在生活的拼搏中，歌声给了他巨大的安慰和力量。我看到，坐在轮椅上的他，简直是拼尽了全身的力量在歌唱。点评时，我对他说"你是用生命在歌唱！"

不忘先烈、不忘历史、不忘今日之江山是怎样得来的，红歌会应当"红"在人民的心中。

光荣的使命

——建立有中国特色的民族乐派

中华民族有着悠久的历史和灿烂的文化，也孕育了丰富优秀的民族音乐，这源远流长的民族音乐曲折发展奔腾至今，愈益焕发出夺目的光彩。在新世纪新阶段，在全面建设小康社会、构建社会主义和谐社会的今天，在我们的伟大祖国、在中华民族正充满着勃勃生机，以欣欣向荣的雄姿屹立在世界面前的今天，我们的音乐工作，特别是我们的民族音乐从来没有像今天这样令世界注目，令他们刮目相看，产生着强大的吸引力。这也就在我们的面前呈现出巨大的机遇和挑战。我们要抓住这个历史机遇迎接挑战，建设好具有中国特色的民族乐派。弘扬以爱国主义为核心的民族精神，弘扬以改革开放为核心的时代精神，使源远流长的优秀民族音乐传统得以发扬光大。

历史是一面镜子，生命在于特色。中共中央政治局第三十三次学习会强调指出："坚持不懈地学习中国革命史，发扬光大党的光荣革命传统。"以毛泽东同志为首的老一辈革命家把马列主义理论和中国革命的实际相结合，提出农村包围城市、党的领导、武装斗争、统一战线，从而引领中国革命取得成功，创立了新中国。邓小平同志把马列主义和中国革命的具体实践相结合，提出了以经济建设为中心，改革开放，建设具有中国特色社会主义的理论，从而有了今天社会生产力、综合国力、人民生活水平的大幅度提高。没有这种特色，中国革命就不会成功。在苏联解体、东欧剧变的严重形势下，中国也不可能巍然屹立并日益强大到今天。

当前，音乐文化生活空前繁荣，从城市到农村，在公园、在广场、在社区、在企业、在学校、在军营到处充满着歌声和乐声，我们全社会已经进入了一个充满歌声激扬音乐的时代！一位领导同志曾对我说："我认为在各个艺术门类当中，音乐是最重要的，谁不唱歌，谁不听音乐？"我们的音乐生活从来没有像今天这样火热，我们要让这音乐之火烧得更旺，烧得更高，烧得更热。让我们的青少年在美好音乐的伴随下健康成长，让我们的祖国在美好音乐的伴随下走向繁荣富强。这是我们的光荣使命。

音乐是不能离开时代的，音乐是不能离开人民的，音乐是不能离开生活的。被誉为"时代的号角、人民的知音"的聂耳创作出了不朽的《义勇军进行曲》——中华人民共和国国歌，冼星海写出了中华民族的千古绝唱《黄河大合唱》，"为抗战发出怒吼、为大众谱出呼声"，所以聂耳、冼星海成为伟大的人民音乐家，我们要认真地贯彻"百花齐放、百家争鸣"的方针，选择什么样的题材，风格、技法完全是作曲家的自由。但是关在小圈子里的自我陶醉是没有出路的，跟在外国人后面亦步亦趋也是没有出路的，要深入实际、深入生活、深入群众进行创作。要把世界的、现代的、科学的先进技法真正学到手，要"引进、吸收、消化、再创新"关键在于"再创新"，只有"再创新"才有中国特色，才有生命力，而不是原样照抄照搬。要把世界上先进的经验方法和我们中国的实际结合起来，和我们的民族音乐结合起来，要把民族之韵、时代之声与科学方法结合起来，在创作、表演、理论、教育等各方面开花结果，使得我们具有中国特色的民族乐派根基牢固、底蕴深厚、内涵丰富、魅力无穷，以其灿烂的光芒照耀着世界乐坛！

不久前，应对方议会之邀，我作为全国政协代表团成员访问了德、法、意等国，参观了许多地方并和他们进行了座谈交流，这次欧洲之行，相比之下使我强烈感受到我们伟大祖国的欣欣向荣、朝气蓬勃、活力四射的兴旺景象，对祖国的前途充满了信心，对我们的民族充满了自豪。我们的音乐，理应为我们全面建设小康社会，实现社会的和谐发展，实现中华民族的伟大复兴推波助澜，添柴加火。难道伟大的改革开放的新时代还不应该让我们放声歌唱吗？2001年第一届中国音乐"金钟奖"中我们设立了交响乐评奖，一等奖奖金10万元，明年第七届中国音乐"金钟奖"再评交响乐，一等奖奖金20万元，同时还要评歌剧，一等奖的奖金高达100万元，但一等奖必须是改革开放以后的题材，因为改革开放对我们中华民族太重要了！它改变了中华民族的命运。

音乐的本质是给人以美的享受。我们的音乐要给人以鼓舞、给人以力量、给人以欢乐、给人以教育、给人以陶冶。人们喜爱音乐，与音乐相伴人生，我们不能辜负人民群众对我们的热切期望，要送给他们美好的精神食粮。改革开放以来，歌剧、交响乐、歌曲、民族管弦乐等各方面都产生了许多好作品，但与我们伟大时代的要求相比还是很不够的。我们不应忘记，实践是检验真理的唯一标准，人民群众是我们音乐事业受众的主体。

中国民族管弦乐学会是一支很好的团队。你们的工作取得了很大成绩，你们正在肩负重任，祝愿你们扬帆前进，祝愿这次代表大会取得圆满成功！

谢谢！

（此为作者在中国民族管弦乐学会第四次全国代表大会上的讲话）

岁月如歌

——"2007年军旅作品音乐周"新闻发布会上的讲话

在解放战争的洪流中，我进入了音乐行列。1948年3月，我考入东北音乐工作团，穿上了军装。说是音乐工作团，其实我当时还谈不上有多少音乐工作能力，甚至连五线谱还都不认识，还得从学习乐理开始入门。所幸，从延安到东北来了一些革命音乐家，如吕骥、瞿维、寄明、刘炽等一批老同志，他们既是我们的领导，又是我们的启蒙老师。当时，因为我们年龄小、文化低，所以学政治、学文化、学音乐三方并进。学政治主要是学社会发展史、中国革命史以及人生观、世界观；学文化主要是学中学文化课；学音乐主要是学乐理和乐器，再就是学唱一些革命歌曲和民歌。而这些革命歌曲是和中国共产党的历史、解放军的历史、中国革命战争的历史进程和风起云涌的时代变迁紧密相关的。因此，学习这些革命歌曲的同时，也就是学习中国革命历史的过程，也就是学习革命的人生观、世界观、艺术观的过程，也是艺术熏陶的过程。从1948年3月到11月2日辽沈战役结束，我们进入沈阳，我被调到东北鲁迅文艺学院音乐系学习，这段时间仅仅8个月，但对我的人生道路、对我的音乐生涯产生了深刻的影响。几个经过实践反复验证的基本文艺观点至今还是指导我文艺思想的依据。

歌曲与时代血肉相连。巴黎公社时代的《国际歌》成为全世界无产阶级的革命战歌；《打倒列强》成为大革命时代反帝反封建的旗帜；《三大纪律八项注意》是中国工农红军初创时期从散漫到相对正规及三湾改编、加强党对红军的领导、"支部建在连上"、从旧军队到人民军队质的变化的标志；《开矿歌》《码头工人》《大路歌》《新女性》《卖报歌》《扬子江暴风雨》首开中国无产阶级、劳动人民的生活成为歌曲主题的先河。从而使聂耳成为中国革命音乐的开拓者和奠基人；1937年卢沟桥事变、全面抗战爆发之后，抗日歌咏运动风起云涌，长城内外、大江南北，凡有人群的地方就有抗日救亡的歌声：《义勇军进行曲》《救亡进行曲》《大刀进行曲》《八路军进行曲》《抗日军政大学校歌》《黄河大合唱》《新四军军歌》《游击队歌》《露营之歌》《在太行山上》《嘉陵江上》《松花江上》《五月的鲜花》《延安颂》《歌唱二小放牛郎》等一大批数量多、质量高、流传广、影响大的抗日救亡歌曲掀起了中国歌曲历史的高潮；解放战争时期的《攻大城》《参军去》《打倒蒋介石解放全中国》《将革命进行到底》《淮海战役组歌》《解放区的天》《胜利进行曲》反映了解放战争从战略防御转入战略反攻，以摧枯拉朽之势打倒蒋家王朝，推翻三座大山，解放全中国的革命形势；新中国成立之后的《歌唱祖国》《歌唱二郎山》《中国人民志愿军战歌》《全世界人民团结紧》《全世界人民心一条》《社会主义好》《我们走在大路上》《让我们荡起双桨》《祖国颂》《我的祖国》《淮河两岸鲜花开》《节约小唱》从多方面反映了欣欣向荣的社会主义建设；结束"十年浩劫"之后的《祝酒歌》《在希望的田野上》《亚洲雄风》《春天的故事》《走进新时代》《我和我的祖国》《爱我中华》《当兵的人》《青藏高原》《常回家看看》等一大批歌颂改革开放新时代的优秀作品应运而生；最近荣获第十届精神文明建设"五个一工程奖"的优秀歌曲奖20首、入选奖歌曲20首，是从四年来每年年产四万首歌曲中评选出来的。如《吉祥三宝》《盖楼的哥们》《战斗精神歌曲系列》《望月》《永恒的彩霞》等作品都与改革开放的伟大时代血肉相连。

火热的现实生活永远是我们音乐创作的源泉。时代的浪潮冲击着、陶冶着、孕育着音乐作品，催生着动人的歌声。回顾自己的创作经历和实践，我所写的歌曲《雷锋，我们的战友》《地道战》《毛主席的话儿记心上》《红星歌》《映山红》《红星照我去战斗》，无不是对生活的真实记录、艺术再现。音乐创作使我从一个少年成长为音乐家。岁月如歌，如歌的岁月。在党的"十七大"胜利召开之际，让我们乘着歌声的翅膀，飞向富强、民主、文明、和谐的乐园！

（原载于《解放军报》2007年10月26日）

必由之路

——纪念《在延安文艺座谈会上的讲话》发表六十二周年

　　六十二年前的5月2日、16日、23日，毛泽东分三次参加了延安文艺座谈会。会前他找了延安文艺界许多人谈话，阅读了许多资料，做了大量的调查研究，在座谈会上又听取了许多同志的发言之后，他才分两次作了那篇振聋发聩的讲话，并由胡乔木整理成文。为了慎重起见，一年之后才在延安《解放日报》上发表，从此开辟了文艺工作的新局面新境界，产生了《白毛女》《黄河大合唱》等抗日战争时期、解放战争时期、建立中华人民共和国至今各个历史时期的许多优秀作品，成长了许多优秀的文艺家，壮大了革命文艺队伍，使革命的文艺工作不论是在革命战争年代还是和平建设时期都发挥了巨大的作用。《在延安文艺座谈会上的讲话》（以下简称《讲话》）影响了几个时代，产生了深远的历史影响，至今仍具有重要的现实指导意义。

　　《讲话》全面深刻地揭示了文艺工作的根本规律，指出了文艺与人民的关系（当时提法是"为工农兵服务"），文艺与生活的关系，生活是文艺创作的唯一源泉，以及政治与艺术、普及与提高等多方面重大的文艺理论问题。《讲话》是在抗日战争烽火年代发表的，当然会带有一定历史年代的色彩，不可能回答今天时代出现的所有新问题，比如社会主义市场经济条件下的文化产业问题，因为那时的延安根本不存在文化产业和经营性文化的实际。但是文艺工作的方向、文艺创作的源泉、政治与艺术、普及与提高等文艺工作的根本性规律至今并没有改变。所以，对于改革开放的今天，对于新世纪、新阶段、面向现代化、面向世界、面向未来，全面建设小康社会，实现中华民族伟大复兴的今天，《讲话》仍具有很强的现实指导意义，因为文艺的根本规律并没有变，也是不会变的。

在最近召开的全军文艺创作座谈会上，总政治部表彰了一些优秀的作品和作者，这也再一次证明了毛泽东在《讲话》中所论述的文艺工作的方向、文艺创作的源泉和文艺与政治的关系这些问题的正确性，而且是在新的时代条件下被新的艺术实践所证明的。这些被总政治郎表彰的优秀新作品的产生也证明了军队的文艺工作是沿着《讲话》的道路坚持了正确的方向。

创新是事物前进的动力。新世纪、新阶段、新形势、新问题，特别是在社会主义市场经济条件下出现的许多新矛盾需要回答。"三个代表"重要思想是继承发展马列主义、毛泽东思想、邓小平理论，是面向新世纪、新阶段、新实践承前启后的根本指导思想。代表中国先进生产力的发展要求，代表中国先进文化的前进方向，代表中国人民的根本利益，这是对新世纪、新阶段、新要求的正确回答。代表中国先进文化的前进方向，代表中国人民的根本利益不正是《讲话》所提倡的文艺工作的方向吗？万变不离其宗，因为中国共产党的根本宗旨是为人民服务的，这是我们一切工作的出发点和落脚点。

中国工农红军历经千难万险，踏遍万水千山，进行两万五千里长征到达陕北后，1936年，毛泽东在清涧县农村一个一尺半见方的小桌上写下了千古绝唱《沁园春·雪》。这伟大的诗篇正是毛泽东崇高的革命理想信仰和丰富多彩的斗争生活的结晶，给我们留下了深刻的启迪。我们要沿着《讲话》开辟的道路，沿着为人民服务的方向，勇于创新，与时俱进，让我们的文艺工作与时代同呼吸，与人民共命运。结出新的硕果。

（2004年5月）

理想在召唤

——在中国文联专题研讨会上的发言

隆重召开的八次文代会、七次作代会已经胜利闭幕了。五十天来，总书记的朗朗话音仍在我耳边回响，总书记讲话时的情景仍在我眼前闪动，当锦涛同志走到讲台旁向全体代表深鞠一躬时，一股暖流涌上大家的心头。看！这就是当代中国老百姓的领路人，他是多么的谦虚平易。他的讲话高屋建瓴，站在时代的新起点上，用全局性、战略性、前瞻性的目光，面对新世纪、新阶段，面对全面建设小康社会、实现国家现代化、构建社会主义和谐社会、实现中华民族伟大复兴的宏伟蓝图，审视我国文艺工作的过去、现在和未来，具有强烈的现实意义和深远的历史意义，是一篇纲领性文献，使我深受教益。特别是胡锦涛总书记在讲话中多次强调文艺工作者要有理想抱负，要有坚定信念，要做人类灵魂工程师的论述更是给我留下了难以忘怀的记忆。

毛泽东同志说过："人民，只有人民才是历史的创造者。"邓小平同志说过："人民是文艺工作者的母亲，人民需要文艺，文艺更需要人民。"胡锦涛同志说："一切进步文艺都源于人民，为了人民，属于人民。"这些讲话体现了中国共产党为人民服务的宗旨，为人民服务是我们一切工作的出发点和落脚点，文艺工作不能脱离这个宗旨，一旦脱离便将走错方向。古今中外那些永载青史的精品巨作，有哪一部是和人民背道而驰的呢？没有。在今年的"两会"上，温家宝总理在《政府工作报告》中庄严宣布：废除在我国实行了两千六百多年的农业税，在农村实行义务教育，提高社会的最低保障金额。十六届六中全会提出构建社会主义和谐社会，建设和谐文化，强调以人为本，这都是为人民服务宗旨的实际体现。文艺工作当然应该本着为人民服务的宗旨，反映人民的生活，反映人民的愿望，反映人民的心声，为人民发出呼唤，给人民以鼓舞，给人民以力量，给人民以美的享受，因为人民既是我们文艺创作的永恒主题，也是我们文艺作品的享用者和检验者，我们要与人民共命运。

时代与作品密切相关。与其说作品反映了时代，不如说时代选择了作品。时代从浩如烟海的作品中选择了那些最能反映时代潮流、时代精神、时代脉搏、时代方向的作品，于是，这些作品便具有了划时代的意义，里程碑的性质，成为影响深远的传世之作。新中国成立之初的《歌唱祖国》，抗美援朝时期的《中国人民志愿军战歌》，社会主义建设时期的《我们走在大路上》，粉碎"四人帮"后的《祝酒歌》，十一届三中全会后的《在希望的田野上》《我爱你中国》《年轻的朋友来相会》，小平同志"南方谈话"后的《春天的故事》《走进新时代》《常回家看看》《我和我的祖国》《爱我中华》等等，和时代共鸣最强烈、反映最鲜明，最有力、最具有代表性的作曲家莫过于聂耳、冼星海。聂耳的《义勇军进行曲》经过时代的筛选，已经成为中华人民共和国国歌。冼星海的《黄河大合唱》经过历史风云的洗礼，已经成为中华民族生生不息、伟大坚强的民族精神的象征，成为中华民族的千古绝唱。聂耳、冼星海已经成为人民音乐的开拓者，革命音乐的奠基人，成为一代宗师。就世界范围来说，在欧洲的经典器乐作品中也不乏范例：肖邦的《革命练习曲》，柴可夫斯基的《一八一二序曲》，西贝柳斯的《芬兰颂》，特别是产生于欧洲文艺复兴、法国大革命背景下的贝多芬的交响曲，尤其是他的"命运"交响曲、"合唱"交响曲等作品，都反映了作曲家对国家、对民族、对时代和人类命运的深切关注。胡锦涛同志在讲话中说："一切有成就的文艺家都注重反映和引导人民创造历史的壮阔活动，回应时代风云的激荡，领会时代精神的本质，文艺才能具有蓬勃的生命力，才能产生巨大的感召力。"所以，文艺是不能脱离时代的，文艺工作者要满腔热情地投身到建设有中国特色社会主义的伟大历史变革中去，讴歌这个伟大时代，要与时代同呼吸。

　　理想信念是人的精神支柱。中国共产党创始人之一李大钊曾说过："人生的目的在发展自己的生命，可是也有发展生命必须牺牲生命的时候，因为平凡的发展有时不如壮烈的牺牲足以延长生命的音响和光华。绝壮的风景多在奇险的山川，绝壮的音乐多是悲凉之韵调，壮丽的人生则在为理想而奋斗的牺牲之中。"薄一波同志说："如果把人生比之杠杆，信念刚好是它的'支点'，具备这个恰当的支点，才可能成为一个坚强而有力的人。"在我所结识的共产党人中有一位胡乔木，他曾是中国共产党两个《历史决议》的主要起草人，也是毛泽东《在延安文艺座谈会上的讲话》整理成文的执笔者，曾与我有过三首歌曲的合作，在他的明志诗《希望》中写道："贞洁的月亮吸引着海洋，热烈的希望吸引着心房，月下了又上，潮消了又涨，我的心一样收缩又舒张。"他把理想信仰比之为贞洁的月亮，把革命者比之为海洋。他写道："波浪在奔跃，海没有倦时，生命在代谢；舞没有断时，纵然海知道，天会有暗时；希望告诉心，云必有散时。"在我和他讨论这首诗词的音乐处理时，他曾严肃而郑重地对我说："傅庚辰，我是为我的理想而奋斗的。"我能理解他这句话的含义。因为在我和他多年的交往中，常常看见他穿一身布衣布鞋，手上戴一只斑斑驳驳的旧手表，不吸烟，不喝酒，少有娱乐活动，家中藏有大量书籍，桌上摆满了文件简报，不是看就是写，不知疲倦地工作着。当我写好《希望》的曲谱唱给他听时，他竟然激动得潸然泪下，可见他的信仰之诚之深。今年是中国工农红军长征胜利70周年。长征是因为错误的军事指挥使红军遭到重大损失而不得不进行的战略大转移。其时间之长、跨度之大、路途之遥、环境之艰险，可以说是举世无双，所以才震惊了世界，产生了这样深远的历史影响。但是，长征毕竟胜利了。"长征是由我们的胜利敌人的失败而告结束。"为什么呢，因何而取得胜利呢？原因有三：一是在军事上采取了实事求是机动灵活的战略战术，实行了正确的军事路线。二是改变了中央领导，实行了正确的政治路线。三是红军指战员有着崇高的理想信念，他们知道为什么作战，为谁而战，所以爬雪山、过草地、吃野菜、啃树皮，与数十倍于自己的敌人英勇搏斗，抛头颅洒热血，前仆后继，流血牺牲而在所不惜。红军长征时，陈毅同志被留在赣南坚持游击战，内无粮草，外无救兵，天当被地当床，野菜野果当干粮，队伍减员，有人动摇，有人逃跑，有人叛变，他身负重伤，又被敌人重重包围。形势到了万分危险的地步，于是，他想到了牺牲，写下了"绝命诗"《梅岭三章》："断头今日意如何，创业艰难百战多。此去泉台召旧部，旌旗十万斩阎罗。""南国烽烟整十年，此头须向国门悬。后死诸君多努力，捷报飞来当纸钱……"这是何等赤诚的信念，这是何等崇高的境界，这是何等坚贞的气节，这是何等高尚的情操，这样的共产党人，这样的中国工农红军，还有什么困难不能克服，还有什么敌人不能战胜呢！毛泽东同志说：长征是宣言书，长征是宣传队，长征是播种机。那么，长征宣言了什么？宣传了什么？播种了什么呢？最根本的是共产党人革命者的理想信念。所以，虽然已经事隔半个多世纪，七十年后的今天，伟大的长征精神仍然放射着灿烂的光芒，仍然强烈地震撼着人们的心灵，仍然产生并将继续产生着巨大的感召力量。胡锦涛同志指出：一切有理想有抱负的文艺工作者都要做到德艺双馨、积极履行人类灵魂工程师的职责。只有既具有高尚精神追求又具有高超艺术才华的文艺家，才能成为人民群众推崇的文艺大师。要做到这一点，就必须加强思想道德修养，积累丰富知识，提高精神境界，培养高尚人格，始终牢记艺术工作者的社会责任。

五年来，中国音协认真贯彻音协工作的指导思想：当好桥梁、搞好服务、团结和谐、开拓前进，坚持抓创作、抓建设、抓组织、抓活动、抓教育、抓联络，贯彻"二为"方向、"双百"方针，贴近实际、贴近生活、贴近群众，弘扬主旋律，提倡多样化，坚持正确的舆论导向。2002年2月在纪念聂耳诞辰90周年时发表了《时代的号角，人民的知音》，提出"与时代同呼吸，与人民共命运"的命题，同年9月这篇文章被中共中央机关刊物《求是》转载。2005年6月，在冼星海诞辰100周年纪念会上发表了《星海的路》，从"充满艰辛的路""奋斗不息的路""人民音乐的路"三个方面论述了冼星海所走过的音乐道路和取得的成就。通过对聂耳、冼星海的评论，继承革命音乐传统，坚持音乐为人民服务的正确方向。

五年来，中国音协举行了少儿歌曲征集和电视大赛，厦门国际合唱节，闽南语歌曲征集比赛，奥地利金色大厅新年音乐会等几十项活动。2005年，纪念抗日战争胜利60周年的《民族之声》交响音乐会，冼星海诞辰100周年座谈会和音乐会，中宣部部长刘云山出席并作重要讲话。2006年，纪念中国共产党建党85周年和中国工农红军长征胜利70周年，举行了以老一辈革命家诗词歌曲为主的《创业者的歌》音乐会，中央政治局常委贾庆林、政治局委员刘云山，中央军委委员李继耐，中国文联党组书记胡振民等领导同志出席并给予好评。

五年来，中国音乐金钟奖从无到有、从小到大，实现了跨越式的发展，成为中国音协各项活动的龙头，成为中国音乐界著名的品牌，从交响乐到群众歌曲，从青年选手到耄耋老人，从词曲作家到地方协会的组织工作者，数百位成就卓著的音乐家获此殊荣。今后不管岁月把他们带向何方，当他们已经蜚声中国乐坛甚至世界乐坛的时候，当他们已经功成名就的时候，当他们回首人生的时候，他们将不会忘记"金钟奖"主题歌那深情的歌声："金钟响，金钟响，金钟声声传四方，那是生命的光芒，那是心灵在歌唱，难忘这金钟响。"

五年来，中国音协的组织建设和对外交流有了长足进步，协会已经拥有12800多名会员，九个专门委员会，成功举办了中国波兰音乐周、世界青年音乐家联盟、国际比赛、大师班讲座等多项国际交流活动，推动了中国音乐走向世界，加强了中国音协和国际音乐界的交往。2007年还将在中国举行世界音乐大会。

五年来，随着国民经济持续快速发展以及人民物质文化生活的提高，我国的音乐事业出现了空前繁荣，社会生活中出现了空前的"音乐热"：海外学子纷纷回归，国际比赛频频夺冠，音乐培训遍地开花，演出市场空前活跃，国际交流高潮迭起。从城市到乡村，在公园，在广场，在社区，在学校，在军营，在企业，到处充满了歌声，到处激扬着音乐，我们的伟大祖国已经进入到充满歌声、激扬音乐的时代，我们的音乐工作大有可为。我们要与时代同呼吸，与人民共命运。

在新的世纪，我国将全面建成小康社会，实现国家现代化，实现社会主义初级阶段的共同理想，实现中华民族的伟大复兴。让我们在以胡锦涛为总书记的党中央领导下，用给人以鼓舞、给人以力量的美好音乐，伴随着伟大祖国向着美好的理想高歌猛进！

美好的理想正在召唤我们。

（2006年12月）

为创作具有中国特色的交响乐而奋斗

——在中国交响乐论坛上的讲话

在中国，交响乐是许多作曲家的一个甜蜜而又苦涩的梦，是一个光辉的历史进程，中国几代人、老中青作曲家艰苦奋斗孜孜以求，成绩斐然，值得我们衷心敬佩。

近来举行的"中国交响乐世纪回顾"吸引了全国几十个交响乐团在北京音乐厅、国家大剧院和京外一些省会城市以及上海展演周上演，真可谓蓬勃红火，盛况空前，这次启动必将对我国交响乐事业的发展产生重要而深远的影响。这些天来，我奔波于京内外，听了许多交响乐专场和中外名曲，参加了一些座谈会，有许多收获和感慨，也看到了一些普遍存在的问题。

党的十六大以来，各地纷纷建设"文化大省""文化强市"，当然其中就包含着对音乐的重视；若干城市提出创建"音乐名城""音乐名市"，组建乐团，修建音乐厅、歌剧院、音乐广场等等，出现了空前繁荣的局面，但也存在一些阻碍发展的实际问题：

一、经费严重不足。有的乐团只发38％的工资，有的乐团人均月工资仅1000元，根本做不到"拴心留人"；

二、编制残缺不全，乐器破旧，不能保证演出质量，每逢演出东拼西凑、东挪西借；

三、没有适量的驻团作曲家、没有自己的作品、没有自己的特色，只能"炒冷饭"；

四、管理死板，没有搞活，没有打开演出市场。

从创作层面来看，普遍存在三方面的问题——技法、语言、结构。

技法是必须的，有如要过河就需要有船和桥，至少要会游泳，而且随着时代的发展、艺术的发展，技法也会不断地创新，出现新的现代化技法。这是需要学习掌握的，因为音乐创作本身就在向前发展。问题是学什么、如何学、如何掌握。对那些不科学、不适用，实践中证明行不通的东西，就不必"学"了。邓小平同志讲过，对外国的东西照抄、照搬、照转向来都不会成功。中国有着悠久历史和灿烂文化，中国人有着自己的语言传统和欣赏习惯，中国又是一个发展中的国家，所以科学的现代技法必须要学。但现代技法必须中国化，必须和中国的实际相结合。毛泽东思想的胜利、邓小平理论的成功，就是把马列主义和中国革命实际相结合的结果，就是马克思主义中国化。现代技法中国化，这是多年创作实践反复验证的要求，也是在音乐创作上贯彻科学发展观的要求，因为科学发展就是从实际出发，就是遵循事物的发展规律，并有全局性、战略性和前瞻性的思维。

语言是表现作品思想内容极为重要的手段，古今中外真正成功的音乐作品都有成功的语言，尤以贝多芬和柴可夫斯基为最。他们的作品历久弥新、长演不衰，这主要和他们都具有成功的音乐语言分不开。同一个作者，在同一个时代写的同类题材的作品有的流传至今，有的就被淡忘。如冼星海的《黄河大合唱》和他的另几部大合唱结果就大不相同，先后两个《少先队歌》，前一个是郭沫若、马思聪两位大人物所作，后一个两位作者名不见经传，但后一个取代了前一个，也是因为后一个的音乐语言更成功；《长征组歌》歌词一出来，曾同时组成两套作曲班子，但现在演了上千场的这一套班子的歌曲流传了下来，还是因为它的音乐语言更成功。犹如人们看电视剧，首先不是看镜头组接的"蒙太奇"手法，而是被剧中的人物命运所吸引。类似的例子不胜枚举，在国内外备受欢迎的《梁祝》《黄河》《红旗颂》的创作经验值得认真总结。

结构，是作品的载体，结构的力量是无穷的。结构是对作者功力的考验。创作，到一定程度，是否能"百尺竿头，更进一步"，就要看作者对结构的运用。而在现实当中，我们往往会发现有一些作品本来有好的"苗头"和"基础"，但结构"拖沓""臃肿""平铺直叙"，结果是"为山九仞，功亏一篑"。在欣赏交响乐的时候，即使是在大师的名作里也会感到有拖沓的赘笔。而在以音乐语言为主要手段的歌剧中，语言之苍白贫乏，整部歌剧听下来连一段甚至连一句也记不住的事情也有所发生。

技法、语言、结构这三方面的问题，在交响乐、歌剧等大型音乐作品的创作中值得高度重视。技法中国化、语言民族化、结构科学化，是作品成功的三个重要环节。

自从2005年纪念抗日战争胜利60周年以来，交响乐创作出现了可喜的新形势，在这次中国交响乐世纪回顾展演中也出现了一批贴近实际、贴近生活、贴近群众的好作品，我由衷地感到高兴。音乐的本质是美，是美育。我们的音乐要给人以鼓舞，给人以力量，给人以陶冶，给人以欢乐，给人以美的享受。我们要给人民群众他们喜爱的交响乐，让人民群众也有权享受交响乐。

2008年对于中国人来说，是一个极不平凡的年份，先是冰冻雨雪、汶川大地震，后是奥运会、残奥会、神舟七号胜利飞天，中国一再震惊世界。到本世纪20年代，也就是中国共产党建党100年的时候，中国将全面建成小康社会；到本世纪中叶，也就是中华人民共和国成立100年的时候，中国将建成现代化国家。时代呼唤交响乐，人民呼唤交响乐，改革开放的伟大历史进程、中华民族的伟大复兴呼唤伟大的交响乐。让我们与时代同呼吸，与人民共命运，高举中国特色社会主义伟大旗帜，为创立中国特色的民族乐派、为创作出具有中国特色的伟大的交响乐作品而努力奋斗！

（2009年1月）

不忘历史 面向未来

——在沈阳音乐学院作曲系建系 60 周年研讨会上的发言

参加沈阳音乐学院作曲系建系60周年的研讨会，感慨很多，沈阳音乐学院有着光荣的历史，是革命文艺的摇篮——延安鲁艺的继续。1945年"八一五"日本投降后，中共中央确立了"向南防御、向北发展"的战略方针，从山东、内蒙古、大连兵分三路进军东北。延安鲁艺就是从内蒙古一线进入东北，到达北满后成立了佳木斯鲁艺，国共和谈破裂，解放战争爆发，佳木斯鲁艺分成了四个鲁艺文工团。1948年初，又成立了东北音乐工作团，我就是这个时期参加东北音工团的。同年11月2日，辽沈战役胜利结束，我们这五个团进入沈阳成立了东北鲁迅文艺学院。再之后有了东北音专和沈阳音乐学院。

我们现在讲中国特色社会主义文化。我想它是由几个方面组成：一是中华民族五千年的优秀文化传统；二是"五四"以来的新文化运动；三是中国共产党领导的革命文化的宝贵经验；四是改革开放以来，面向现代化、面向世界、面向未来的文化新成果。所以，延安鲁艺的传统是光荣的，经验是宝贵的，应当十分珍惜、继承和发扬。

走上音乐道路已经63年有余。参加东北音工团之初我只是一个小学四年级的学生，还不认识五线谱。是在东北音工团、东北鲁艺音乐系打下的音乐基础；是在东北文工团、东北人艺歌舞团获得的文工团工作经验，是在东北音专、沈阳音乐学院作曲系的培养教育下，学到了专业工作的能力。我发自内心地感谢党和母校的培养教育。

我是新中国诞生的亲历者。我亲历了解放战争、抗美援朝、边境反击作战。亲历了半个多世纪，从旧中国到新中国的沧桑巨变，文艺工作的兴衰曲折。真是刻骨铭心、感慨万千！因为，今天是作曲系建系60周年的研讨会。所以，我从作曲家工作的角度谈几点感受，仅供参考。

一、三句话

现代技法中国化——改革开放以来，我们要学习外国的先进技法和技术，怎么学呢？我们要认真地学，要中国化，要和我们文艺的方向、任务相结合，和我们所走的先进文化道路相结合，和我们的民族语言相结合，所以现代技法要中国化。

音乐语言民族化——我们沈阳音乐学院走得就很好，向来重视民族音乐的学习。

音乐结构科学化——长期以来，我听大型交响音乐，包括大师的作品，都有一种感觉，有的作品四个乐章冗长、拖沓、缺乏吸引力。创作到了一定的程度，和声、复调、配器都掌握了之后，再上一层楼，就是结构，结构要有科学性。

这三句是我从事音乐这么多年当中的体会和感受。

二、三种境界

昨夜西风凋碧树，独上高楼，望尽天涯路。——这句话的根本意思就是一种希望，你站得高，看得远，要达到一种什么目的，需要一种境界。

衣带渐宽终不悔，为伊消得人憔悴。——这句话就是说勤奋，如果自己付出了也就不后悔了。

众里寻他千百度，蓦然回首，那人却在灯火阑珊处。——这句话就是说只要不断地追求和努力一定会与成功不期而遇的。

尤其要干大事业，这三种境界是缺一不可的，是写大作品所需要的。大师季羡林说："除了以上三点，还可补充上人的天资和机遇。"这也是成功不可缺少的，但这三种境界是值得我们参考的。我的作品有时一天写成，有时也几个月才写成，当你回首这个过程还是很愉快的，人最大的愉快莫过于事业成功。

三、音乐的本质

什么是音乐？音乐是愉乐，我们的音乐要给人以力量，给人以鼓舞，给人以陶冶，给人以欢乐，给人以美的享受。不是听了你的音乐让人讨厌，那不是音乐，音乐的本质是美。

四、长江后浪推前浪

我们都是七十多岁的同志了，今天还有正在作曲系学习的学生，我借用一首诗：（清）赵翼"李杜诗篇万口传，如今已觉不新鲜。江山代有才人出，各领风骚数百年。"我们都是过来人，将来的事业，"继承沈音传统，发扬沈音光彩"就靠在座的年轻人了，最后我强调一句：生命在于特色。

我们要发扬、继承鲁艺的特色，生命在于特色，今天我们要高举中国特色社会主义的旗帜，坚持中国特色社会主义道路，发扬中国特色社会主义的理论和核心价值，沿着中国特色社会主义的先进文化的前进方向去努力，祝愿沈阳音乐学院作曲系与时代同呼吸、与人民共命运，人才辈出、春色满园、继承传统、开拓前进！

（原载于《沈阳音乐学院学报》2011年04期）

谈谈电影中的音乐

——在北京电影学院的演讲

　　电影是综合艺术。音乐是电影中一个重要的组成部分。影片如果没有音乐，那不可想象，也很难忍受。即使是在默剧的无声影片时代，影片也不能没有音乐。自从进入有声影片时期以来，随着电影表现手段的不断发展，影片中所采用的音乐手段在不断地丰富，它的作用也更加不容忽视。因此，我们研究探讨音乐在电影中的作用的目的，就是为了更好地发挥电影这个综合艺术的特点，使用这样一个艺术武器为人民服务，为社会主义服务，为我们不断前进的伟大祖国服务，创作出无愧于伟大时代的电影作品。

一、电影音乐的特点

　　电影音乐，顾名思义，它的规定性很明确，就是指电影中的音乐，或设定为电影而创作的音乐。当然，这并不排斥音乐（特别是写得好的音乐）离开影片而独立存在。恰恰相反，一部形象深刻、鲜明、生动的电影音乐（有的要经过整理，有的甚至不经过整理）是完全可以作为独立的音乐作品存在的。但是，它毕竟是电影音乐，它必须和银幕相结合，必须为特定的画面所表达的内容服务，观众是结合具体的电影镜头来听音乐的，并不是离开镜头单纯地去听音乐。所以，电影音乐必须具有银幕感，必须把视觉形象和听觉形象结合起来。所谓影片的视觉形象包括影片画面的时间和空间两个方面，就是说影片里的音乐要受画面时间的严格限制，音乐要在画面规定的时间里做文章，因为超越了需要使用音乐的画面时间限制，就会破坏影片的艺术效果，起到反作用。另外，影片里的音乐又要受到影片画面的空间限制，也就是说要受画面里的内容、画面的节奏气氛的约束，除了极特殊的情况，影片的音乐必须和画面的节奏气氛相结合，即使在极特殊的情况，为了达到特殊的效果，音乐和画面的外在节奏气氛不吻合，但它和画面的内在节奏也必须有内在的统一，否则这里的音乐是无法存在的。所以说视觉形象和听觉形象的统一不仅是外在的，更主要的是它还是内在的，音乐必须与画面的外在节奏和内在节奏都吻合，才能达到和谐统一的效果，才能完成影片音乐的剧作任务。这是电影音乐的特点之一。

旋律是音乐里各种因素中的一个主要因素。一部作品的思想内容、时代气息、生活风貌、风格色彩等无不首先凝结在它的旋律上，这是音乐创作一条重要的规律，电影音乐也不例外。电影由于它是综合艺术，在画面上还有着许多其他手段，因此观众在一般情况下都不可能抽出精力专门去听音乐，特别是难以听那些织体非常繁复的音乐，因此电影音乐要求结构明确，旋律性强。电影音乐要求有鲜明的旋律，使人们通过旋律来理解画面表达的内容。这是电影音乐的第二个特点。

简洁概括这是电影音乐的第三个特点。因为在电影中使用音乐的位置往往是在一场戏、一节戏，或某种节奏气氛的"节骨眼"上，音乐停止的位置也往往是这一场戏、这节戏完成的地方，即使是作为概括气氛而使用的音乐，它的进入和停止也往往是在一个句号上，否则音乐和画面的关系会很不顺畅、很不舒服的，这就要求电影音乐具有相当的概括力。另外，由于上面所讲到的原因，即电影是拥有多种手段的综合艺术，所以有些地方有音乐，有些地方没有音乐，音乐的起止都要受到画面内容与镜头时间的严格限制（一般的音乐段落大多在两分半之内，有的甚至短至几十秒、十几秒），就是说电影音乐受着画面的时间和空间的严格制约，因此，电影音乐就要简洁、明了、开门见山，要在很短的时间里把某种思想情绪、节奏气氛表达到一定的程度，所以，这就要求音乐要概括、集中、简洁、明了。在这个意义上说，电影音乐也就要求具有更强的典型性和鲜明性。

二、电影音乐的主要表现形式

电影音乐的表现形式是多种多样的。随着时代的前进，随着人民生活的不断变化，随着电影艺术和技术的不断更新和发展，电影音乐的表现形式和手段也会更加丰富多彩。

（一）主导动机

动机是音乐结构的基本单位，不论篇幅多么巨大的音乐作品，都是建立在动机的基础上的。主导动机就是在作品中起主导作用的动机，比如说贝多芬的"命运"交响曲就是建立在这个主导动机的基础上的。在电影音乐中，特别是我国的电影音乐里的器乐部分往往是取材于电影歌曲，因此，主导动机的使用往往是和主导乐句（比动机扩大了的音乐单位）分不开的，二者经常混在一起交替使用。比如影片《红色娘子军》和《闪闪的红星》里就是这样用的。

主导动机可以用音乐形象的概括力把某一剧中线索体现出来，加以发展，甚至体现一部作品的基本思想内容，同一个音乐因素在各个不同的配合下用在电影作品中而得到不同的剧作效果，同时又始终为产生它的主要线索服务，这就是主导动机的手段。

主导动机必须具有潜在力、灵活性和伸缩性，必须与影片的总内容与剧本的结构相吻合并有推动发展的余地，在音乐上有被多种手段从多方面加以发展的可能性。比如在《红色娘子军》和《闪闪的红星》两部影片中，不论是在战斗的和抒情的、悲痛的和欢乐的等许多段落里都贯穿了主导动机和主导乐句。主导动机的手法在电影中被广泛使用，成功的例子是很多的。

（二）套曲原则

所谓套曲，它有一个结构原则，叫作对比并置。它是由各不相同的音乐主题发展成的气质不同的曲子并存于一部作品之中。比如《黄河大合唱》里每首歌曲的主题都是不相同的，气质、性格、节奏、速度也都各不相同，但在统一的主题思想之下存在于一部《黄河大合唱》之中。在电影音乐中也可以在统一的影片主题思想之下，由一系列不同性质的音乐主题和一些不同性质的音乐段落来组成全部影片的音乐。

（三）变奏形式

以一段乐曲为基础而进行变奏从而构成一部影片的音乐。

变奏分为华彩的变奏（也叫装饰的变奏）和性格的变奏两大类，所谓华彩的变奏就是加花、装饰，但不改变音乐的基本性格和气质。而性格变奏的手法也是多种多样、无穷无尽的，比如改变节拍、改变速度、改变结构、改变织体写法、改变和声配器等都可以达到性格变奏的效果。

变奏形式和主导动机形式的区别就在于变奏形式基本上不使用新主题材料，只是在原有的主题材料上加以发展变化，而主导动机形式则使用新的材料，有时甚至还大量使用，只不过在使用新的主题材料的同时用主导动机来加以贯穿发展。

（四）奏鸣曲原则

所谓奏鸣曲的原则，从曲式学上来讲就是不同性质的音乐主题形成矛盾冲突的原则。也可以说就是两种以上的性格气质截然不同的音乐主题对立统一于一部作品之中。这包括正反两方面音乐形象的对立统一，也包括正面形象内部两种不同性格的音乐形象的对立统一。比如说在一部电影音乐中，在大多数的情况下有两个以上不同性质的音乐主题，既有正面的又有反面的，既有战斗的又有抒情的，既有紧张的又有轻松的，既有悲痛的又有欢乐的，这些不同性质的主题对立统一于一部作品之中，它们之间有矛盾、有冲突、有斗争。这就产生了推动作品前进的动力，为塑造丰满的艺术形象奠定了基础。一切事物都在对立统一当中前进，音乐艺术当然也不例外，对立统一，矛盾冲突的原则同样也是电影作品展开发展的动力。运用这个原则以便更深刻、更丰满地塑造艺术形象，表达作品的思想内容，这也是电影音乐创作上行之有效的重要方法。

对立统一规律是世界上一切事物发展的根本规律，事物在发展过程中的激抒、快慢、张弛、动静等都是事物发展的客观规律，绝不是依照人们主观愿望所能改变的。我们革命文艺工作者的责任在于认识这个规律，掌握这个规律去进行文艺创作，创作出生动活泼的有血有肉的作品来。

（五）电影歌曲

电影是一种拥有巨大宣传力量的艺术形式，影响面很广，作用很大，所以写得好的电影歌曲也容易被推广传播出去。我国无产阶级音乐的奠基人聂耳、冼星海早期的一些优秀歌曲就是通过电影唱出来的，我国的国歌《义勇军进行曲》就是聂耳1935年为影片《风云儿女》写的主题歌。现在经过重新填词已成为我们正式的国歌了。星海为电影写了《夜半歌声》《热血》《战歌》《流民三千万》《救国军歌》等歌曲。苏联早期的一些优秀的革命歌曲，如《祖国进行曲》等也都是通过电影唱出来的。新中国成立以来我国也有许多优秀的歌曲是通过电影流传出来的，如《红色娘子军》《我们是共产主义接班人》等，因此为电影创作歌曲，写好电影歌曲是有重要意义的。

电影歌曲通常分为两类：主题歌与插曲。主题歌是指正面直接阐明影片主题思想的歌曲，它的内容要能概括影片的主题思想，它的音乐主题和旋律，往往被用作影片音乐的主线，或概括为影片音乐的主导动机贯穿全剧。插曲是指为影片中的某一场戏或某一节戏而创作的歌曲，它通常不是正面直接地阐明影片的主题思想，而是直接为某一场戏和某一节戏服务，它往往是通过某一个侧面来反映影片的主题思想。插曲在音调上、气质上、节奏上、速度上往往与主题歌形成鲜明的对比，构成主题音乐的对比主题，在这个基础上铺叙展开从而形成丰富多彩的影片音乐。

随着一些成功的电影歌曲在群众中广泛流传，对于歌曲在影片中的作用是普遍地被重视起来了，现在的问题是在影片中如何把歌曲用得更好一些，如何来提高电影歌曲的思想性和艺术性。从工作中的感受来看有以下几点值得注意：（1）电影歌曲和一般的群众歌曲一样，也应当具有强烈的时代气息，鲜明的民族风格，流畅动听，通俗上口的曲调，短小精练的结构等。（2）在电影歌曲的创作过程中特别要强调作曲、编剧、导演等创作人员的统一构思，最好在编剧的过程中就安排好未来影片的音乐结构。如什么地方使用主题歌，使用什么样的主题歌，什么地方使用插曲，使用什么性质的插曲等，这就使得歌曲成为影片剧作中的一个不可分割的重要组成部分。使得歌曲和影片浑然一体，如果编剧阶段没有做到这一步，那么在导演的分镜头阶段也应当与作曲家统一构思，仔细地研究歌曲的使用方案，使歌曲得到较好的使用。（3）作曲家要发挥主动性，要认真仔细地分析剧本，从表现影片的主题思想出发，从影片音乐的全部结构来考虑，深入细致地分析，找出使用歌曲的适当位置，这是因为编剧和导演毕竟不是专业的音乐工作者，他们由于着眼于全剧全片的许多工作，有时候可能会忽略某个使用歌曲和音乐的位置，这时作曲家就要提出合理的建议，以弥补其不足。经验证明，只要作曲家提出的位置是适当的，写的歌曲是好的，编剧、导演等其他创作人员是会欢迎的，未来的效果也会是良好的。（4）要避免"画蛇添足"。即影片本身的结构不需要这首歌曲，它是被硬加上去的，结果打乱了影片的结构，拖松了影片的节奏，使人有"画蛇添足"之感，效果不好。（5）要写好电影歌曲本身。如时代气息，民族风格，动听的旋律，精练的结构等。因此电影歌曲的作者也必须要有正确的思想观点，深入火热的斗争生活，向民族民间学语言，继承革命的光荣传统等。电影固然有助于歌曲的推广，但歌曲本身写得不成功仍然是唱不出去的。"四人帮"时期拍摄的某些影片不是天天放，强迫看，唱段在广播电台天天播吗？但是群众不喜欢的一些段子结果还是唱不出去。所以还要写好电影歌曲本身，选择好使用歌曲位置，以便用这个有效的手段为表达影片的思想内容服务。

（六）电影音乐的两种类型

1.说明性的音乐（也叫情绪性的音乐）。它主要是人物情绪状态，场面节奏气氛的补充和强调。

2.剧作性的音乐（也叫情节性的音乐）。它参与影片情节的结构，成为结构中不可缺少的组成部分。

说明性的音乐和剧作性的音乐二者都需要，二者都不可缺少，但以后者为根本，因为只有当音乐参与整个影片的剧作，成为影片情节结构的不可缺少的组成部分的时候，音乐才能在影片中发挥积极作用，才能深刻丰满地表达影片的思想内容。因此，我们在结构与设计影片音乐的时候要防止几种情况：

（1）曲解说明性的作曲。抓住画面表面，脱离影片内容的本质。

（2）抽象性的作曲。为防止曲解画面而从一个极端走向另一个极端：包罗万象，脱离具体情节，造成视觉和听觉的脱节。

（3）机械地结合影片的各种因素，从而产生不协调、不流畅，音乐和语言连接得生硬、刺激人。

（4）音乐和影片在风格上发生脱节。这是由于音乐和影片的体裁风格不一致而造成的。解决时要从影片总的体裁风格着手。

上述几种情况对影片音乐的质量不利，在工作中应当注意避免。

三、导演与作曲的合作

一部影片的音乐写得好坏直接关系到这部影片的质量。而影片质量的总负责人又是导演，但导演对影片音乐的想法又必须通过作曲家的创作来加以体现，因此，导演和作曲家合作得如何就直接关系到影片音乐的质量和影片本身的质量，所以处理好导演与作曲家的合作关系，对搞好影片的质量有着重要意义。如何处理这个问题，在实际工作中遇到许多具体情况，有些情况还因人而异、各不相同，但有些问题是特别值得注意的。

（一）统一构思，总体设计

这一点对于导演似乎尤为重要，因为，首先导演是影片创作上的总负责人，也可以说是影片生产的总工程师。因此导演的职责要求担任这一工作的人对这部未来的影片要有一个统一构思和总体设计。这其中就包括对未来影片中音乐的大体设想和概括要求（有的导演也会提出对某些段落的具体要求）。其后导演投入影片生产比作曲要早，有些导演甚至在文学剧本没通过之前就开始构思了。

这种统一的构思一方面是导演本身的，另一方面是导演和作曲家共同的。在作曲阅读了文学剧本之后（特别是阅读分镜头之后，这时作曲家对全片音乐就有了初步的想法）。导演和作曲家应就未来影片的主题思想、艺术风格、表现方法等方面进行深入细致的讨论，统一认识，以便给未来影片的音乐奠定基础，在导演写出分镜头剧本之后作曲家应制定出影片音乐的全面设计。这个设计应当包括：（1）对影片主题思想的理解。（2）对影片艺术风格的理解。（3）影片音乐将要采用的主要表现手段，比如要不要歌曲，要什么样的歌曲，用合唱还是独唱，乐队是管弦乐队还是民族乐队，还是管弦乐队加民族乐器，要不要使用一些特色乐器等。（4）重场戏的音乐、全片音乐的高潮和全片音乐的分段。包括每一段音乐的性质，起落和对话、解说、音响效果的关系等。因为在研究音乐分段的时候必然牵涉到音响效果和后期音响的处理，甚至会牵扯到影片剪接点和拼本等一系列问题的处理，所以一定要请录音师和剪接师来参加讨论，共同商量出切实可行的方案，在涉及一些重大艺术处理的问题时，导演、摄影、美工、录音、剪辑等有关人员要一道研究，通力合作，以便能使良好的意图得到完满的体现。

（二）互相信任，密切配合

导演在选择影片作曲时应该对作曲者的创作风格和特长有所了解，作曲家对导演也应有一定的了解，否则择人不当，合作不好是不能很好地完成任务的。

导演和作曲家的合作关系是在完成一个战斗任务的共同斗争中的战友关系，是革命道路上共同前进的同志关系，一旦组织决定在一起工作的时候就要相互信任，密切配合，共同完成任务，导演对影片音乐既不要撒手什么也不管，完全听任作曲者的处理，又不要管得过死过细，束缚作曲者的手脚，这都不利于完成影片创作任务，作曲者要从音乐创作的角度为影片多出主意，多想办法，作曲者既要多发挥主观能动性，又要深入了解导演的意图并取得导演的支持，遇到问题互相多商量，在共同进行革命文艺创作的过程中加深了解，增进友谊，密切协作，这对搞好影片的创作，提高影片的质量是完全必要的。

四、电影音乐录音方面的几个问题

电影音乐录音是一项很重要的工作，是一次再创作。把作曲家的创作和演奏家、歌唱家所演奏演唱的乐曲和歌曲最后落实在银幕上，必须经过录音师的辛勤劳动，因此这项工作很有意义，录音师和导演、作曲家的合作也十分重要。

（一）沟通意图，互相了解

1.前期工作中，导演、作曲、录音应在一起研究未来影片的音乐设计。这时录音师便可以对未来影片音乐的风格样式，主要表现方法等问题有个初步的了解，为后期录制音乐时的处理预先做好思想准备。

2.后期录音乐之前，作曲家和录音师应在一起仔细研究即将开始的录音工作，作曲家应向录音师介绍影片音乐的风格特点、旋律、和声、配器等方面的主要特征，特别是独奏乐器、色彩乐器的使用，管弦乐队和民族乐队的混合使用，铜管乐器、打击乐器的音量比例，整个乐队的编制、独唱演员的特点、合唱队的规模等方面一些需要注意之处，要逐段介绍，重点段落，有特殊音色、音响要求的地方更要详加介绍，邀请录音师去乐团听影片音乐的排练，从而使录音师在录制每段音乐之前做到心中有数，到最后实录时拿出正确的方案。

（二）音响结构的处理

电影中的音乐多采用主调结构。即单一旋律加和声伴奏。在录音时要以旋律为主，要把旋律、和声、节奏三个要素有机地结合起来。和声不能喧宾夺主，混淆主从。如果遇到对位式的复调音乐，则各声部的平衡、清晰要特别注意。

音响结构的明朗性和浓密性的选择必须根据画面内容的要求，同时也要考虑到麦克的容量，二者可以灵活结合或分别对待。

（三）录音棚中的音响和银幕上的音响差异

这是在实际工作中经常碰到的一个严重问题，也往往是使作曲家和导演感到苦恼的一个问题。在音乐录制的过程中常常会遇到这种情况：总谱写得很丰满，在录音棚里演奏时听起来效果也很丰富，但经过录制之后变得比较单薄了！磁带光学到了银幕上之后更加单薄了，在录音棚里演奏时听得很清晰，但录制出来后缺乏层次，不清晰了！这是为什么呢？原因可能是多方面的，有一些我们认识到了，有一些我们还没有认识到。在工作中感受比较强烈的有以下几点：

1.音的振动数从最少16次到最多2万多次，这个振动数的幅度很大，我国目前所用微音的录音机不能录下两极的音，结果使高低音受到损失，不那么丰满了。

2.在录制大型乐队与大型合唱队以及音量强烈的段落时，录音师怕机器超过负荷，在控制调整时不适当地压低了音量，结果使音乐原有的力度和气势减弱了，音响的高潮被削平了。

3.麦克的位置不准确，演奏、演唱者的位置安排得不适当，结果各组乐器之间、合唱各声部之间失去了平衡，音响混杂，层次不清，甚至在同种乐器里突出了二声部、三声部。

（四）丰富多彩的再创造

由于麦克位置安放的远近、高低、正侧位置不同，结果效果差别很大。比如近麦克低唱会使人感到声音很真切，好像演唱者就在你身旁；比如当一个演唱者或演奏者的音量已经达到极限还不能满足作品的需要时，录音师却可以使她（他）更上一层楼，达到使人满意的效果。再比如一件色彩性的乐器就其本身的力度和色彩来说，在一个大型乐队中间是不那么明显的，但在录音时可以使它很突出，达到某种特定的效果……总之，再创作是丰富多彩的，它的可能性是无穷无尽的，重要的是大家对影片的主题思想和艺术风格要有共同的理解，沟通创作意图，从内容出发去大胆地发挥和创造。录音师的工作是重要的，辛苦的，是值得我们尊重的。在搞好电影音乐的创作过程中作曲家应当与录音师很好地合作。

五、电影音乐在发展

电影的起源可以追溯到一百年前，从第一部影片问世到现在已经八十年了。电影艺术在发展，电影音乐也在发展。

无声影片经历了三十年的历史。那时的影片里是没有音乐的，而是放映影片时用一架钢琴在旁边伴奏，所配的音乐主要是西欧的古典乐曲，音乐的性质当然是说明性的，其质量是可想而知的。

　　1928年有声影片的出现带来了电影音乐的革新，开始了作曲家为影片作曲的新时期。五十年来，随着电影艺术和技术的不断发展，影片中的音乐也有很大的变化，音乐在影片中的作用越来越为电影工作者和广大观众所重视。风格样式不断丰富，在有些片种里音乐起着极其重要的作用，如音乐片、歌剧片、歌舞片、动画片、轻歌剧片、音乐喜剧片等，特别应该提到的是音乐片有了很大的发展，博得了广大观众的欢迎。许多音乐片成功的主要原因之一，是在这类剧本的写作上和未来影片的构成上，把音乐作为主要表现手段来使用；也就是说音乐成为影片剧作结构上不可分割的重要组成部分；影片剧作的各条主线均需通过音乐来加以贯穿发展；编剧、导演对于未来影片的构思是伴随着音乐形象来进行的。如影片《格林卡》中排练《伊万·苏萨宁》终曲《光荣颂》的一场戏；格林卡在构思歌剧《鲁斯兰与柳德米拉》序曲的一场戏；影片《聂耳》中聂耳构思《义勇军进行曲》的一场戏等，这些戏都是通过音乐而构成的，如果离开了这些戏中的音乐，这些戏就无从存在了。影片《齐普里安·波隆贝斯库》的视觉形象和听觉形象高度统一，音乐的美和画面的美水乳交融，贯穿全片始终的小提琴独奏，既象征着影片的主人公，又有着浓厚的抒情风格和鲜明的浪漫色彩。这里看出了编剧、导演、作曲家的统一构思，编剧、导演（特别是导演）、摄影对影片主人公及其音乐的深入研究，我相信有许多场面音乐是先期录音，根据录音进行分镜头，然后再进行拍摄，否则不可能达到这样高度的一致。

　　随着现代科学技术的飞速发展，电影艺术和技术的表现手段也日益增多了。目前有的国家已经采用了十六声道立体声的录音方法，这必然使得影片的声响效果有很大的提高，同时也必然大大提高影片中音乐录音质量和音乐效果，录音师再创作的天地也更加广阔了。

　　随着电子技术的发展而出现了电子乐器和电子音乐，这类乐器和音乐在许多国家的影片里已经普遍地被采用。在我们国家的影片中也已经开始使用。像电子琴这样的乐器，它可以模仿管弦乐队里某些乐器的音色，通过电流之后的声音带有一种新的色彩，从经济上看也比较节省，当然应该使用。乐器是一种工具，由于电影表现力之丰富，内容涉及的生活面之广阔，因此可能使用的乐器是非常多样的，实际上是没有任何局限的，但要有一个前提：从影片的思想内容出发，根据影片内容的需要来选择所使用的乐器，而不是本末倒置。

党中央粉碎"四人帮"，为我们展现了"百花齐放、百家争鸣"的文艺春天，全国人民在党的领导下，你追我赶、争分夺秒地为实现总任务而努力奋斗，革命、热情、理想、胜利闪烁着灿烂的春光，我们的电影和它的音乐应当在大好的春光里放声歌唱，展翅飞翔！

（原载《电影通讯》1997年第10期）

星海的路

——在纪念冼星海诞辰一百周年座谈会上的发言

今天刘云山部长、周巍峙主席、各位领导、参加过抗日战争的老同志、星海同志的学生、亲属和各方面的朋友们齐聚一堂，隆重纪念人民音乐家冼星海同志百年诞辰，这对于我国的音乐事业有着十分重要的意义。我在写这篇发言稿及阅读资料的时候心情是很不平静的。

星海同志生于贫困，死于忧患，一生颠沛流离，最后客死他乡。但他却给祖国和人民、给中华民族、给人类留下了宝贵的精神财富。纪念冼星海纪念什么，学习冼星海学习什么，我谈一点个人的粗浅认识。

一、充满艰辛的路

1905年冼星海出生在澳门一个贫苦渔家的船上，后来落户在广东番禺，他没有见过自己的父亲，是母亲含辛茹苦把他拉扯大的。星海自幼天资聪慧，酷爱音乐，喜爱家乡的民歌。为了能让星海学习音乐，母亲竭尽全力地干活，省吃俭用，星海就是在这样的生活条件下度过了自己的童年。后来到广州、北平、上海学习音乐，生活也是十分艰苦的。为了深造，1929年他毅然决定去法国巴黎，因为没有钱买船票，他是以夹带"黄鱼"的方式，躲藏在轮船底舱帮人烧锅炉的办法到达法国的。他去巴黎音乐学院参加考试，因为穿着破旧，守门人不准许他进门。中国驻巴黎大使馆也拒绝为他发放留学补助金。几经周折，在同乡马思聪的帮助下他才得以随马思聪的老师学习小提琴，当他的音乐才华被发现之后才考进保罗·杜卡教授的高级作曲班。为了维持生命的最低需要，缴纳必要的学费，在巴黎的七年他做过各种最苦最累最脏的活：拉车、洗碗、当修理工、在餐馆里跑堂，拉琴还算是好的，有时还要遭受外国人甚至中国同胞的污辱欺凌，有时饿昏在马路上。请想想，这样的生活过了七年啊！背井离乡是多么的难熬。回国后在上海稍稍安定之后不久又到南京、武汉、河南，1938年底到达延安之后的两年算是他一生中生活最安定、心情最愉快的时光。可是好景不长，1940年底派他到莫斯科为影片《延安与八路军》作曲，不久苏德战争爆发，他本想取道新疆回国，但由于盛世才反共，新疆之路不通。他被疏散到蒙古的首都乌兰巴托，一年后仍然无法回国，又流浪到哈萨克斯坦共和国的首都阿拉木图，以"黄训"的名字在那里工作生活了一年多之后再转移到库尔斯坦奈，直到1945年5月。据当时在阿拉木图接待过星海的达纳斯·巴伊卡达莫娃回忆："我首次见到黄训时他没有住处，我的弟弟把他领到我们家来了。他很瘦，两眼眼皮浮肿，头发稀少，可以看出他经历了不少苦难。在我家里黄训一天到晚地工作，写作曲子，然后用小提琴试奏。有一次他拿着自己的被子出门，回来时被子没有了，说卖掉了，是为了买一点吃的。黄训的身体很不好，经常有病，特别是胃有病……有一次他病得很厉害，体温很高，没钱买药，我只好到市场上去把裙子卖掉。这种苦日子过了一年后，为了找一份工作他去了距离阿拉木图一千多里外的库尔斯坦奈。"在库尔斯坦奈等待着他的同样是艰苦、艰苦、再艰苦。据星海在日记里的回忆：生活是相当艰苦的，而营养比阿拉木图更差，自己的衣服手表去市场出卖还不够供给几个月生活。这样的生活他在库尔斯坦奈坚持了一年多直到苏德战争结束，他才回到了莫斯科，但等待着他的却是他生命的最后时刻，时年他才四十岁。

二、奋斗不息的路

星海曾说过：音乐是我的生命。他自从投入音乐的海洋，便奋力畅游，劈波斩浪，永不回头。幼时他就喜欢民歌、戏曲、吹打乐，到巴黎考入高级作曲班深造，他克服了生活上常人难以忍受的困难，如饥似渴地吸吮着音乐的乳汁，陶醉在音乐的海洋。早期他改编了《顶硬上》《饿马摇铃》，在巴黎写了三重奏《风》等乐曲和歌曲《雨天的乡村》《夜曲》等大量作品，回国后在上海写了《夜半歌声》等几部电影音乐和《救国军歌》《流民三千万》《战歌》《青年进行曲》《保卫卢沟桥》等抗战歌曲，到南京、武汉、河南等地写作了《到敌人后方去》《游击军》《在太行山上》等著名歌曲。到延安后他的创作激情更加高涨，在不到两年的时间里就写出了《九一八大合唱》《生产大合唱》《妇女大合唱》《牺盟大合唱》，尤其是只用了六天就写出来的中华民族经典之作《黄河大合唱》和后来写的两部歌剧和大量歌曲，速度之快、数量之多、流传之广、影响之大，在中国音乐史上是没有先例的。就是他流落到乌兰巴托、阿拉木图、库尔斯坦奈，在极其艰苦的生活条件下，仍坚持音乐生活，组织合唱团，参加小型演出队，在城市、到农村去演出，尤其难能可贵的是他坚持创作，改编民歌，为民歌配和声、配伴奏，为中国诗词创作艺术歌曲，在许多音乐会和晚会上都留下了他那令人难忘的音乐和身影。在此期间，他还创作了交响诗《阿曼盖尔达》。他在日记中说："从1943年12月起，我已计划写交响诗《阿曼盖尔达》，但生活不调，营养不足，无法继续下去，1943年的草稿就停止了。直到1944年1月30日抵库尔斯坦奈后，从那时起（2月）又在写草稿，薪金实在不多，每天还要忧虑到粮食……这样的生活实在困苦万分，但我仍不灰心丧气，除了在音乐会演奏小提琴外，我还写了三十多首哈萨克民歌的和声伴奏，十首中国艺术歌曲和一些哈萨克乐曲。而交响诗《阿曼盖尔达》从2月起至6月10日始完成。"听听，这是多么铿锵的声音，在食不果腹的艰难时日还创作了大量作品，正应了中国一句古话：艰难困苦玉汝于成。

三、人民音乐的路

1935年聂耳在日本藤泽市鹄沼海逝世，冼星海从法国巴黎归来。星海接过聂耳的旗帜，投入时代的洪流，投入抗日的烽火，投入人民的怀抱，满腔热情地投入抗日救亡歌咏运动。他所到之处播撒抗日歌咏的种子，点燃抗日歌咏的烽火，辅导合唱团，成立培训班，举办歌咏大会，举办上万人甚至十万人的抗日歌咏大会，产生了极大的影响。在第二次世界大战中有两部大型作品影响最大：一部是肖斯塔科维奇的《第七交响乐》（列宁格勒），另一部就是冼星海的《黄河大合唱》。在德国法西斯宣称要攻占列宁格勒的日子，英雄的列宁格勒人民以隆重演出《第七交响乐》来表达必胜的信心。在音乐会节目单的封面上登载着作曲家头戴防空头盔参加保卫列宁格勒的肖像。而写于中国抗战艰苦阶段的《黄河大合唱》，正是中华民族伟大精神的颂歌，是中华民族坚强不屈不可战胜的象征。一经问世，轰动延安，传遍全国，唱响世界，给中国抗日军民以巨大鼓舞，抗日军民高唱着"保卫黄河、保卫华北、保卫全中国"的战歌，杀向战场，消灭侵略者。

冼星海所取得的成功、创造的辉煌，原因是多方面的，但根本的原因是他选择了一条正确的音乐道路，他走了一条人民音乐的路，音乐为人民的路。他的音乐创作和音乐活动都和时代、和人民血肉相连，与时代同呼吸，与人民共命运。在他的音乐论文和创作札记中曾多次反复强调"新音乐的本质"是"具有浓厚大众化通俗化的特点"，"它必须代表大众的利益"，"易懂又易于普及"，"易学而又易于传播"，"为大众所接受和把握"。

他之所以选择了这条音乐道路的关键在于他的世界观、人生观、艺术观的转变。他从在巴黎参加国际工会活动，读了马克思主义著作思想就起了变化，从单纯追求艺术进而思考自己从事艺术的目的，为谁而艺术、为什么而艺术的问题。面对日寇入侵、民族危亡，他回国后就义无反顾地投身到抗日救亡的音乐活动之中，他把每一个音符当作射向敌人的子弹。他在延安参加了中国共产党。过去曾提出过艺术为政治服务，实践证明那是不科学的。但实践也证明，艺术是不能脱离政治的，是不能脱离时代的，更是不能脱离人民的。冼星海是人民的音乐家，他走了一条人民音乐之路。周恩来为《黄河大合唱》的题词是"为抗战发出怒吼，为大众谱出呼声"，毛泽东致他的悼词是"向人民的音乐家冼星海志哀"。

在今天，当举世瞩目中国的时候，我们如何向星海同志学习，我讲几点看法供研究。

（一）建设中国的民族乐派

当前的中国，呈现出空前的音乐热，群众中涌动着巨大的音乐热情。社会上展现出巨大的音乐市场，中国的音乐事业和人民的音乐生活在党中央的正确领导下有了巨大的发展和进步：优秀的音乐创作和表演人才纷纷涌现，我国选手在国际比赛中频频夺冠；音乐教育体系日趋成熟，音乐院校大量增加，就学人数不断翻高，海外学子纷纷回归；音乐理论研究日益系统深入；群众歌咏活动有如雨后春笋；音乐演出市场空前活跃，各国著名音乐团体纷纷来华献艺；音乐考级遍地开花，学习音乐的热潮一浪高过一浪。星海成功的重要原因之一，是他继承民族音乐传统、学习外国先进方法、结合中国实际所取得的。吸纳世界上一切先进音乐成果，建立中国民族乐派，从创作上、理论上、表演上、教学上、对外交流上弘扬优秀民族文化，弘扬中华民族的伟大精神具有重要而深远的意义。

（二）弘扬音乐的本质

音乐的本质是给人以美的享受，是美育。音乐是美好的，音乐是崇高的，音乐是神圣的。我们要用美好的音乐，给人以鼓舞、给人以力量、给人以欢乐、给人以陶冶、给人以美的享受。让祖国和人民，特别是让祖国的青年和少年儿童在美好音乐的伴随下健康成长。今天的时代与星海当年所处的时代有很大的不同，对内搞活、对外开放，实行市场经济，加入世贸组织，经济发展、政治稳定、文化繁荣、社会进步，现实生活是多么的丰富多彩！人们的文化需求也必然是多种多样。选择什么样的题材、体裁、风格、手法完全是音乐家的自由。但是，万变不离其宗，为人民服务是我们的根本宗旨，是我们一切工作的出发点和落脚点，是我们工作的主导。一切音乐技法归根到底只有一个目的，那就是为了增强音乐的表现力和感染力，为了让人民更喜爱我们的音乐，让音乐更好地为人民服务。

（三）踏准时代节拍，唱响伟大时代的三步曲

全面建设小康社会，实现国家现代化，实现中华民族的伟大复兴，这是我们伟大时代宏伟壮丽的三步曲。我们的音乐创作、音乐教学、音乐表演和一切音乐活动都要围绕这个伟大的时代主题来展开，要踏准这个时代的节拍，唱响这伟大时代的三步曲。在这个伟大历史的进程中，在构建和谐社会中发挥音乐事业的积极作用。时代给音乐以生命和主题，音乐给时代以呐喊和推动。一百多年前贝多芬在他的第九交响乐里唱道：团结起来，亿万人民成兄弟。今天我们要比他唱得更响亮！这是我们对人民音乐家冼星海同志最好的学习与纪念。

星海的路，永放光芒！

（2005年6月）

八十奋斗战犹酣

——吕远音乐会随想

　　吕远和我是同时代人，比我年长，是我的老朋友，我还在默默无闻的青年时期，他已经是成名的作曲家了。近一个多月在《中国艺术报》《中国文化报》《北京晚报》《音乐周报》上连续看到将召开他的音乐会的报道，并且是由全国总工会等重要单位主办，在人民大会堂演出，我由衷地为这位年届八十并取得辉煌成就的作曲家、老朋友感到高兴。但一直没人和我联系，也没有接到参加音乐会的邀请，终于4月29日11点半接到吕远的电话，邀我下午一点半在人民大会堂西门见面。我如邀前往，他从他那经常随身携带的大皮包中掏出一张当晚音乐会人民大会堂中一区21排5座的票赠我，并说："希望你写点东西交给《人民音乐》的于庆新。"还说："你的票和那些重要的嘉宾在一起。"我说："就是给我最后一排的票我也去。"结果我入座一看是中间过道前一排，我身后就是中央电视台的两台摄像机。我倒是不寂寞，因为一位摄像师嘴里不停地跟着台上的曲目在唱歌，似乎很多曲子他都熟悉，另一位摄像师小朱和我认识，2001年中国音协组织去延边采风他随团同行，所以在音乐会的进行当中和中场休息时我们能交谈一些对音乐会的感想。

　　音乐会的上半场是作者60年创作生涯中前30年的作品，其中有《哪儿来了这个老货郎》《克拉玛依之歌》《走上这高高的兴安岭》《八月十五月儿明》《九里里山疙瘩十里里沟》等12首著名歌曲。后半场是后30年，即改革开放30年的作品，有《泉水叮咚响》《我们的明天比蜜甜》《西沙，我可爱的家乡》《牡丹之歌》《有一个美丽的传说》《我们的生活充满阳光》等14首著名歌曲。26首歌曲一气呵成，一首首作品伴随着时代的脚步，合着时代的节拍，唱出时代的呼声。人民的愿望、人民军队的风貌、祖国的呼唤、党和人民军队所指引的方向。吕远是时代的歌手、人民的歌手，他所走过的创作道路，他所创作的作品是与时代同呼吸、与人民共命运，这是他的作品取得成功的根本原因。

吕远的作品有鲜明的民族风格、生动的民族音调，他巧妙地把民族风格、民族音调与时代呼声、现实生活的具体创作题材融汇在一起，渗透在一起，融化其中，天衣无缝。这是很难得的，如《八月十五月儿明》等都是如此。

吕远的作品充满着对祖国的爱、对祖国的一片深情。他是一个生长在旧中国，参加过解放战争，见证了新中国成立的过来人，他对祖国和人民所经历的苦难，推翻帝国主义、封建主义、官僚资本主义三座大山的压迫，创建新中国那翻天覆地的沧桑巨变感同身受，所以他发自内心地唱出了那些充满热情和建设者自豪感的《建设者之歌》《哪儿来了这个老货郎》《克拉玛依之歌》等歌颂祖国建设新面貌的那些歌曲。也正因为对新中国新社会来之不易的深刻了解，对新中国成立以来历史进程中的曲折和坎坷的亲身经历，所以才更加珍视改革开放新时代的新生活，因此才由衷地唱出了《我们的生活充满阳光》《我们的明天比蜜甜》《牡丹之歌》《泉水叮咚响》那些赞美改革开放新时代的作品。

吕远的作品有着深厚的生活基础。不论是在建筑部文工团，还是在海政文工团，他一直坚持深入生活，他的许多优秀作品如《建设者之歌》《哪儿来了这个老货郎》《克拉玛依之歌》《走上这高高的兴安岭》《八月十五月儿明》《再见吧，第八个故乡》等都源自于生活。改革开放以后，他年龄已大，但他一如既往。我在全国政协工作期间，到一些城市和大型企业去调研，经常能听到当地同志说吕远曾到他们那里来过，并为他们创作了组歌，如三峡工地、大亚湾核电站等等。所以他的作品那样鲜活、生动，富有生命力。

吕远多才多艺。在吕远音乐会的后半场里，还有由他翻译后在全国广为流传的两首日本歌曲《北国之春》《心中花盛开》。我在听蒋大为演唱时，脑海里浮现出2002年10月我们中国音乐家代表团应日中文化交流协会邀请访问日本的情景。虽然代表团有正式的翻译，但由于翻译对音乐不太熟悉，很多时候，例如团伊久磨歌剧作品研讨会以及我作为代表团团长的一些即席讲话都是由吕远同志口头翻译。他翻译时语言之流畅生动，博得日本朋友的称赞。我曾和他开玩笑说："你比日本人还日本人。"他的日文造诣很深。他的中文造诣也很深，早年就出版过诗歌、散文的专辑。那些文学作品都达到了相当的高度。这次音乐会的曲目中，有12首歌曲是由他自己作词，一些歌词写得相当好，与曲调结合得十分巧妙。他还善于演奏小提琴，记得在上一届文联召开的一次会议，午间在一桌吃中饭时，他问我："你是不是写过一首小提琴独奏《秧歌舞曲》？"我说："是啊，那是我1950年写的，那时我还不懂什么叫作曲，只是凭感觉，你怎么知道？"他说："我不但知道，我还上台独奏过，效果还不错呢。"

吕远是一位非常勤奋的作曲家，这台音乐会的作品从1954年至2008年历经55年，半个多世纪的历史，他始终笔耕不辍，这台音乐会之外，他还写过多部歌剧、歌舞剧、电影、电视、交响乐等大型作品，可以说是创作等身。我全神贯注地倾听着这台名为"庆五一·迎国庆·吕远八十回响音乐会，我们的生活充满阳光"里的一首首歌曲，心情在不断地波动起伏，激动振奋，为我们的祖国和人民，为共产党和人民军队培养出了这样优秀的作曲家而感到自豪，最后吕远上台答谢观众，当他说到"只要我一息尚存，我就将坚持奋斗"时，全场报以长时间的热烈掌声。

（原载于《人民音乐》2009年第08期）

三问交响乐

——在中国交响乐·杭州论坛上的演讲

一问：交响乐的听众是多一些好，还是少一些好？

二问：交响乐是让人听得懂好，还是听不懂好？

三问：交响乐是让人爱听好，还是不爱听好？

在现实生活中的交响乐舞台上，有相当一批中外交响乐作品，听众很少，听得懂的人很少，爱听的人更少。

音乐的本质是什么？是美、是美育。我们的音乐要给人以鼓舞，给人以力量，给人以陶冶，给人以欢乐，给人以美的享受。

一封信：关于交响乐创作

时光倒回十年前。1999年的12月14日，中国音乐家协会第五次主席团选举产生。当晚，中宣部领导同志请新一届音协主席团用餐。席间，部长对大家表示祝贺、鼓励和期望。部长谈道："后年是建党80周年，希望你们能组织创作出群众喜爱的歌曲，特别是希望能够创作出反映我们伟大的改革开放时代气势宏伟的交响乐。"当时，我脱口而出："部长同志，路必须走对，走不对是出不来的。"事后，我有点后悔，打断部长的话有些唐突。但是，骨鲠在喉，不吐不快。10天后，我给这位领导同志写了一封信，进一步阐述了我的观点。信的原文如下：

部长同志：

1993 年全国宣传工作会议产生了四句名言："以科学的理论武装人，以正确的舆论引导人，以高尚的精神塑造人，以优秀的作品鼓舞人。"这对宣传、理论、文艺工作有很强的指导意义。六年来，我一直把这四句话当作我工作的座右铭。中国音协召开创作会议也有一个导向问题，尤其是在交响乐的创作上应有一个适当的提法。作曲家在选择什么样的题材、风格、样式进行创作完全是他们的自由，不应加以限制。但作为舆论导向要有一个鲜明的提法。我认为提倡"雅俗共赏"更为有利。交响乐固然是高品位艰深的大型作品，但也应为群众所能够理解和接受，也要反映民族的、时代的、群众的呼声。因为我们共产党人的根本宗旨就是为人民服务。这是我们工作的出发点和落脚点。如果在我们组织下产生的交响乐作品大家都听不懂，大家都不愿意听，这将是违背我们的初衷的。

贝多芬和柴科夫斯基是世界公认的伟大作曲家。我曾系统地研究过他们的作品，我得到的看法是，他们成功的原因固然是多方面的，但其中十分重要的一点就是他们的作品都有着深刻、鲜明、生动的旋律。所以，我认为在创作会议上一是"雅俗共赏"，二是旋律，应予适当强调。当否，请批示。

敬礼！

傅庚辰

1999年12月27日

这封信27日寄出，30日就批示回来，并向音乐界问候、拜年。批示很全面，很辩证，鼓励创作。

为什么要发这封信呢？一是因为新一届的中国音协即将召开全国创作

会议。二是因为我对交响乐创作中脱离实际、脱离生活、脱离群众的现状已经深有所感。

时光倒回三十年。紧接着1978年12月党的十一届三中全会之后，1979年召开了全国第四次文代会：结束十年内乱，废除"四人帮"的文化专制主义，恢复"双百"方针、确立"二为"方向，文艺的春天来到了。随着改革开放的进一步发展，党中央号召学习世界上先进的科学技术和先进的管理经验，吸收世界上一切优秀文化成果。在这样的时代背景下，音乐界也开始引进外国音乐的现代技术，使中国交响乐的写作技术达到了世界水平。但是，正如常言所说"鱼龙混杂、泥沙俱下"。在学习引进现代技法的同时，也渗进了一些不科学、违反音乐本质、违反音乐规律的做法。这就是在相当一段时间里出现的一些"指挥不愿意指、乐团不愿意演、观众不愿意听"的交响乐作品的原因。一段时间里，写器乐作品一有明确的调性和完整的旋律就被认为是保守、落后。某音乐院校作曲系的学生在作业上写几句旋律，竟被指导教师说成是"堕落，可耻"！在中国音协组织的一次音乐作品评奖活动时竟出现了这样的怪事：协会一位工作人员的桌子上放着一份参评的乐谱，一位评委，也是某音乐院校的教授走进来看到了，边看边自言自语："这写的什么呀？乱七八糟的，看不明白。""隔墙有耳"，音协的那位工作人员就在他的身后，他没有看见。结果，他在会上对这份乐谱竟然大加赞扬："技法先进、构思新颖，……"听得音协这位工作人员目瞪口呆，几乎不敢相信自己的耳朵。某音乐学院举办新作品音乐会，特请了外国专家莅临。外国专家听后说："你们的写作技术一点也不比外国差，但就是听不出来是中国人写的。"正是在这样的氛围下，新中国成立五十周年音乐会由著名作曲家和指挥家组成的专家小组选节目，选来选去，只得还演"老三篇"——《梁祝》《黄河》《红旗颂》。

三句话：现代技法中国化　音乐语言民族化　音乐结构科学化

我喜爱交响乐、关注交响乐，曾在《人民日报》《光明日报》《中国文化报》《中国艺术报》《人民音乐》《音乐周报》等报刊上多次发表谈论交响乐的文章。2000年中国音协在讨论首届中国音乐金钟奖的奖项设置时，我提议设立交响乐评奖并建议把一等奖的奖金数额定到10万元。午餐时，我对音乐周报陈志音副总编说："请音乐周报用头版头条把它登出去。"当时，有的同志劝我要慎重，因为这个数额在当时国内的交响乐评比中没有先例。我说："登出去，重赏之下必有勇夫。"果然，第二天的音乐周报就以头版头条醒目大标题刊出："金钟奖交响乐一等奖奖金10万元。"结果报来参评的交响乐作品121部。

继新中国成立五十周年音乐会之后，2001年建党八十周年，中国音协计划组织三台交响乐作品音乐会。为此，我们"兵分两路"下去调研，选拔曲目。傅庚辰、吴祖强、王世光、孟宪斌赴辽宁、黑龙江；吴雁泽、顾春雨、段五一赴济南、深圳；最终，组成了"阳光""祖国""希望"三台音乐会。这三台音乐会还是我们选了又选，尽量照顾让大家能接受的曲目。结果在"阳光"音乐会结束时，我向到场的正在中央党校学习的二十多位部长的带队部长征求意见，没想到，她竟然说："太嘈杂，不好听。"使我大吃一惊。在另一场音乐会的开头，演奏了一部现代技法的序曲。演完后我身旁的一位部长竟然不鼓掌，我问他："你有什么意见？"他说："太乱，太难听，我不喜欢。"请别忘了，这些听众都是具有相当文化层次和欣赏能力的人士，连他们都听不懂、不愿意听，如此反应，这难道还不值得我们想一想吗？可见，我们的作品和听众之间有着多么大的距离！问题何在呢？我们的作曲家是那么的热爱交响乐事业，作曲家们所执着追求、呕心沥血、辛苦备尝，难道就换来这样的结果吗？2002年，应日中文化交流协会的邀请，中国音乐家代表团访问日本。在东京，日方招待我们听了一场现代派作曲家武满彻的音乐会，可以说观众训练有素，现场秩序井然，记得有一位观众还带着氧气瓶。但整场音乐会的气氛比较冷，似乎没有引起观众情感上的共鸣。2006年我在德国柏林爱乐音乐厅听了一场爱乐乐团的音乐会。上半场是现代作品，下半场是传统作品，上半场冷、下半场热，一冷一热、反差鲜明。艺术是情感的载体，音乐承载着热情，引不起情感共鸣的音乐将如何延长它的生命？难道学习外国的现代技法就错了吗？非也。

问题在于，学习外国现代技法，应用外国现代技法要和中国的实际相结合，不能脱离中华民族的优秀文化传统，不能脱离中华民族的音乐语言，不能脱离人民群众的欣赏习惯和中国的现实。对外国的现代技法不能生吞活剥、照抄照搬。小平同志说过："学习外国的经验照抄照搬历来不会成功。"毛泽东思想之所以取得胜利，那是因为他把马列主义和中国革命的实践相结合：党的领导、武装斗争、统一战线、农村包围城市，井冈山的道路通天下。邓小平理论之所以成功，那是因为他把马列主义和中国革命的具体实际相结合：党的工作重心的转移，一个中心两个基本点，建设具有中国特色社会主义，走自己的路。近年来，中央提出"马克思主义中国化、时代化、大众化"，这是毛泽东思想和邓小平理论的一脉相承。实际上，早在延安整风时，毛泽东就讲过学习马列主义要结合中国的实际，要使马克思主义中国化。外国的现代技法是要学，绝不能走闭关锁国、故步自封的老路。问题是要学那些先进的科学的方法，并使之与中国的实际相结合。所以，要提倡现代技法中国化。这是回顾三十年走过的道路，取得的经验所得到的认识。

音乐语言是音乐创作的核心，旋律是作品的灵魂。音乐之所以美好，人们之所以愿意听音乐，首先是由于它有着美妙动人的音乐语言，所以人们才喜爱它。歌曲如此，交响乐也如此。古往今来，古今中外那些传之久远的经世之作无不例外。贝多芬、柴科夫斯基的作品流传最广，上演最多的原因之一就是他们的作品都有美好的语言、生动的旋律。只不过是交响乐的旋律器乐化了，即或是贝多芬的《命运》交响乐，它也有着主导动机那样的音乐语言贯穿发展。

语言的力量是巨大的，带根本性的。我们记得某部作品往往会先想起它的主题音调。2006年，全国政协代表团应德国参议院和法国议会的邀请去访问。在德国参议院的图片展览上写着："议会大厦是建在作曲家门德尔松家族的宅基地之上"。我在发言的时候先唱了几句门德尔松小提琴协奏曲呈示部的旋律，结果是全场轰动、热烈鼓掌，德国人非常高兴，为他们民族的音乐和作曲家感到自豪。我们之间的距离一下子就拉近了，有了共同的语言。当然我也向他们介绍了中国音乐，介绍了中国作曲家冼星海和他的《黄河大合唱》。钢琴协奏曲《黄河》之所以成功，它的基础是《黄河大合唱》的歌曲旋律和丰富的钢琴技巧与乐队配器。小提琴协奏曲《梁祝》的美妙音调是来自中国的越剧，那荡气回肠的曲调，那如泣如诉的琴声，沁人心脾，更加凸显了旋律的重要作用。《红旗颂》则是《国际歌》《义勇军进行曲》《歌唱祖国》三者的高度统一，是三者的交响化，配器丰满流畅、与歌曲内容结合紧密，确为成功之作。《梁祝》《黄河》《红旗颂》流传了几十年，演遍了中华大地，传遍了全世界，在世界上树立了中国交响音乐的品牌，是国之瑰宝，是代表中国交响音乐的经典作品。要高度评价这三部作品的成功。它们成功的原因是多方面的，但首先是因为它们都有美好动人的民族音乐语言。所以，要想创作出广受欢迎、大众喜爱、经久不衰的中国交响乐作品必须解决音乐语言问题，单纯的音响堆砌是行不通的。现代技法要和美好的音乐语言相结合。音乐语言民族化是音乐创作取得成功的桥梁。

结构的力量是无穷的。结构是检验作曲家功力的重要标准。作品写到一定程度能否更上一层楼，能否达到完美的境界，就要看作者驾驭结构的能力。在许多作品中，甚至包括已经广为流传的作品，也存在结构不严谨的问题，听到这样的地方往往会让人感到不顺畅，让人听着听着就会"走神"。有的作品中的某些章节不该重复的重复了，而应该重复的精彩之处反而没有重复。结构的不科学，减弱了作品的力量，给作品造成了不应有的损失。

我们国家自改革开放以来，特别是在党的"十二大"以后，经济建设高速发展；社会生产力、综合国力、人民的物质文化生活水平有了大幅度的提高。但是，高速度的发展也带来高资源的消耗，长此以往会造成资源的枯竭。所以中央提出，调整经济结构，提高经济质量，走科学发展的道路，贯彻落实科学发展观是顺理成章的；举一反三，世界上许多事物的道理都相通，小至一首短歌，大至一部长篇交响乐，都存在结构问题，交响乐则更甚。提倡科学发展，就是要站在全局性、战略性、前瞻性的高度，按照事物自身的发展规律办事，就是要以人为本。音乐有其自身的规律，违反音乐规律的做法是行不通的。音乐结构科学化至关重要。

20世纪后半叶，国际上兴起了音乐写作的一些现代技法，扩大了音乐技术的领域，丰富了音乐写作的手段和作品的表现力，从而为国际音乐界所重视。随着科学技术的飞速发展，生活水平的不断提高，文化生活的日趋多元化，信息交流的四通八达，人们对音乐的要求也越来越多，越来越高了。当你参观那美妙无比、精彩绝伦的上海世博会时你会感到惊叹：世界是多么丰富多彩，发生了多么巨大的变化！人们要求出新，要求得到更为丰富的艺术享受，是理所当然的。所以，现代技法的出现和蔓延并非偶然。随着中国的开放，打开国门，这种思潮也必然涌入中国，而且来势很猛，蔓延很快。一时间，人们在课堂上讲的、会议上说的、作品上用的非现代技法莫属，谁不如此就不够时尚，就有保守之嫌。其实，这是一种误解。

形式为内容服务，技术为思想服务。形式与技术都要根据作品的思想内容来取舍，并不是技术越复杂越好。贝多芬曾说过："去吧，向亨德尔学习，他能用简单的手法获得最大的效果。"

从世界范围看，这种对现代技法的误解使现代交响乐的创作走进误区，走入弯路。几十年过去了，现代技法的发祥地欧美等国至今也没有出现过为世界所公认、为人们所普遍喜爱的交响乐作品。美国大都会歌剧院反映说："那些没有好听唱段的歌剧观众越来越少，有的著名交响乐团由于听众锐减而不得不宣布破产。"科学技术的进步带给人民以实际的物质利益，音乐技术的进步理应带给人民更为丰富、更为美好、更受喜爱的音乐作品，而不是和人民群众的距离越来越远。实践告诉我们：脱离实际、脱离人民、脱离民族的土壤，违背音乐自身规律的做法行不通。中国的交响乐创作不能脱离中国的实际。现代技法中国化，音乐语言民族化，音乐结构科学化，是音乐创作的必由之路。

六个字：人民　时代　作品

小平同志在全国四次文代会的开幕词中说："人民是文艺工作者的母亲。人民需要文艺，文艺更需要人民。"作品反映了时代，时代选择了作品。风起云涌的革命和抗日战争孕育了人民音乐家聂耳、冼星海。聂耳没进过音乐学院，从云南来到上海就投身到反帝反封建的革命斗争，深入到工人群众当中，与工人群众打成一片，创作了大量以工人为题材的革命歌曲，成为革命音乐的开拓者，一代宗师。他生命的最后一年也就是23岁时所创作的划时代作品——《义勇军进行曲》，已经光荣地成为中华人民共和国的国歌。1935年冼星海从法国归来到上海后，创作抗战歌曲，投身抗日救亡歌咏运动，从上海到武汉、从武汉到郑州，举办抗战歌咏训练班、指挥训练班，组织十万人的抗日歌咏大游行。他义无反顾地投身于革命熔炉，投身于时代洪流，投身于人民怀抱，这样的战斗生活终于为他后来创作出不朽的《黄河大合唱》铺平了道路。《黄河大合唱》是中国抗日战争和世界反法西斯战争中最为成功的大型声乐作品，是中华民族的千古绝唱。而另一部在"二战"中广为流传的大型器乐作品当属肖斯塔柯维奇的"第七"，也就是《列宁格勒交响乐》。据2005年俄罗斯报纸报道，战争期间一架飞机在恶劣的天气中飞行，驾驶员问领航员："飞机里坐的是什么人？"领航员回答："没什么人，是肖斯塔柯维奇的四本乐谱，指挥部命令必须按时送到……"在德国法西斯宣布要占领列宁格勒的那一天，列宁格勒举行了隆重集会，演出肖斯塔柯维奇的第七交响乐，用音乐回答敌人，表示战胜法西斯的坚强决心。从而这部交响乐被称为《列宁格勒交响乐》，英美等国和一些著名指挥家争抢演出。音乐会节目单的封面上印着肖斯塔柯维奇头戴战时头盔的照片。柴科夫斯基的《一八一二序曲》至今长演不衰。这部以拿破仑兵败莫斯科为背景的交响序曲反映了俄罗斯人民的伟大民族精神。1830年，怀揣一瓶祖国泥土的肖邦先后来到维也纳和巴黎。同年11月华沙爆发了革命，热血沸腾的肖邦无法回去，于是他满怀激情地写下了怀念祖国、赞颂革命的不朽名作《d小调练习曲》，也就是后来大家公认的《革命练习曲》。贝多芬的交响乐产生于法国大革命的背景下，在波恩学过哲学的贝多芬关注人类的命运和斗争，关注自由、平等、博爱，他的作品发出了革命斗争的号召，充满了不可战胜的英雄气概，不可摧毁的乐观精神，他是全世界最伟大的交响乐作曲家，他赢得了全世界人民的爱戴。2005年，为纪念抗日战争和世界反法西斯战争胜利60周年，中宣部召开交响乐创作会议，委约创作反映抗日战争胜利的交响乐作品，号召作曲家弘扬以爱国主义为核心的民族精神和以改革创新为核心的时代精神，各地纷纷响应，产生了一批贴近实际、贴近生活、贴近群众的好作品。我也根据电影《地道战》的音乐创作了交响组曲《地道战留给后世的故事》。改革开放以来，老中青三代作曲家满腔热情从事交响乐创作，朱践耳、杜鸣心、王西麟、郭祖荣已写出多部交响乐；叶小钢、郭文景、关峡、唐建平、张千一等中年作曲家十分勤奋，青年作曲家也跃跃欲试。仅第一届金钟奖交响乐评奖就报来121部作品，6部作品获金银铜奖。刘湲作曲民族音调鲜明的《土楼回响》获得金奖。鲍元恺的《中国民歌组曲》、赵季平的《乔家大院组曲》也都多次演出并获得好评。2008年，由中国音乐家协会主办的中国交响乐世纪回顾暨第一届中国交响音乐季和近期由中国交响音乐季艺术中心举办的第二届中国交响音乐季都大量地演出了中国作品，其中不乏有好的和比较好的作品，好的作品必将与时代碰撞出灿烂的火花，留下深刻的印记。

创作需要两个"吃透"。一是"吃透"作品的主题思想，二是"吃透"作品的艺术风格。作品能否成功，后者显得更为重要。要对作品的内容深入挖掘，作出典型的概括，瞄准切入点。

古人庄子说："思之最妙，莫过于飞。"问题是往哪里飞，往哪个方向飞。

报载，北京交响乐团在海拔几千米的昆仑山举办了昆仑山音乐会，令人感动！

为人民服务是我们工作的出发点和落脚点。胡锦涛总书记在中共中央政治局第22次集体学习会上指出："加强对文化产品创作生产的引导，真正从群众需要出发，继承和发扬中华民族优秀文化传统，吸收借鉴世界有益的文化成果，推出更多深受群众喜爱，思想性、艺术性、观赏性相统一的精品力作。"这个讲话精神非常重要，我们要认真学习贯彻。交响乐是世界文化之瑰宝，是优秀音乐之硕果，是音乐人之所爱，是人民之所需。吸收世界交响乐的优秀成果，走出中国交响乐的创作道路，迎接中国交响乐的新辉煌，值得我们为之奋斗。

人民音乐为人民！

（原载于《中国文化报》2011年12月12日）

中国交响乐之思考

3月24日《音乐周报》报道了"国交""上交""广交""湘交"四个交响乐团最近的动态，引起了我的注意。特别是那篇"创国家主流交响乐文化——国交的中国交响乐之路"更是引起了我的思考。

交响乐是一种外来文化，传入中国还不过近百年。20世纪二三十年代，由外籍人士为主在上海和哈尔滨成立了两个交响乐团。新中国成立初期，建立了中央乐团也就是"国交"的前身，之后相继成立了几个省市的乐团，为数也不多。改革开放之后，随着经济社会的兴旺发展，各地纷纷建立交响乐团，已达数十个之多。但上演的作品绝大多数是外国的，新中国成立之前只有极少几个留学生在外国学习过交响乐的写作，写成的作品也极少。新中国成立之后，几所音乐院校设立了作曲系，并派出留苏学生，培养了一批专业作曲家，产生了一批有影响的作品。改革开放以后，大批人才涌现、大量作品诞生，产生了一批具有相当专业水平的作品。仅2001年首届中国音乐金钟奖就有121部交响乐作品参评、21部作品获奖，可以说取得了很大成绩，应该充分肯定。但由于创作思路、经济条件、作品水平等多方面原因，这些新作品被各交响乐团上演的却很少，相当长的一个时期各乐团经常演出的绝大多数仍然是外国作品，仍然是外国人、外国作品、外国的音乐文化占据着中国的音乐舞台。所以我认为"创国家主流交响乐文化、走中国交响乐之路"是一个很好很重要的举措，是开新风、走新路的做法，值得赞扬。

2005年初，中宣部李从军副部长召开会议，部署纪念中国抗日战争暨世界反法西斯战争胜利60周年的交响乐创作，要求创作出民族的、时代的、大众的交响乐作品。同年9月19日中共中央政治局委员、书记处书记、中宣部部长刘云山在中宣部文艺局关于召开交响乐创作座谈会的请示报告上批示："对交响乐的创作要积极支持，要调动音乐家的积极性，创作出人民群众喜爱的作品。"以纪念抗战胜利60周年为契机，产生了中国音协与广州市人民政府主办的"民族之声交响音乐会"、河北省主办的"英雄河北"音乐会、三峡公司主办的"三峡回想"音乐会等一批新的交响乐作品，为交响乐事业的发展注入了新的活力，赢得了良好的社会效果。中宣部文艺局和中国音协、《人民音乐》编辑部分别召开了座谈会、总结经验，为中国民族交响乐的发展推波助澜。

"国交的中国交响乐之路"的提法是"中外曲目并举、提高与普及并重，面向市场、面向大众、面向未来"，即"一个并举""一个并重""三个面向"。其中最重要的是"面向市场、面向大众"，这八个字是盘活交响乐团、使之萌发勃勃生机的关键。中共中央政治局第29次学习会指出：要以科学发展观统领全局，调整经济结构，转变经济增长方式，推动经济又快又好发展。"以企业为主体、市场为导向"，虽然讲的是经济工作，但基本道理是相通的，如果不"面向市场、面向大众"，写出的作品大家都听不懂，听众都不爱听，只是作者孤芳自赏、自我陶醉、脱离实际、脱离生活、脱离群众，那是行不通的。在中国音协《人民音乐》召开的交响乐座谈会上，有两位教授的发言给我留下了深刻印象。一位说：交响乐就是"小众"的艺术，根本不可能"大众化"；在音乐学院举行的一次新作品音乐会之后，一位外国音乐家说："你们作品的写作技巧一点也不比外国差，但你们的作品不像是中国人写的，倒像是外国人写的。"两位的发言引起了我的感慨。如果交响乐只为"小众"服务，其后果是什么，还有为人民服务的方向吗？如果置"大众"于不顾，得不到"大众"的支持，如果各方面都不愿意投入，只靠"小众"的欣赏，交响乐团还能活下去吗？如果中国人写的交响乐作品和外国人写的外国作品一样，那还算是中国的交响乐作品吗？如果学习外国的现代技法不结合中国的实际，和中国的民族音乐不交融，和改革开放的伟大时代不沾边，引不起中国人思想情感上的共鸣，其学习的意义又在哪里？改革开放以来中国学习了大量的世界现代知识、经验、先进技术和先进的管理方法，引进市场经济体制、开放股票证券市场……极大地推动了中国经济社会的发展，但是请注意，这个市场经济是有中国特色的"社会主义市场经济"，不是原封不动地照搬。经济尚且如此，作为上层建筑的艺术、作为具有浓郁的民族精神、民族文化、民族心理和民族思想感情欣赏习惯的艺术，怎么可以照搬照套呢？这就是写了很多作品，而被接受、被演出的却极少的根本原因。对于外国的、现代的先进文化成果，一定要学习，封闭是死路一条。但正如中共中央政治局第29次学习会所指出的"引进、吸收、消化、再创新"要融为一体。要结合中国的实际，因为学习的目的全在于应用。所以，我赞成"国交"的"一个并举""一个并重""三个面向"。事实上他们去年的实践也证实了这条路是走对了，不但赢得了广大群众的欢迎，演出合同源源而来，同时，演奏家们的收入也翻了一番，可谓社会效益和经济效益双丰收。

（2016年1月）

创新中国音乐

当今世界，政治多极化、经济全球化、时代信息化、地球数字化、科学技术迅猛发展。

当今中国，社会生产力、综合国力、人民的生活水平大幅度提高，经济蓬勃发展、国力日益强盛。随着经济基础的剧变，作为上层建筑的文学艺术也必然发生巨大变化，音乐生活当不例外。以2006年后半年为例：举行了纪念中国共产党建党85周年、中国工农红军长征胜利70周年《创业者的歌》傅庚辰作品音乐会；厦门第四届世界合唱节；玉溪聂耳音乐广场落成，聂耳纪念馆奠基；鼓浪屿第三届钢琴节和少儿钢琴比赛；永儒布交响合唱《草原颂》音乐会；《长征组歌——生茂作品音乐会》及作品研讨会；王莘《歌唱祖国》发表55周年座谈会；中国人民解放军经典音乐文献《长征路上的歌》出版发行；济南军区前卫歌舞团《长征》交响乐音乐会；黎英海从事音乐教育60周年研讨会和作品音乐会；方可杰作品音乐会和作品研讨会；郭文景《民族乐队交响作品》音乐会；王西麟从事音乐创作50周年作品音乐会和作品研讨会；鲍元恺"植根本土，跻身世界《炎黄风情》首演15周年"音乐会和作品研讨会；中国音乐博物馆建设方案通过、投资5个亿；谷建芬中国古典诗词少儿歌曲被列入深圳等地小学课堂教材；彭丽媛与外国歌唱家合作上演关峡作曲的歌剧《木兰诗篇》；宋祖英《百年留声》大型音乐片发行并在美国肯尼迪艺术中心举行独唱音乐会；谭晶在维也纳金色大厅举行独唱音乐会等，以及不计其数名目繁多的各种音乐会、各种国内外比赛等丰富多彩的音乐活动，繁花似锦，琳琅满目。这一切充分说明，我国音乐事业和社会音乐生活已经呈现出空前繁荣的新局面。

创新是事物发展的灵魂。要发展就必须创新，要创新就必须解放思想，故步自封是没有前途的。

要坚定不移地贯彻"双百"方针，在学术上百家争鸣，在创作上百花齐放，学术上发表不同观点，创作上采用不同风格、样式、手法，完全是音乐家的自由。要为音乐家创造才思迸发和艺术智慧拓展的空间。

要吸收世界上一切优秀音乐成果，要学习现代技法，但这种学习必须是外为中用，让现代手法中国化。毛泽东思想之所以成功，是因为把马克思主义和中国革命的实践相结合，所以才有"井冈山的道路""农村包围城市""党的领导，武装斗争，统一战线"，才有新中国的诞生；邓小平理论之所以成功，是因为把马克思主义和中国革命的具体实际相结合，所以才有"以经济建设为中心""改革开放""三项标准""中国特色社会主义""社会主义市场经济"，才有今天中国的强大和发展繁荣。正如胡锦涛总书记所指出：推进文化发展，基础在继承，关键在创新，继承和创新是一个民族文化生生不息的两个重要轮子。没有无源之水、无本之木。作曲家的根在他的祖国和人民，在他所处的时代生活和民族音乐的土壤之中。

旋律是音乐的灵魂。世界上广为流传的各种体裁的音乐名曲，多有动人的旋律，多为雅俗共赏，这几乎成为规律。生茂歌曲脍炙人口，他的旋律之源就是民族民间音乐。鲍元恺的《炎黄风情》在管弦乐的织体中用了近三十首曲调动听、绚丽多彩的民歌，并被列入中学音乐教材；王西麟的交响乐中采用了山西地方戏的曲调，并与现代技法相结合；鲍元恺的《炎黄风情》、王西麟的《火把节之夜》、方可杰的《热巴舞曲》演遍了世界许多国家；谷建芬的中国古典诗词儿歌被列为小学教材，意义深远；赵季平的影视音乐充满了民族风情。众多中国作曲家的大量优秀作品的宝贵经验要从理论上认真总结，传之后代。

报纸和刊物是舆论园地，对读者的影响具有导向性，社会主义核心价值体系是舆论导向的依据。让中国的音乐与时代、与人民、与生活、与世界水乳交融，成为一种与人民血肉相连的巨大力量。

（2007年1月10日）

刘炽在我心中

1948年3月，我报考刚成立的东北音乐工作团，在考场上考我的考官就是刘炽同志。他问我："读过几年书，会识谱吗？"我说："读过四年，不会识谱。"于是，他让我读了一篇课文，再唱一首歌。我当时唱的歌曲就是在我们小学课堂上学的《解放军天天打胜仗》。我唱得很流利，看得出他是满意的。他微笑着问我："你知道这首歌是谁作的吗？"我说："不知道。"他朝自己指了一下，我当时眼前一亮，惊讶得没说出话来，心想他真了不起，能写出这么好听的歌来。从此，刘炽同志的形象在我心中扎下了根。时隔不久，在哈尔滨举行全国第六次劳动代表大会，音工团为庆祝大会的召开举行专场演出，演出的主要节目就是由胥树人、侯唯动、晓星、井岩质作词，刘炽作曲的《工人大合唱》。大合唱由《一切为了胜利》等七段歌曲组成，演唱半个小时。刘炽既是作曲又是指挥，代表大会的反响十分热烈，演出很成功。我当时12岁，既没能力参加乐队又无资格参加合唱队，只是在剧场前台帮助维持秩序，所以观众的热烈反应我是看在眼里、记在心里。劳动代表大会之后，刘炽、晓星和音工团团长吕骥同志下部队深入生活进行创作，他们主要是到四野一纵队，也就是现在的三十八集团军，那时全国的革命形势蓬勃发展，解放军已转入战略反攻，东北的辽沈战役正在酝酿之中，吕骥同志写了《攻大城》，刘炽同志写了《钢铁部队进行曲》，两首歌均由晓星同志作词，后来这两首歌都成了我们音工团的保留曲目。若干年后，《钢铁部队进行曲》还被定为三十八军的军歌一直传唱至今。记得当他们从部队满载而归的时候，我们这些音工团的"小鬼们"欢天喜地跑出很远的路去迎接他们。随辽沈战役胜利的部队，我们进了沈阳，成立了东北鲁迅文艺学院，我被分配到音乐系第三班学习，刘炽同志在东北鲁艺音工团担任演出科长兼音乐系教员，中华人民共和国成立前夕他调进北京。鲁艺毕业后，我也多次调动，因此长达十五年我们没有见过面。直到1964年，我为故事片《雷锋》作曲而到雷锋班当兵时曾去过沈阳，刘炽同志当时任辽宁歌剧院副院长，他曾请我和辽宁歌剧院的刘钢、李荫中、李国斌等几个原东北音工团的"小鬼"吃过饭，一起叙旧。此后又是近三十年没见过面，再见到他时，他已在煤矿文工团总团团长的位置上离休。我担任解放军艺术学院院长后的1994年3月，在纪念毛泽东诞辰一百周年的系列活动中，我以解放军艺术学院的名义邀请他为全院作报告，请他结合自己所走过的创作道路，现身说法地讲述毛泽东《在延安文艺座谈会上的讲话》。这场报告内容丰富生动，反响十分热烈，很有教育意义。这既使我感到惊喜，也在我预料之中，因为他的大量作品及其社会效果早已说明了这个问题。

刘炽的一生创作了14部歌剧，上千首歌曲，多部器乐曲，以及舞蹈音乐、话剧音乐、广播体操音乐。他笔下的作品之多、题材之广、质量之高，是罕见的，可以说，他是中国近现代音乐史上继聂耳、冼星海之后最有成就的伟大作曲家之一。据不完全的统计，这次庆祝新中国成立五十周年，在各类音乐会中被使用的作品最多的作曲家就是刘炽。《我的祖国》《让我们荡起双桨》《翻身道情》《英雄赞歌》《新疆好》都在被演唱，尤其是合唱《祖国颂》，几乎已成了专业或业余合唱团的必唱曲目。

刘炽1921年生于西安一个银行职员的家庭，但他并没有子承父业，而是选择了革命，参加了中国工农红军。他是中国为数极少的当过红军的作曲家之一。1936年美国作家斯诺写了《红星照耀中国》，也就是《西行漫记》。转年，他的妻子尼姆·威尔斯又去延安采访，写了《续西行漫记》，其中有对刘炽的描述："12月9日，刘治（炽）的中学参加游行，向临潼前进，要求蒋介石不要继续内战，组织统一战线。他在示威的前排……刘治决心要做一个革命者而非一个银行家的儿子。他逃出了家庭参加了红军剧团……他真是一个少年天才，戏院里一个受人欢迎的演员（这时他在红军人民剧社），他会模仿，无论什么，有一大张小调和小贩叫卖的节目单，那些都是他小时候零星学来的。他演出一节很好的中国拳术……他机敏的才智几乎是不可思议的，这是时常使我惊异的地方。"

刘炽的作品为什么会有那么广泛的影响和旺盛的生命力？其一，他是一位革命者，是一名共产党员。他反对黑暗，向往光明，所以他走在反蒋游行队伍的前列，他放弃银行职员的家庭参加红军。在国内革命战争、抗日战争、解放战争和社会主义建设的长期斗争中，他始终是在革命的人生观、世界观、艺术观的指引下生活和创作。他跟党走过了中国革命艰苦卓绝的漫长路程，他把自己融入这翻天覆地的伟大事业中。其二，他用他的锐利武器——音乐作品，热烈地歌颂中国人民的解放事业，鼓舞和唤起千百万人参加这场伟大的斗争。究竟有多少人是唱着他的歌曲参加革命，奔赴战场，又有多少人是在他的歌声中成长起来的，已经无法统计。总之，一代又一代的人唱着他的歌曲走过了昨天，来到了今天，又将唱着他的歌曲走向明天。《胜利鼓舞》《翻身道情》《解放军天天打胜仗》《让我们荡起双桨》《祖国颂》《我的祖国》《英雄赞歌》等不胜枚举。他与祖国和人民同呼吸共命运，他把祖国和人民视为永恒的创作主题。其三，他有优美的旋律。旋律是音乐的灵魂。作品的主题思想、艺术风格、语言特色、气质韵味，首先凝聚在音乐的旋律上。而刘炽是一位旋律大师，他的旋律之根在民族民间。他从小就喜欢民歌戏曲，吹拉弹唱，从陕北到东北，到新疆，到云南和全国的许多地方，他都全身心地投入民族民间音乐的海洋中去汲取营养，因此他写陕北的《翻身道情》《崖畔上开花》，东北的《生产忙》，新疆的《新疆好》和歌剧《阿诗玛》才能那样逼真地具有鲜明的地方色彩，惟妙惟肖，才能那样脍炙人口，久唱不衰。其四，他把民族风格、革命气魄、时代精神高度统一于作品中，融会贯通，浑然一体。从早期的《胜利鼓舞》《翻身道情》到新中国成立后的《祖国颂》

《我的祖国》《英雄赞歌》，无不如此，尤其是合唱《祖国颂》，这三个方面结合得那样天衣无缝，堪称典范，是不可多得的精品。

刘炽一生歌颂人民，刘炽是人民的音乐家。

我敬仰刘炽，刘炽在我心中。

（原载于《人民音乐》2000年第3期）

双江的歌声

双江的歌声情真意切，绵延了几十年，影响了几代人，传遍海内外，唱到人心上。"小小竹排江中游，巍巍青山两岸走……"那有如清泉般的甜美歌声令多少人为之倾倒，为之心醉！在那"高尖硬响"的动乱年代又滋润了多少渴望音乐的人的干涸心田。

双江今年七十大寿要出集子，约我这个与他有过多年合作的老朋友写几句话。本来我只想写八个字"双江歌声，情真意切"，但拿起了笔便停不下来，许多往事涌上心头，像历史镜头一样，一幅幅画面浮现在眼前。

镜头一：1972年我为电影《民兵赞》作曲时曾去新疆，听到了一些对双江的"流言蜚语"，在我的心里留下了阴影，所以当肖卓能同志第一次向我推荐双江的时候，我拒不接受，甚至有一次双江到八一厂来看我时都被我拒于门外。《民兵赞》在上海录音时遇上叶帅的二公子选宁，他被"四人帮"关了几年刚放出来，一只手臂已经残废。在一次同桌吃饭时，他对我说："我建议你可以请李双江唱，他也不在你请的这位歌唱家之下。"我说："这次是来不及了，已经录音了，以后再找机会吧。"选宁的话给我留下了印象，回北京之后，见到肖卓能他又给我做工作。他说："双江人不错，唱得也很好，你不能听信流言蜚语就不用他。"他讲得很诚恳，有道理。我开始感到以前对双江的看法不妥，做法也不当。

镜头二：1973年，王府井北面的翠华楼饭庄。双江和我一起吃饭，一个大厅里只有我们三桌就餐者，显得很空荡。席间双江说到动情处，竟引吭高歌，唱起了《我爱五指山，我爱万泉河》，那行云流水般的歌声，那辉煌灿烂的高音，流畅的行腔，细致的情感表达给我以强烈的震撼。当他的歌声落下来时，餐厅里的另外两桌人热烈地鼓起掌来。此时我也就下定决心：今后要与这位当时还"不很出名"的歌者合作。

镜头三：1973年中，我邀双江录制我与李伟才合作的纪录片歌曲《条条银线连北京》，这使我更加坚定了与他合作的信心，也是为后来《闪闪的红星》电影录音做了铺垫。

镜头四：1974年春，在北京火车站前的广场上，我陪双江去接他从昆明来到北京的妹妹。火车误点三个多小时，我俩就在吉普车里和广场上反复切磋《红星照我去战斗》这首歌曲的演唱处理。双江一遍又一遍地唱给我听，征求我的意见，我也从作品的主题思想、艺术风格、演唱处理和这首歌在影片中的位置与作用向他作出解释。原来影片中本无这首歌，剧本上另有一首儿歌叫《高山竹子青又青》，我仔细研究剧本之后，从全片的音乐结构通盘考虑后认为没有必要再唱儿歌了，因为已经有了《红星歌》，它就是一首儿歌，而且作为主题歌它在影片中已出现过三次，儿童音乐形象很充分。从丰富整部影片的音乐形象考虑，应该增加一首男高音独唱。经过在剧本上反复查找，终于在"竹排流水"一场戏处找到了插入歌曲的恰当位置：影片中宋大爹划船送小冬子进姚湾镇做地下工作这个地方，演员没有对话，只有亮丽的景物。在这里剧作家在剧本上有十六个字的文学描写："两岸青山，一湾绿水，一叶竹排，顺流而下。"情景交融，是唱歌的绝佳位置。于是我向李俊导演提出并经过镜头会上导演、摄影、剪辑、录音、美工大家共同讨论一致同意，请当时正在摄制组蹲点的八一厂故事片室政委、《闪闪的红星》创作组组长王汝俊同志执笔写出了歌词。王政委当时曾问我这首歌词怎么开头？我脱口而出"小小竹排江中游吧"。王政委写出歌词初稿，我当天即写好音乐。歌名曾有过"小小竹排江中游""明日红星照江头""红星闪闪"等多个方案，但都不满意，到双江录音时歌名还没定下来。在录完双江的独唱后录合唱时，我向站在合唱台上的总政歌舞团合唱队征求歌名。我说："男声的独唱双江同志都已录完，但现在还没有歌名，希望大家帮我们想一想，用个什么样的名字。"三天之后，我接到合唱队魏梦君同志的一封信，信中说："经过三天的考虑，建议可否叫《红星照我去战斗》。"看信后我很高兴，当即确定下来。这个连大作家、大导演和我都没解决的问题就这样迎刃而解了！后来我曾多次向魏梦君同志表示过感谢，这就是双江演唱《红星照我去战斗》的由来。

镜头五：1974年在电影《闪闪的红星》录音前后，我和卓能经常到双江家里去，有时还有铁林和谷一。当时双江正由新疆往北京调动的过程中，总政歌舞团还没分给他房子，他租住在郊区农村的一个小院子里。这个小院子里有一排小平房，住着三户人家，有五六间，双江和他母亲住最里面的两间，一间作厨房，一间母子居住。双江是个孝子，和母亲的感情极好，双江母亲是一位慈祥的老妈妈，对我们就像对孩子一样关爱，我们每次去都给我们包饺子吃。双江当过炊事兵，切菜、剁馅、包饺子都很利落，他们家门前有一口大水缸，他们家的用水都储存在这个大水缸里，至今我还鲜明地记得双江在大水缸上飞快磨刀的生动情景。那时大家在一起，边吃饺子边喝啤酒，边谈论一些社会上、文艺界的事情，远离了城市的喧嚣，远离了人世间的纷争，远离了那些污泥浊水，有如身处世外桃源，真是谈笑风生，其乐融融。那所田间的农村小院，那时人们淳朴真诚的感情，至今在我心中留有温馨。

镜头六：1980年在录制珠江电影制片厂的故事片《梅花巾》时发生了意外。当时我们在上海先期录歌曲，双江已先录完他的独唱《姊妹花》，正在等李谷一来一同录二重唱《梅竹同心永相爱》。就在李谷一即将到达上海时，《音乐周报》发表了一篇署名文章《致李××的一封公开信》，信中把李谷一与邓丽君相提并论，说李谷一就是大陆的邓丽君，说歌曲《乡恋》和李谷一的演唱如何不健康云云。珠影的领导看到这篇文章后打电话给正在苏州拍外景的导演张良，对使用李谷一表示质疑。张良停下苏州外景的拍摄赶来上海与我商量。张良刚到我们的住处向我说明来意，谷一也就到了，谷一听说这一情况后很气愤，当即表示不录了，要求立即回北京。我处于进退两难境地，要做张良、谷一两面的工作，一方面我向张良说明李谷一并非邓丽君，另一方面又劝李谷一先别走。我向张良详细说明谷一即将录音的这首《为人作嫁几时休》的歌曲具有多么浓厚的民族风格，伴奏乐队仅用了二胡、古筝、扬琴、琵琶、箫五件民族乐器，那篇批评谷一演唱中的"气声唱法"在我国戏曲当中早就有，由谷一演唱的湖南花鼓戏《补锅》和电影《南海长城》中的插曲《永远不能忘》里也用过。说服了张良后再劝谷一先不要走，等珠影领导的最后决定。张良当着我和谷一的面，向珠影厂领导打电话说明情况并表示还要请谷一演唱，珠影厂的领导决定谷一可以先录音，录音完了之后张良必须立即带着全部歌曲的录音小样飞返广州向厂领导汇报。这时招待所食堂已关门，我说："张良，你请客吧？红房子。"结果张良真的请我们在法国西餐厅红房子吃了一餐美味。当张良回广州汇报时，想不到又出了意外：珠影厂领导对谷一的演唱和这首歌不但未否定还大加赞扬，予以顺利通过，反而没通过李双江演唱的《姊妹花》，说是"太洋"，搞得双江连中饭都没吃。因双江还要为珠影另一部影片录音，是同张良同时到达珠影的。双江很着急，催促张良陪他去找珠影分管生产的一位主要领导解释，把这位正在午睡的领导从床上请起来，结果是这位领导明确表示："歌曲用也可以，但现在的管弦乐伴奏不行，太洋，必须让老傅另写一份民族乐队伴奏，否则，这首歌就不用了。"张良向我传达了这个"最后通牒"后，我为了保住双江的演唱，只好将此歌曲的管弦乐队伴奏谱作废，歌曲一音未改地重写一份民族乐队的伴奏谱，才算平息这场风波，这才保住了《姊妹花》这首歌和双江那深情动人的演唱。今天回忆起这件往事，真有点让人百感交集，啼笑皆非。

　　镜头七：1980年在上海巨鹿路889号空军招待所，时间是紧接录完珠江电影制片厂的影片《梅花巾》之后，我和珠影厂摄制组刚吃完中饭，送走他们后峨嵋电影制片厂影片《枫》的录音师就到了，他带来了影片中的三首歌词交给我作曲。其中的主题歌《春天来了》看后觉得和影片的基调不吻合。影片《枫》是对"文革"的血泪控诉，是一种深深的伤痛，而这首歌词却是"春天来了，冰河解冻，百花盛开"，一片春光明媚。于是我从上海江海关电信大楼给远在西昌拍外景的导演张一同志打电话说明我的意见，他表示同意。我请他亲自另写一首主题歌词，他表示每天从早忙到晚实在是没时间，他要我写，我说我写也可以，但没时间再寄到西昌给你看，没时间往返讨论，因上海的录音棚都定好了。他说我不看了，歌词写出来你直接作曲录音。于是我就另写了一首主题歌的歌词《枫叶飘》，并写成了一首深沉的慢三拍子的男声独唱，请双江来演唱。开始试唱时双江感觉"不知怎么唱"，我说："我来教你，我唱你跟着唱。"几遍之后，他就深入歌曲的情境之中。接着在录音棚里就出现了令人深为感动的一幕：双江面前摆着一个谱台，谱台上放着《枫叶飘》的曲谱，面对着上海电影乐团和指挥在非常动情地演唱："枫叶飘，枫叶飘，枫枝摇，枫枝摇，枫叶不知飘何处，枫枝摇过折断腰。心上人，心上人，怎离分，怎离分，咫尺天涯难相诉，为何亲人不相亲？"歌声是那样令人伤感，那样令人悲痛，那样震撼心灵，双江的泪水夺眶而出掉落在谱台上。当歌曲唱完了，一阵沉寂后，全场爆发出热烈的掌声，那些对于录电影音乐司空见惯的电影乐团的女提琴手也感动地落泪，并跑过来抄歌片。这在我从前的音乐录音中还从未遇到过，印象极为深刻，至今难以忘怀。这种录音时落泪的情况在紧接这两部影片之后，录制八一厂我作曲的故事片《雪山泪》的主题歌《无言歌》时也出现过，可见双江对歌曲用情之深、表达之重。

镜头八：1980年，从珠影的故事片《梅花巾》到峨影的故事片《枫》都在上影的录音棚录音。《梅花巾》有14段唱，其中还有4段评弹，我还专程到过苏州评弹团去学习评弹，录音时曾邀请上海著名评弹演员余红仙、孙菊庭参加。《梅花巾》的录音还要在广州、上海两地进行，而《枫》三首歌曲的录音则全在上海，这两部影片中都有双江的演唱。《梅花巾》里的《姊妹花》是他的独唱，《梅竹同心永相爱》是他和李谷一的二重唱，还有一段无词的曲调也是由他演唱。《枫》里的三首歌有两首是由他演唱的，一首是主题歌《枫叶飘》，另一首是插曲《放开我呀妈妈》。因此，1980年的这段时间里我们都住在上海巨鹿路889号空军招待所里，但不在一个楼。《梅花巾》录完接着就要录《枫》，我既要作曲，写乐队伴奏，又要写《枫》的主题歌歌词，工作日程非常紧张。最紧张的几天，我白天从录音棚出来回到招待所连晚饭都顾不上吃便立即伏案写总谱。因为夜里10点乐团指挥王永吉就来取总谱，连夜抄谱，第二天上午录音。王永吉取走一份总谱后我才能吃晚饭，而这时招待所的食堂早就关门了。我的晚饭就由双江为我准备，内容是一根香肠，两个茶鸡蛋，一个面包，一点白酒，这顿名副其实晚的"晚饭"是在他的房间里吃的，这顿晚饭是我唯一的休息。我们边吃边聊，既紧张又兴奋，感到了一种为事业而奋斗的愉快。当时我们曾说过："有朝一日要把这段经历写出来。"吃完饭夜里11点我回到我的房间，接着开始写另一份总谱，因为早晨6点半王永吉又要来取走下一份总谱，紧接着上午8点半我就要进棚录音。跑掉吃早饭，我只有一个小时的睡眠时间。那连续三天的"晚餐"虽然极其简单，却是非常愉快难以忘记的。

镜头九：1981年在广州珠影录制电影《梅岭星火》，其中陈毅元帅的诗词《大庾岭上暮天低》是一首男高音独唱，由双江演唱。在录制时他的嗓子经常出毛病，不时喷药，我问他怎么回事他也说不清，只是说有一次他倒了一杯水，喝了两口后他去处理一个事，再回来时水就变味了。我当时想是不是有人做了手脚，双江为人心直口快，说话口无遮拦，得罪人在所难免，又加上当时他正处于歌唱盛期，名噪一时，遭人嫉妒也在所难免。按说他当时才四十一二岁，正是身体健壮时期，不应发生问题却发生了，此后他的声音就不如从前了。

镜头十：1994年9月，我时任解放军艺术学院院长、党委书记。我们学院面临一些干部调整问题，音乐系主任刘志刚因超龄已经离休。我给总政干部部尹凤岐部长打电话谈到这一情况，表示要去干部部作一次汇报。尹部长说：你不用来了，改天我去军艺咱们当面谈。我当时还很有感触于这种良好的工作作风。果然，一两天后，尹凤岐部长来了，会见了院长、政委、政治部主任、副主任，在谈到音乐系主任问题时，我说："军艺的音乐系主要是以声乐为主，未来的系主任最好由一位在声乐上有成就、在社会上有声望的同志来担任。"尹部长表示同意我的意见，他提出三个人选，其中就有双江，他也比较倾向于双江。转天我主持召开军艺常委会，会上政治部主任张世刚、副主任张孝德汇报了尹部长来军艺谈话的内容，音乐系主任的三个人选经过常委们的讨论，一致同意上报李双江任音乐系主任。任命很快就下来了，当年11月就宣布了命令，李双江上任军艺音乐系主任。自此改变了他的生活轨迹，他从一个单纯的歌唱演员转变为既是歌唱家又是音乐教育家。

　　镜头十一：从1994年11月，双江任军艺音乐系主任后，他一直想在音乐系的工作上有所改革，开拓新的局面，曾多次同我谈过他的一些想法，"红星音乐坛"就是其中之一。双江是一位有丰富实践经验的歌唱家，他深知演出实践对一个歌唱演员的重要性。他力图使教学与实践相结合，定期举办教学音乐会，把课堂教学和舞台实践联系起来，使学生从面对一位老师、一台钢琴的环境中转变为站在舞台上，面对广大观众、教师以及更多音乐人士，让广大观众来评论学生的学习成绩，使教学受到演出实践的检验。这种打破教室局限的公开教学，不仅对学生，也使教师的教学成果受到实践的测评。多年来，双江一直坚持这种教学与实践相结合的有效做法。"红星音乐坛"已举办了460多期，成了一种新的教学模式，是一种具有军艺特色的教学音乐会。

　　镜头十二：1995年6月，由全国政协教科文卫体委员会、中国音乐家协会、解放军艺术学院联合在中国大剧院举办了"傅庚辰作品音乐会"。我时任军艺院长兼党委书记，工作繁忙，排练工作全部都由双江负责。双江时任音乐系主任，工作也很忙。我只负责筹款，我给自己定下的原则是不用军艺一分钱，全部经费自筹。当时总政文化部刘晓江部长曾好心地对我说："钱你就不用管了，我们给演员发误餐费，劳务费就免了。"我说："刘部长，你的好意我心领了，但让公家为我出钱不行，不给演出人员劳务费也不行。"我坚持做到了没花公家一分钱。但就这样，也还有人造谣向上面反映说我用公家的钱给自己办音乐会。实际上我不但没用公家一分钱，我筹来的钱还略有节余，都放在了军艺教保处。6月25日在中国大剧院举行的这场音乐会非常成功。排练期间，双江一直盯在现场，合唱队由军艺音乐系、文工系联合部分总政歌舞团合唱队员共100人组成；乐队以总政歌舞团和军艺为主，联合总政歌剧团、军乐团部分乐队同志；舞美由军艺教保处和舞台美术队担任，舞美设计既辉煌又有军队特色；合唱队非常尽心，全部背谱；乐队情绪高昂，认真负责；各位担任独唱的歌唱家都展现了精彩的技艺；指挥家桑叶松、郑健以精湛的技艺、饱满的热情，高水平地完成了音乐会的演出工作。而双江更是音乐会的策划者和实施者。在整个筹划排练过程中我只去过半天，其余都是由双江在那里掌握，舞台方面由当时的教保处长兼舞美设计之一马明扬同志负责。音乐会结束的当晚11点，双江、梦鸽夫妇带着蛋糕到我家来祝贺，他们夫妇和我们夫妇（我和张慧琴）四人畅谈到深夜2点。双江席地而坐，情绪激动，甚至带哽咽地读着《北京晚报》记者白宙伟（他提前看过排练）热情赞扬音乐会的文章："那一首首作品像一座座山峰……"我不由发自内心地深深感动：谢谢你！双江，这场音乐会取得成功和双江是分不开的。

镜头十三：1998年，军艺音乐系几经酝酿筹划，报学院党委批准，由中央军委副主席、国防部长迟浩田上将题名成立了"军旅音乐研究所"。从而创建了中国人民解放军的专门音乐研究机构，使得伴随人民军队发展壮大，在人民解放战争中发挥过巨大作用的人民军队音乐事业得以有了历史性的系统总结。此项工作对我军的音乐事业具有重要的现实意义和深远的历史意义，对研究我军的成长、壮大、发展、建设的历史进程也具有重要的参考价值。后来的事实也证明如此：2004年12月出版了上下两卷113万字的《中国人民解放军音乐史》，我参与了这部巨著的审稿和座谈会，在会上军队的老文艺家李伟同志作了系统发言，许多经过战争年代的音乐家和理论家共同进行了热烈的讨论并给予积极评价。2006年至2007年出版了国家"十一五"重点规划图书《中国人民解放军音乐经典文献库》——［1］《长征路上的歌》、［2］《抗日烽火中的歌》、［3］《解放战争炮声中的歌》，还正在编辑《抗美援朝硝烟中的歌》《军队现代化建设中的歌》（上、下集）。2007年出版了《军歌如潮》——李双江军旅歌曲60首。2008年国家精品课程推荐项目选中了李双江担纲的《军旅声乐》课程。我是上述活动的顾问之一。

李双江对中国人民解放军怀有深厚感情，他在基层经受过艰苦锻炼长达十年之久，了解战士，热爱战士，热爱培养、教育他成长的人民军队，因此，一旦有机会他就满腔热情地回报这支军队。这不仅表现在多年来一直在舞台上、屏幕上、边海防前线上演唱军旅歌曲，同时也表现在他对军旅音乐历史的学习、研究、总结和许许多多具体事情当中：如2008年5月18日举行的《爱的奉献》晚会上，他作为军人捐款60万元；今年2月，他作为"红星合唱团"的艺术指导成功访问日本，并亲自上台演唱《红星照我去战斗》。

早在二十年前我担任总政歌舞团团长期间就听到同志们说过，双江曾创下一年下部队演出300多场的纪录，甚至在边防哨所为一个战士演出，连唱七八首歌。有时生病拉肚子也不休息，在短裤里兜上毛巾还坚持演出。大家将这些传为贯彻为兵服务的美谈，双江也因此立功受奖。

我的这些回忆是散乱的，这些"历史镜头"也是不完整的。即或如此，我想从这些只言片语中，我们也可以看出一个人，一个真实的人，一个难以多得的优秀歌唱家。

啊！双江的歌声在我心中回荡。

（2009年春节）

中国音乐的新高潮

——在中国音乐家协会六届理事会第三次会议上的讲话

各位理事、同志们：

刚才沛东同志代表中国音协六届主席团向理事会报告了换届以来的工作。今天我重点谈谈当前全国的音乐形势和我们面临的任务。

改革开放以来，特别是进入新世纪、新阶段以来，我国的社会生产力、综合国力、人民的生活水平有了大幅度提高，国民经济的蓬勃发展为音乐事业的发展提供了坚实的物质基础；人民日益增长的文化需求为音乐事业提供了巨大的发展空间；社会生活出现了空前的音乐热。在这种新的形势下，我们中国音协的工作也有了长足进步，我国的音乐事业展现出空前繁荣的新局面。

一、发现推荐宣传邹树君

邹树君同志是中国音协会员，原威海市音协主席。1965年考入中国音乐学院，1973年毕业分配工作时放弃留京从事专业工作的机会，自愿回到家乡威海，长期从事基层群众文化工作，几十年来把威海的群众音乐生活搞得红红火火，还热心培养了戚建波等一批年轻的音乐人才。2003年中国音协为威海举行"全国歌咏之乡"和中国音协"创作基地"授牌仪式时，我们发现了邹树君同志的先进事迹，被邹树君同志所感动。2005年我们在威海举行"金钟奖"研讨会时，再一次和他接触，进一步为他的先进事迹所感动。那时他已身患重病，仍坚持工作在群众文化的第一线。当时我们就向威海市的有关领导建议：宣传邹树君同志的先进事迹。2006年10月，我受全国爱国卫生运动委员会的委托去威海检查爱国卫生城市工作时又一次见到邹树君，当时他已病得很重，几次开刀，但仍坚持工作，并向我提出加入中国音协的要求。我再次向威海市委建议宣传邹树君，回北京后我又向中国文联杨至今副主席作了汇报，请他转报中国文联党组，并陪同烟台市委宣传部部长、副部长邀见了杨志今副主席，志今同志给予了热情接待。根据邹树君的要求，我给他寄去中国音协会员表，并邀山东省音协主席张桂林同志共同签名介绍加入中国音协。中国音协及时讨论并吸收他入会。音协分党组积极向中国文联反映邹树君的情况，并在音协所属报刊上大力宣传提倡向邹树君同志学习。经威海、烟台市、山东省逐级上报，由中宣部批准，决定在全国开展向邹树君同志学习的活动。中国文联党组作出了《关于深入开展向邹树君同志学习的决定》，掀起了全国文艺界学习邹树君同志的高潮。文艺界学习邹树君同志报效祖国，服务人民，淡泊名利，无私奉献，甘为人梯，鞠躬尽瘁，死而后已的献身精神，反响强烈，意义重大。

二、音乐创作的新成就

中华民族有着五千年的悠久历史和灿烂文化，中华文化根深叶茂，源远流长。五千年的优秀文化传统，"五四"以来的新文化运动，中国共产党成立以来革命文化的宝贵经验，新中国创立以来的文化建设，改革开放以来新的文化繁荣，构成了具有中国特色的社会主义文化。中国音乐就是沿着这条脉络发展下来的。历史上的汉唐之声，抗日战争时期的群众歌咏活动，新中国成立后的许多音乐建设，一次一次地涌动着中国音乐发展的壮阔波澜。现代的中国音乐在萧友梅、黄自、聂耳、冼星海、吕骥、贺绿汀等先驱人物的带领下，在广大音乐工作者的共同努力下，虽然历经曲折，但不断发展前进，取得很大成就，在改革开放将近三十年、全面建设小康社会的今天，掀起了中国音乐发展的新高潮。

1.交响乐创作的新形势。

1999年12月我当选为中国音乐家协会主席，当月27日给当时中宣部主要领导同志写了一封信，信中建议：在即将召开的"全国音乐创作会议"上，对交响乐的创作要"提倡雅俗共赏，提倡要有一定的旋律，不能让大家听不懂、不爱听"，"因为共产党的根本宗旨是为人民服务，这是我创作工作的出发点和落脚点，如果在我们组织下产生的交响乐作品群众都听不懂、不爱听，那将是有悖于我们的初衷。"八年来，我们从事交响乐创作的老中青作曲家执着于这项高尚的事业，艰苦奋斗、孜孜以求，克服经费匮乏、演出困难等条件限制，创作出大量丰富多彩的作品，为我国的交响乐文化做出了重要贡献。特别是2005年纪念中国抗日战争和世界反法西斯战争胜利60周年，演出了《民族之声》《英雄河北》《金陵祭》等数十场交响作品音乐会，产生了一批紧扣时代主题、贴近实际、贴近生活、贴近群众的好作品，有力地推动了交响乐创作向前发展。

在中国共产党建党86周年、香港回归10周年的前夕，我连看了五台演出，可谓精彩纷呈、琳琅满目，其中两部新的交响乐作品给我留下了深刻印象，令我感动、令我振奋。根据高人的建议，赵季平用了半年多的时间，用电视剧《乔家大院》的音乐成功地创作了交响组曲《乔家大院》。这部既是民族的又是时代的优秀作品，把交响乐的现代技法和民族音乐融为一体，使现代技法中国化，是一次成功的实践。这部作品和其他一些作曲家如王西麟为迎奥运写作的《第六交响曲》、唐建平的《圣火2008》、叶小钢的《巍巍昆仑》、郭文景的《江山多娇》等好作品的诞生，标志着我国的交响乐创作出现了新形势，开创了新局面，同时也表明现代技法中国化和雅俗共赏是中国交响乐创作的必由之路。

2.经过三年多的不懈努力，少儿歌曲匮乏的局面有所改变。2004年5月25日，中宣部部长刘云山同志作出重要批示："庚辰同志，中国音协要把儿歌创作作为一项重要任务下决心抓好，力争一两年内有一批成果。"中国音协迅速提出了六条贯彻落实的措施，召开了两次少儿歌曲座谈会，还与共青团中央、中央电视台等单位共同主办了两届全国少儿歌曲征集评选演唱电视大赛，委约专业词曲作者，组织少儿歌曲创作采风。2005年"两会"期间，3月7日在全国政协文艺界委员联组会上我作了《关于儿童歌曲问题》的发言，中央政治局常委李长春同志当即说："傅庚辰同志这个发言很重要，儿童歌曲问题关系到祖国下一代的健康成长，一定要认真抓好。"不久，国务委员陈至立同志召开了由文化部、教育部、广电总局、财政部、中国文联共同参加的儿童歌曲专题会议，进一步强调了儿童歌曲的重要意义，对几个部门明确了任务。之后，由文化部牵头，七部委制定了《中国少儿歌曲创作推广计划（2005—2009年）》，成立了领导小组办公室，实际工作由中国音协来做，申请了专项经费。征歌活动得到了社会的广泛关注和热情参与，谷建芬、王卓、印青等一批作曲家纷纷参与创作。产生了《做一个合格的小公民》《读唐诗》《司马光砸缸》《朝霞之歌》《春天》《悯农》等一批优秀的儿童歌曲作品。少年儿童没有新歌演唱的局面有所扭转，少儿歌曲繁荣初见成效。徐沛东、郑会林、韩新安等中国音协的同志为此做出了积极努力。

3.歌剧出现了《野火春风斗古城》《木雕的传说》，舞剧出现了《红梅赞》《闪闪的红星》《红河谷》《一把酸枣》《风中少林》《南京1937》等大批优秀作品，取得了显著成绩。但这些多为历史题材，希望再有一些改革开放以来现实题材的新作品，改革开放是改变中华民族命运的一场伟大革命，值得我们大书特书，放声歌唱。

4.伴随着每年上万集电视剧的播出，电视剧音乐早现出《长征》《誓言无声》《江山》《沙场点兵》《陈赓大将》《乔家大院》《红顶商人胡雪岩》《井冈山》等大量新作品和好作品的兴旺局面。《誓言无声》的主题歌火了黑鸭子演唱组，《长征》成功地运用了毛泽东诗词《长征》作片头主题歌，并作全剧音乐的第一主题，用《十送红军》作片尾歌曲并作全剧音乐的第二主题。《乔家大院》的主题歌《远情》富有艺术魅力,感人至深。《陈赓大将》的主题歌《你在路上》很有个性,很动人,《红顶商人胡雪岩》的主题歌《做人难》很有哲理、发人深思;《井冈山》选用《人民军队忠于党》《船头望见北斗星》《毛委员和我们在一起》等歌曲,既符合历史真实也用得恰当。特别是在该剧开机仪式的联欢会上,井冈山当地一个女青年演唱的兴国山歌《红军阿哥你慢慢走》打动了摄制组,导演当场决定在剧中使用这首歌曲。作曲家对这首兴国山歌给予高度重视,结合剧情贯穿发展,取得了很好的效果。"红军阿哥你慢慢走,革命胜利再回头。老妹跟你长相守,老妹跟你到白头。"短短的四句话包含了多少希望,多少期待,多少酸甜苦辣!

5.旅游音乐出现了《印象刘三姐》《云南映象》《丽水金沙》《林中蝴蝶》等一批把音乐与旅游相结合、社会效益与经济效益相结合的音乐歌舞作品,这是社会主义市场经济条件下产生的新艺术形式,是一种旅游文化,它还在不断试验、实践、发展,一台节目救活了一个团体,带活了一片地方的经济和文化产业,值得重视。

6.音乐剧更是方兴未艾,出现了《冰山上的来客》《星》《五姑娘》《赤道雨》等好作品,有些院校还建立了音乐剧系,还有许多作品正在创作中,音乐剧的事业正在升温。这种外来的艺术形式如何结合中国的实际,为中国老百姓所喜爱,值得研究探讨。

7.弘扬民族音乐,在广州成功举办了由徐沛东重新改编配器的广东音乐作品专场"国乐飘香"音乐会,受到热烈欢迎,是一次具有地方特色的民族音乐的成功实践。对民族乐队的建设作了改革创新。

8.为纪念中国人民解放军建军80周年,由中国文联、全国政协教科文卫体委员会、解放军总政宣传部共同主办、中国文联演艺中心、中国音协承办了"革命诗篇——傅庚辰作品音乐会",中央政治局常委曾庆红、李长春,政治局委员、书记处书记、中宣部部长刘云山,中央军委委员、总政治部主任李继耐,以及刘忠德、孙家正、胡振民、刘永治等领导同志出席并给予高度评价。中国文联演艺中心、中国音协还承办了"当兵的历史——印青作品音乐会""长城长——孟庆云作品音乐会""相聚在军旗下——老文艺工作者音乐会",以及海军、空军、北京军区、武警等共八场军旅音乐作品展演周。一时间,在首都掀起了军旅音乐作品演出热潮,观众火爆,一票难求。新闻媒体做了大量宣传报道,造成广泛的社会影响,掀起了纪念建军80周年系列活动的第一个高潮。

9.第十届精神文明建设"五个一工程奖"积四年时间,每年四万首新歌问世的基础上,评出了《吉祥三宝》《盖楼的哥们》《望月》等20首优秀奖歌曲,《永恒的彩霞》等20首入选奖歌曲,以及舞剧、歌剧、音乐剧等优秀作品,颁奖晚会不久将隆重播出。现在可以看出40~60岁年龄段的一代作曲家是我们创作队伍的主力,他们才华横溢,年富力强,朝气蓬勃,大有希望。

三、音乐生活的新特点

随着改革开放、经济腾飞和人民生活水平的大幅度提高,我国的音乐事业如日中天,正处在一个空前繁荣的发展时期。音乐在国家和社会生活中的作用日益强大,音乐的影响力、渗透力、震撼力与日俱增。在人民群众中,在文化生活中,在社会活动中出现了空前的音乐热:海外学子纷纷回归,国际比赛频频夺冠,音乐培训遍地开花,音乐市场空前活跃,国际交流高潮迭起,从城市到乡村,在公园、在广场、在社区,到处充满着音乐之声,到处充满着欢乐的歌唱,我们的国家正处在一个充满着歌声、激扬着音乐的新时代,可以说,这是中国音乐发展前所未有的好时期,也是音乐事业空前繁荣的新时期。

1.群众的音乐生活空前活跃。各个界别、各种团体的群众性合唱组织如雨后春笋,各个城市、各大公园,人们自发地会聚在一起引吭高歌,纵情歌唱,发自内心地歌唱祖国、歌唱共产党、歌唱伟大的新时代、歌唱幸福的新生活，成为我国社会生活中一道亮丽的风景线。合唱展演、器乐演奏、各种赛事、各种音乐会活动此起彼伏，连绵不断，除中国音协组织的两次全国合唱展演外，厦门举办了世界合唱比赛，北京举办了合唱节以及不久前在长沙举行的"金钟奖"合唱比赛等等，还有各省、市音协举办的邀请赛、选拔赛，单项赛等许多活动。音乐和人民的精神生活、社会活动水乳交融，不可或缺。

2.音乐教育空前发展。"文革"前我们只有九所音乐院校，现在成立了许多新的音乐院、系，连一些综合性大学，包括北大、清华等都成立了音乐学院或艺术学院音乐系，全国已拥有300多所。可以说音乐教育遍地开花。

3.儿童的音乐素质普遍提高。遍布全国大中城市的音乐考级从幼儿开始，人数逐年增多，为改善提高全民族的音乐素质做了大量基础性工作，受到普遍欢迎和有着广阔的发展前景。音乐热也带动了音乐出版、乐器制造、音乐培训等相关文化事业和文化产业的发展。但要注意考级的质量和规范，要处理好社会效益和经济效益的关系。

4.理论工作坚定地贯彻"二为"方向"双百"方针，在政策性、导向性、专业性、群众性等方面作了正确的把握。新世纪、新阶段，中、外、东、西各种思潮相互激荡，鱼龙混杂，泥沙俱下。我们要保持清醒的头脑，没有理论上的清醒，就没有政治上的清醒。要以邓小平理论和"三个代表"重要思想为指导，根据中国特色社会主义的核心价值体系，吸收世界上一切先进文化成果，做好我们的音乐理论工作，坚持正确的舆论导向，引导音乐事业健康发展。

四、音协工作的新局面

1.改革"金钟奖"的评选工作。

中国音乐金钟奖是经中宣部批准全国唯一的专业性综合大奖，是中国音协工作的支柱，已经成功举办了五届。第一届在廊坊，具有开创意义，第二届在鼓浪屿，具有定位意义，因为中国音协终于有了自己的大奖。从第三届起落户广州，实现了"金钟奖"的跨越式发展。从2005年开始，按照中宣部规定，"金钟奖"每两年举办一次，今年开始第六届，增设了理论奖、合唱和流行音乐比赛，增加了常设奖项，扩大了评选范围，改进了报送方式。有些奖项设在了广州之外，许多省音协组织了选拔赛，特别是合唱的选拔赛，成为各省纪念今年"八一"的主要活动，"金钟奖"更加深入人心，影响力进一步提升。今年首次在广州之外设立分赛区，必然会出现新情况、新问题，要总结经验、协调发展，处理好和各方面的关系。我们希望"金钟奖"越办越强，越办越大，越办越好。

2.积极筹办国际音理会世界大会。

国际音理会是联合国教科文组织属下的音乐界最高组织。随着我国经济的快速发展和国际地位的不断增强，国际音乐界要求在中国举办大会的呼声日益高涨。2005年经国际音理会大会决议，今年10月将在北京召开第32届国际音理会世界大会，同时还将举办"世界音乐论坛"，届时将有各国理事和国际组织的近200人出席大会和论坛，这将成为中国音协对外交流史上层次最高、规模最大、影响最广的一次国际盛会，中国音协正在抓紧各项筹备工作。中国音乐要走向世界，世界要了解中国音乐，必须开好这次大会，提高中国音乐的世界影响力。

3.中国音协和各地音协组织发展壮大。

1999年底，中国音协只有会员8600人，目前中国音协已拥有会员1.28万人，各省的音协会员队伍也有了很大发展。全国省以上的音协会员有5.1万多人。赣州市音协六年来有70篇论文，11部理论专著，4个音乐专辑，270多件作品在地、省、全国发表，并帮助所属县市组建音乐家协会，考级人数每年1000多人；瑞金市音协拥有会员136人，组建了133人的合唱队，53人的乐队组成的《长征组歌》交响合唱团现已成为红都瑞金的知名品牌。今年"五一"期间我去瑞金参观时欣赏了他们的精彩演出。全国音协的组织力量、社会作用空前壮大。我们要沿着科学发展道路继续发展，更加壮大。

4.中国音协和各地音协的工作出现了十分活跃的局面，重大活动等各项音乐举措层出不穷、繁花似锦，活跃了音乐生活，推动了音乐事业的发展。

我们的工作还有许多需要改进和加强的地方：为会员服务的意识还不强，为会员服务的手段还不多，特别是在"维权"方面一直没有取得实质性的进展。理论工作要加强，要深入研究市场经济条件下，东西方音乐思潮交流的环境中、音乐创作实践中出现的新问题，给以正确的理论回答。各项组织联络工作要走科学发展的道路，坚持集约减少粗放，减少组织协调中的漏洞。中国音协是党领导下的人民团体，是党联系、沟通广大音乐家的桥梁和纽带，我们负有贯彻中央路线方针政策、引导音乐事业健康发展的职责。提倡什么，反对什么，要旗帜鲜明适时地发出中国音协的声音。

五、机遇和挑战

和平、发展、合作是当前世界的潮流。经济建设、政治建设、文化建设、社会建设的协调发展，全面建设小康社会，构建社会主义和谐社会，为我们的国家绘出了宏伟的蓝图，为我国音乐事业的发展提供了千载难逢的机遇。如何抓住这个机遇，迎头赶上，做好工作，这既是时代对我们的要求，也是我们面临的挑战，对此，我们要有充分的认识：我们的任务是光荣艰巨的，要走的路还很长，可以说任重道远。我们要走有中国特色的社会主义道路，要坚持有中国特色社会主义理论体系，坚持科学发展观，坚持社会主义核心价值体系，坚持走科学发展道路。要继续办好"金钟奖"，把它做强做大；要加强创作组织和优秀作品的推荐工作；要加强和搞好为会员的服务工作；要加强理论工作，坚持正确导向；要加强组织工作，壮大协会实力；要加强和地方协会的联系，推动地方协会的发展；要加强机关工作的质量和人员素质的提高；要加强外联工作，加强国际音乐交流。

音乐的本质是美，是美育，我们的音乐要给人以鼓舞，给人以力量，给人以欢乐，给人以陶冶，给人以美的享受。我们工作的根本宗旨是为人民服务。毛泽东同志说过："人民，只有人民才是历史的创造者。"邓小平同志说过："人民是文艺工作者的母亲，人民需要文艺，文艺更需要人民。"胡锦涛同志在八次文代会的讲话中说："要密切同人民群众的血肉联系，积极反映人民的心声。"以人为本，就是为人民服务宗旨的实际体现。作为音乐工作者，要贴近实际，贴近生活，贴近群众，反映人民的生活，反映人民的愿望，反映人民的心声，满足人民的音乐需求，积极主动地发挥音乐文化在精神文明建设中、在构建社会主义和谐社会中的重要作用，与时代同呼吸，与人民共命运。

音乐的繁荣是靠音乐精品和音乐人才来支撑的。出精品、出人才不是一句简单的口号，不是一般性的号召，是需要我们做出扎扎实实的努力和卓有成效的工作。各级音协组织和文艺单位的领导要努力为音乐家服务，为他们创造成长发展的良好环境，要鼓励创新，要满腔热情地扶植新作品和新人才的苗壮成长。要大力宣传优秀作品和德艺双馨的音乐家，为中国音乐事业的发展铺设康庄大道。

我们正处在一个中华民族前所未有的繁荣发展时期，正处在一个伟大变革的新时代，我们的音乐事业正面临着前所未有的发展机遇，我们正面临着光荣任务和严峻挑战，让我们在以胡锦涛同志为总书记的党中央领导下，振奋精神，艰苦奋斗，团结一心，励精图治，在全面建设小康社会、构建社会主义和谐社会、实现中华民族伟大复兴的光辉历史进程中，用给人以鼓舞，给人以力量，给人以欢乐，给人以陶冶的美好音乐，伴随着祖国和人民胜利前进，迎接灿烂的明天！

同志们，中国音协六届三次理事会是在我国改革开放三十年、文化建设高潮正在兴起、党的"十七大"召开前夕这个特定的历史时刻举行的，对于中国的音乐事业具有重要意义和深远影响。

预祝会议圆满成功。

谢谢大家！

（原载于《人民音乐》2007年第10期）

关于"高原"与"高峰"

——学习习近平在文艺工作座谈会上的讲话

习近平总书记指出："改革开放以来，我国文艺创作迎来了新的春天，产生了大量脍炙人口的优秀作品。同时，也不能否认，在文艺创作方面，也存在着有数量缺质量，有'高原'缺'高峰'的现象。"一语中的，这是当前文艺创作中普遍存在的一个大问题。

就交响乐创作来说，我以为，我国并不缺乏人才。从20世纪50年代"留苏"，到改革开放以后"留美、英、法、德、俄"等国的留学生、研究生、博士生历历在目。我国自己培养的大学生、研究生、博士生更是大有人在，他们都受到过系统的专业技术训练，并学习了外国的现代技法，在技术上不存在障碍，可以说"老中青"三代俱在。这些音乐人才是国家的宝贵财富，他们热爱自己的专业，热爱交响乐事业，为此付出辛勤劳动。仅第一届"金钟奖"参评的交响乐作品就有121部，评出了金奖《土楼回响》。从那时到现在又过去了13年，又有几百部作品问世。但是，在新中国成立50年、新中国成立60年，改革开放三十年等庆祝演出时竟很难选出"高峰"作品，而不得不还是演奏"老三篇"：《梁祝》《黄河》《红旗颂》。同时，欧美等世界多国也呼吁要求演奏中国作品。但是，能拿得出去的作品的确很少。这不能不说是一件很遗憾的事。为什么是这样呢？正如某音乐学院作曲系学生新作品音乐会邀请外国专家出席，结果外国专家评论说："你们这些作品的写作技巧一点也不比国外差，但听不出来是中国人写的。"著名指挥家陈燮阳同志对我说:"现在有些作品乐团不愿意演,指挥不愿意指,听众不愿意听。尤其是音乐院校学生写的一些作品,指挥都无法下拍子。有的著名歌曲改编的曲子,听众竟然以为是乐队演错了,甚至发生排练时乐手与作者吵架的现象……"这还不值得我们深思和惊醒吗!当然,事情正在发生变化,王宁写的交响乐《人文颂》已在法国、美国和我们的台湾上演,受到好评。

我以为在创作思想上要提倡现代技法中国化。现代技法要学,但不能"生吞活剥,照搬照抄",要结合中国的创作实际。马列主义与中国革命的实践相结合,产生了毛泽东思想,指导了中国民主革命的胜利。马列主义与中国改革开放时实际相结合产生了邓小平理论,指导着中国特色社会主义建设的伟大实践。邓小平同志之所以被誉为改革开放的总设计师,是因为他既大胆提倡、学习引进外国的先进技术和科学管理经验,又紧密结合中国的实际国情。1942年延安整风时期毛主席就提出过"要学习马克思主义,要把马克思主义中国化"。习近平总书记针对中国国情的系列讲话,必将深刻地影响中国历史的发展进程。音乐创作也不能脱离中国的国情,要把外国的现代技法化解为中国风格、中国气魄的作品才能受到中国人民的欢迎。

音乐语言民族化。旋律是音乐的灵魂,古今中外流传至今的优秀作品无一例外地都有美好的旋律。而这些美好的旋律都与作品反映的国家民族相联系,来自于本民族的民族、民间音乐语言。我们经常可以听到一种说法:"音乐是世界的语言。"但这不排除音乐要具有国家、民族的色彩和风格,如果这些具有国家民族色彩的音乐语言都在作品中消失了,全世界的音乐都一个样,那将多么乏味,也就不能称其为世界了。正因为如此,小提琴协奏曲《梁山伯与祝英台》才以其鲜明的民族风格,美好的中国旋律传遍了世界。要重视旋律的写作,要重视音乐语言的民族化。

音乐结构科学化。结构的力量是无穷的,一个作者当他的创作进展到一定程度,能否更上一层楼,驾驭曲式的能力将是重大考验。恰当的体裁结构对作品思想内容的表达具有十分重要的意义。体裁结构是为内容服务的，要根据作品的内容来取舍，结构的存在和运用有其内在的规律。交响乐里常见的奏鸣曲式之所以沿用至今，就是由于音乐发展的规律，矛盾冲突、对立统一的需要。音乐结构科学化，是要遵循音乐发展的自身规律，为作品的思想内容提供恰当的形式、完美的表达。

现代技法中国化，音乐语言民族化，音乐结构科学化，是中国音乐作品从"高原"走上"高峰"的必经之路。

我们热烈响应习近平总书记的号召，与人民同呼吸、共命运、心连心，怀抱理想信念，脚踏祖国热土，朝向美好未来，勤奋耕耘，精益求精，为人民充满激情地创作出无愧于中华民族伟大复兴中国梦的"高峰"作品。

（原载于《中国艺术报》2014年10月27日）

辑三

建言　考察

建议明年考察城市文化建设

——关于全国政协教科文卫体委员会的工作建议

正如毛泽东主席所预言："随着经济建设高潮的到来，必将有一个文化建设高潮的到来。"

在党的基本路线和基本理论的指引下，在以江泽民同志为核心的党中央正确领导下，在改革开放和现代化建设的新形势下，随着蓬勃发展的经济建设高潮的兴起，一个文化建设的高潮正在到来。文化建设对于经济的发展，国家的繁荣，民族的兴旺，其巨大的、深远的、广泛的、无与伦比的作用正在凸显出来。以城市为主要载体的文化建设日新月异，有了巨大的发展，因此进行深入的调查实属必要，可谓当务之急。

一、文化乃物质与精神的总和

城市建设、农村建设、企业建设、校园建设、社区建设、军营建设、行业建设，人们的衣、食、住、行，生产方式、生活方式、环境与发展无不存在文化，无不在文化的涵盖之中，因此，文化的作用可谓大矣。

二、中华民族正面临着21世纪的机遇和挑战，正处在一个历史的转折关头

20世纪即将结束，21世纪即将来临。世界格局多极化，全球经济一体化，知识经济和信息时代在中华民族面前呈现出巨大的机遇和挑战。以什么样的精神面貌和文化素质进入21世纪，决定着中华民族的前途和命运。

三、城市文化呈现出方兴未艾的新形势

以庆祝中华人民共和国成立50周年为契机，全国的城市建设突飞猛进，不仅在社区、房舍、园林、绿地、街道等硬件方面有了长足进步，而且国内、国际的各种文化节、艺术节、影视节、旅游节、经贸洽谈会有如雨后春笋般地兴起，正可谓百花齐放，繁花似锦。而所有这一切建设的本质归根结底是一种文化素质的提高。企业文化、校园文化、社区文化的发展尤为突出。

四、城乡一体化是一个大趋势

由于改革开放和现代化建设，由于经济的繁荣和科学技术的进步，人们生活水平和生活质量的大幅度提高，城乡一体化的发展趋势十分明显，尤其是经济发达地区更加引人注目。这种城乡一体化的新趋势使城市的文化建设面临着新的要求和发展机遇。

五、1999年进行的农村文化建设的调查为城市文化调查提供了有益的经验

1999年在广东、湖北、黑龙江三省几十个城乡、村镇进行的大量调查为进行城市文化建设的调查提供了基础。例如"城乡一体化"就是从农村文化建设调查中得出的看法。因此，我们的文化调研工作也要来一个"城乡一体化"。进行农村文化建设的调查之后再进行城市文化建设的调查，城乡兼备，就有了文化建设的全貌和全局，这对专委会的文化工作是有益的。

六、调查的重点和地区

1.建议以企业文化、校园文化、社区文化、商业文化为重点。

2.建议以北京、上海、大连、厦门四市为调查区。因为这四座城市集企业、院校、商业、社区等城市文化建设于一身，调查的内容比较集中。

因此，我建议专委会于2000年进行城市文化的调研工作。

此建议供刘忠德主任、专委会、四局参考。

（1999年11月14日）

改革文化体制　发展文化产业

——在政协八届全国委员会常务委员会第十八次专题讨论会上的发言

关于文化体制改革和文化产业发展的研讨，意义重大而深远，随着时间的推移，我们将会越来越看到它的灿烂光芒。

下面我谈三点意见。

一、历史的必然

新中国成立初期毛泽东主席曾指出："随着经济建设高潮的到来，必将有一个文化建设的高潮。"但由于"左"的思想干扰,直到他老人家逝世，这个高潮并没有出现。1955 年至 1956 年的合作化运动，1957 年的反右派斗争，1958 年的大跃进、人民公社、大炼钢铁，1959 年的庐山会议反右倾，1964 年的整风,关于文艺工作的"两个"批示,1966 年的"文化大革命","左"的思潮一浪高过一浪，阶级斗争天天讲、月月讲、年年讲，经济到了崩溃的边缘，文化只剩下八个样板戏，"四人帮"实行文化专制主义。

党的十一届三中全会实现了党的工作重心的转移，从以阶级斗争为纲转上了以经济建设为中心，开创了社会主义建设新的历史时期。十一届六中全会对"文化大革命"和毛主席的功过是非作出了正确的结论，并指出我国还处于社会主义初级阶段。党的"十二大"提出了建设具有中国特色的社会主义，"十三大"明确了一个中心两个基本点是党的基本路线，"十四大"提出了邓小平理论，"十六大"提出大力发展文化事业和文化产业。特别是1992年初，小平同志的"南方谈话"指出"发展是硬道理"，"市场经济只是一种经济手段，资本主义可以用，我们也可以用，股票市场我们也可以搞。""一个中心两个基本点不能变，谁要变谁就会被打倒。"当时报纸上发表了《东方风来满眼春》的长篇报道，中共中央发出了2号文件。这篇谈话在中国发展的关键时刻指明了方向，起到了至关重要的作用。新世纪，我国进入了全面建设小康社会的新阶段，国民经济持续快速增长，2006年GDP增长10.4％，生产总值首次突破20万亿元人民币大关，外汇储备超过1万亿美元，社会生产力、综合国力、人民的物质文化生活水平有了大幅度提高，经济建设、政治建设、文化建设、社会建设全面协调发展，我们正在建设自主创新型国家，构建社会主义和谐社会。建设开创了新局面，历史跨上了新高度，国家进入了新时代。在这伟大历史的进程中，产生于计划经济时代作为上层建筑的文化体制已不适应社会主义市场经济的发展要求，改革势在必行。所以中共中央、国务院《关于深化文化体制改革的若干意见》的出台是历史的必然，它是改革开放伟大历史进程的里程碑，是随着经济建设高潮而到来的文化建设高潮的见证。

二、文化的意义

文化是民族之魂，是一个民族的精神支柱。中华民族五千年的优秀文化始终是中华民族的精神支柱。以爱国主义为核心的民族精神始终鼓舞着中华民族历经忧患挫折而生生不息，战胜一切困难，打败一切侵略者，包括六十年前那场付出了千百万人生命的抗日战争。屈原的《离骚》，岳飞的《满江红》，文天祥的《正气歌》，聂耳、田汉的《义勇军进行曲》，冼星海、光未然的《黄河大合唱》都是充满爱国主义和民族精神的千古绝唱。五千年的优秀文化传统，"五四"以来新文化的发展，中国共产党成立以来革命文化的宝贵经验，改革开放以来新的文化繁荣，构成了具有中国特色的社会主义文化。

当前世界政治多极化，经济全球化，时代信息化，地球数字化，科学技术迅猛发展，各种思潮相互激荡。在全面建设小康社会，实现中华民族复兴的伟大历史进程中，文化建设、文化意识、文化作用已提升到了新的前所未有的战略高度。改革文化体制，发展文化产业，建设先进文化，就是体现先进生产力的发展要求，就是代表广大人民群众的根本利益，就是为了提高综合国力。所以，《深化文化体制改革若干意见》对于推动文化建设和文化发展，在全面建设小康社会中的作用十分重要。胡锦涛总书记提出的"八荣八耻"也是中华民族传统文化和传统美德在新时代的弘扬和创新，它的文化力量以及思想道德的力量是极其强大的，一经提出就引起全社会的强烈反响，必将转化为巨大的物质力量，为构建社会主义和谐社会，为中华民族的长治久安做出历史性的重要贡献。

三、加强协商民主，繁荣先进文化

去年中共中央5号文件《关于加强人民政协工作的意见》是一个重大举措。加强协商民主是人民政协工作一个新的特点。经验表明：领导重视，思想解放，政策有利，环境宽松是取得成功的好经验。

全国政协多功能厅里有两幅题词：毛泽东题"团结战胜一切"，周恩来题"坚持统一战线"，这两幅题词意义深长。研讨会是一个民主协商参政议政的有效平台，群贤毕至，集思广益，和谐团结，和衷共济，就我国经济、政治、文化、社会生活中的热点、难点、焦点问题进行民主协商，是一个难得的相互交流、相互学习的机会。

今年是"十一五"计划实施的第二年，要全面落实科学发展观，在科学发展观的统领下，做好文化体制改革和文化产业发展的工作。积极履行政治协商，民主监督，参政议政的职能。

认真贯彻《关于加强人民政协工作的意见》，加强协商民主，改革文化体制，发展文化产业，把文化的社会效益和经济效益统一起来，繁荣社会主义先进文化，让广大的人民群众充分享受先进文化的美好成果。

（1999年6月）

傅庚辰委员的三点意见

一、关于文化建设的战略地位和资金投入问题

随着经济建设高潮的兴起，一个文化建设的高潮正在到来。然而就我近几年参加全国政协教科文卫体委员会考察组所到过的山西、山东、陕西、河北、广东、湖北、黑龙江七个省、六十多座城市和乡镇听到的反映，从省到地市、从地市到乡镇，无一例外地普遍反映文化建设的经费投入不足，缺口很大，有些地方甚至不能满足低水平的需要。例如黑龙江省到了冬天，因为没有烤火煤钱，有近三分之一的文化馆、图书馆、电影院要关门，许多电影院还是日伪时期的建筑，破了没钱修缮，更谈不上兴办其他文化事业。许多部门文化经费投入的比例预算许多方面没有增加，没有实现十四届六中全会决议提出的文化经费的增长要达到或超过财政收入增长水平的要求，文化企业税收后的3％返还等文化经济政策也没有落实。正如江泽民总书记多次说过的那样，现在大政方针都已经明确了，讲清楚了，说过多次了，关键是要抓落实、办实事。新情况新问题很多：一是网络时代的文化建设问题，中小学、青少年素质的提高问题，艺术院校管理体制改革问题；创作传世文艺精品的问题，文化管理体制的改革问题，正确开展文艺评论问题。因此，我建议，文化经费的投入要立法，要有一个明确的基数，要在国民经济计划中占有合理的位置，在第十个五年计划中占有合理的份额。文化经费现在占0.45％到0.56％的比例偏低，希望在"十五"计划中能达到1％以上。

二、关于文艺界的地位问题

几年来一直让文联和作协到民政部去登记，按照民间社团来处理伴随着中国革命历程走过来的文艺家组织是不妥的。经过多方努力最近才免于登记，但各省市的文联和作协仍然还要到当地的民政部门去登记。中国文联和作协不是一般的民间组织，它是党联系文艺家的桥梁和纽带，是党实现总的路线、方针、政策中的一个重要的方面军，是不可或缺的重要力量。它产生于血雨腥风的年代，一直是在党的领导下进行革命斗争的，是在周恩来总理担任中央组织部长、中央军委书记，实际主持中央工作期间发展起来的，当时称作左翼作家联盟、左翼文艺家联合会，简称"左联"。抗战期间在重庆，在大后方，更是由周恩来同志的中共中央南方局直接领导的文艺家组织。共产党领导的各个抗日根据地也多有革命文艺家的联合组织。革命文艺家联合组织的这面旗帜，是千千万万文艺家几代人用他们的才华、智慧和英勇斗争、辛勤劳动，甚至是流血牺牲换来的。著名的《义勇军进行曲》——现在的中华人民共和国国歌就是聂耳在上海"左联"音乐组时期为影片《风云儿女》写的主题歌。说起张寒晖这个名字许多人并不一定知道，如果唱起"我的家在东北松花江上"，许多人都熟悉这动人的歌声，而张寒晖同志就是《松花江上》的作者，病故于1945年陕甘宁边区文联主席的职务上。说起麦新这个名字许多人也不一定熟悉，但唱起"大刀向鬼子们的头上砍去"，人们就会被这著名的抗日歌曲所打动，而《大刀进行曲》的作曲者麦新同志，就是在1946年于东北的辽西与国民党匪特的战斗中英勇牺牲的。八一电影制片厂的摄影师高庆生为了拍下美国飞机轰炸的镜头，牺牲在朝鲜战场上。拍摄过第一颗原子弹爆炸的摄影师柴森同志牺牲在中印边境反击战中。柔石、胡也频等著名作家被国民党秘密枪决，已将近七十年了。而更大量的是我们杰出的作家、艺术家以他们的创作和演出，为我们民族的文化宝库增添了夺目的光辉，为我们的革命战争和社会主义建设作出了重大贡献，有些同志甚至献出了他们宝贵的生命。然而，在我们党的中央委员、候补中央委员当中没有文联与作协的代表，作为全国政协发起单位之一的文联在全国政协中也没有界别的设置。在香港、澳门回归祖国和庆祝中华人民共和国成立五十周年的活动中，广大的文艺工作者献上了一曲曲赞歌、一台台晚会、一部又一部的影视片，书报、画册、美展、影展、回顾展不胜枚举，但是在港澳回归的筹备委员会和代表团中没有一个文化界的代表，在港澳回归等庆祝大会上，发言的人民群众团体代表声称只代表工会、青年团和妇联，根本不提中国文联与中国作协。"文革"前与"文革"后的相当一段时间，本来都是全国总工会、全国妇联、共青团中央和中国文联并列（那时文联和作协没有分开）的，近几年就不提了，我认为这样一些情况都是不适当的。为了更好地发挥文学艺术家组织的作用，更充分地调动广大文艺家的积极性去建设具有中国特色的社会主义文化，迎接21世纪的竞争与挑战，对文艺界的地位应予调整。

三、关于少数老艺术家的生活补助问题

我们目前尚有极少数年届80岁以上，从事文艺工作60年以上的老文艺家，他们当中有大革命时代参加革命的老同志，多数体弱多病，健康状况较差，没有额外收入，每月平均工资加上各种补贴也不过1300元左右，这点收入应付生活开支捉襟见肘，确实比较困难。

这些极少数的文艺家都是我国文艺界的开拓者和各方面的专家，是一代宗师，在国内外享有盛名。为了表彰他们的功绩，使他们能够安度晚年，也是为了启示后人，建议中共中央和国务院拨专款，给他们每人每年补助3万—5万元，每年年初一次性发放。

我为什么谈三点意见

（一）我在《傅庚辰委员的三点意见》中谈到对文化建设的资金投入问题，引起了文化界特别是文艺界的广泛关注，大家一致认为，只有真正认识到文化建设在整个社会主义现代化建设中的战略地位，才能舍得进行资金投入。下面进一步谈谈对这一问题的认识。

文化建设的地位非常重要，我们党历来都十分重视文化建设。毛泽东同志在新中国成立初期就曾说过，随着经济建设高潮的到来，必将有一个文化建设高潮的到来。江泽民同志在党的"十五大"上所作的报告中更强调，只有经济、政治、文化协调发展，只有两个文明都搞好，才是有中国特色的社会主义。江泽民同志在第六次文代会上的讲话中还指出，一个伟大民族的过去、现在和将来都会有文艺的发展和繁荣相伴随。这一系列论述表明，文化建设的战略地位毋庸置疑。

改革开放以来，随着经济建设高潮的兴起，一个文化建设的高潮正在到来。但根据我近几年来在全国各地所做的调查研究发现，文化建设存在着一个普遍现象：经费不足，缺口很大，有些地方甚至不能满足基本的甚至低水平的需要，远没有实现十四届六中全会决议提出的文化经费增长要达到或超过财政收入增长水平的要求。这无疑与文化建设的战略地位很不相称，和文化建设的实际需要相差甚远。

我之所以建议文化经费的投入要立法，使文化经费在第十个五年计划中有合理的份额，正是为了确保文化经费满足人民不断增长的文化需求，适应文化建设高潮到来的形势。

（二）我讲了文联和作协在革命历史进程中的重要作用。

文联、作协是党联系广大文艺家的桥梁和纽带。它不是一般的民间组织，它不是产生于歌舞升平的和平年代，而是在血雨腥风的年代中诞生，它产生在党的困难时期，是在党的一手组织策划下产生的，一直是在党的领导下进行革命斗争的。它是革命文艺工作者的组织，这个组织中的许多成员，在党的革命事业中艰苦奋斗甚至壮烈牺牲，可以说，文联这面旗帜是他们的鲜血染红的，文联组织是与革命的进程和建设事业风雨同舟的。

在刚刚粉碎"四人帮"、党的十一届三中全会召开以前，重获新生的文联作协及由它组织起来的广大文艺工作者为彻底否定"文革"、揭露"四人帮"的罪行，创作了大量具有重要历史意义的好作品。当时我曾为以否定"文革"为主题的歌剧《星光啊星光》作曲，该剧剧本写于1978年7月，找到我作曲是在1979年的新年，歌剧首演是1979年7月。这都是在党中央未对"文革"下结论以前进行的。在这样的情况下写这一题材的作品是有一定风险的，但大家义无反顾地做了。在1979年中国文联召开的第四次文代会期间，当时中国文联主席周扬在文代会报告中说这部歌剧很成功，许多看过该剧的领导、文艺家都非常感动。该剧引起了很大反响，庆祝中华人民共和国成立三十周年献礼演出办公室、中国音协、中国剧协先后召开座谈会进行讨论。可以说，文联、作协许许多多文艺家的作品，为反思"文革"、解放思想起了很大作用。改革开放以来，文联、作协和广大文艺工作者在党的领导下，坚持"二为"方向，贯彻"双百"方针，以他们的艺术精品继承、发扬了中华民族的优秀文化传统，为我们民族的文化宝库增添了夺目的光辉，为繁荣文艺事业做出了巨大贡献。而且文联作协这样的群众组织在团结海内外朋友、联系港澳台同胞方面同样有着不可替代的作用。

可以说，文联、作协的地位和作用是历史形成的。"文革"前和"文革"后的相当一段时间，它与工会、共青团、妇联是并提的，但今天不这样提了。我认为这种情况是不合适的。为了更好地发挥文联、作协和文艺家的作用，迎接21世纪的挑战与竞争，我建议对文艺界的地位予以适当调整。

（三）广大文艺家在不同的历史时期都做出过很大贡献。我在这次会议上特别提出要改善那些德高望重、成就卓越的老文艺家的生活状况。

文艺界有一些年届80岁以上、从事文艺工作60年以上的老文艺家，他们都是我国文艺界的开拓者和各方面的专家，是一代宗师，对我国文艺各门类的发展做出过突出的不可磨灭的贡献，对他们所从事的本门专业的发展起过重要的推动作用，在国内外享有盛名。但今天他们已年过古稀，处于人生的最后阶段，生命的最后年月，有的重病缠身、来日无多了。他们多数体弱多病，健康状况较差，没有额外收入，每月平均工资加上各种补贴也不过1300元左右，而他们儿孙绕膝，人口众多，又要雇保姆照料生活，这点收入应付生活开支捉襟见肘，确实比较困难。所以我在发言中强调，为了表彰他们的功绩，在他们生命最后的阶段给予党和国家的温暖，使他们能够安度晚年，也是为了启示后人。我建议中共中央和国务院拨款，给他们每人每年补助3万—5万元，每年年初一次性发放。

　　我自担任中国音协主席以来走访了不少音乐界的老前辈，他们的一些情况使我感到意外。例如著名指挥家李德伦是1936年参加北平地下党的，他的级别四十多年一直没动过，这次住院还是找了关系才住进干部病房的。这对于李德伦这样蜚声中外的艺术家来说是不合理的。如果这种现状不能得到改善，这些堪称一代宗师的老艺术家会作何感想？后来者又会作何感想？所以我建议给这些做出过卓越贡献的少数老文艺家发放生活补贴。

（原载于《中国艺术报》2000年4月）

关于落实党的"十五大"精神，加强
文化建设的几点建议

——在全国政协九届一次会议上的大会发言

去年，八届全国政协科教文卫体委员会就加强文化建设问题进行了调研。从了解到的情况看，改革开放以来，我国文化事业有了新的发展，对于经济和社会的发展起到了积极的促进作用。然而，一些长期存在的矛盾和问题并未从根本上解决。现就落实"十五大"精神，加强文化建设，提出几点意见和建议。

一、要下决心理顺文化行政管理体制，加强立法，以法治文

长期以来，我国的文化行政管理部门主要包括文化部、广播电影电视部、新闻出版总署及其相应的地方机构。一般情况下，各部门只能根据各自的职责范围制定本系统的发展规划与工作计划和工作要求。这样的体制状况及其所决定的工作方式造成的职能交叉、上下错位、政出多门，不仅不利于整个国家文化事业结构与布局的合理调整，也对文化立法形成障碍。我们建议中央及各级地方政府，下决心重新组建统一领导、办事高效、运转协调、行为规范的文化行政管理体制，在此基础上，加强立法，实现以法治文。

二、把农村文化建设放在更加突出的地位

我国是农业大国，这一基本国情决定了我国必须把农村的文化建设置于十分重要的地位。党的"十四大"以来，各级有关部门虽然已经注意加强农村文化建设，并做了大量卓有成效的工作，但由于多方面原因，我国广大农村文化事业的发展与城市相比，有些地方差距越来越大，部分贫困农村的文化建设甚至出现倒退趋势。例如，农村电影放映工作失去了原有的集体经济的支撑，大量农村电影放映队因电影放映收费难而被迫解散。剧团走向市场后，有的难以保证或者不再愿意深入贫困农村演出。农村供销社一直是农村图书发行的主渠道，现在一般也不再愿意经营利润不高的图书。此外，我国乡镇文化站的数量近年来也出现下降趋势，仅1996年就比1995年减少4000个。目前，全国尚有77个县无文化馆，6106个乡未建文化站，处于空白状态，即使现有文化馆、站中，也有不少是只有牌子没有房子和人。全国仍有17.8％的人口听不到广播，13.8％的人口看不到电视，其中主要分布在老少边穷地区农村。

党的"十五大"提出的发展面向"民族的科学的大众的社会主义文化"，"在全社会形成共同理想和精神支柱"的要求，为我国文化建设指明了方向。要落实这一要求，就要对农村文化事业的发展给予更大的政策倾斜。建议在中央和省级政府建立具有一定规模的农村文化建设专项资金，用于扶持那些困难最大、需求最迫切地区的农村文化建设。通过政府的宏观调控，尽快消灭部分农村中文化建设的空白点。

三、进一步加强公益性文化事业建设

各级政府兴办的公益性文化事业，在党和政府开展精神文明建设活动

中具有主导作用。党的十四届六中全会决议明确提出，对政府兴办的公益性事业单位应给予经费保证。但是，目前国办公益性文化事业单位特别是基层单位仍普遍存在经费严重不足的困难，其中许多单位不断强化经营创收功能，而公益性事业功能逐渐弱化，甚至有不少单位连人员工资都已不能保证，事业发展更处于停滞状态。例如，1986年至1995年10年间，全国公共图书馆新购图书册数连年递减，不少市、县级图书馆已经几年甚至十几年未购入新书。

造成这种状况的原因是多方面的，但部分领导面对市场文化迅速发展，各项国办文化事业发展普遍存在资金需求的状况，对于必须强化公益性文化事业在精神文明建设中的主导地位缺乏应有的认识和重视是重要原因。为此，建议各级政府进一步转变观念，调整职能，对于那些应该或适宜按照市场经济规律发展的文化事业尽早放开，使其真正进入市场。与此同时，除了对党的十四届六中全会决议提出的那些"反映国家和民族学术、艺术水平的精神产品，代表国家水平的艺术院校、表演团体和国家重点文物保护单位，有代表性的地方、民族特色艺术团体"加大扶持力度外，集中力量加强国办公益性文化事业，特别是基层公益性文化事业建设，使其真正能够发挥应有的作用。总之，该放的就要大胆放开，该保的就要坚决保住。文化事业的发展纳入社会主义市场经济轨道是必然的趋势，但是又要在发展市场经济的条件下根据文化建设的自身规律去建设文化。

四、加强调查研究工作，进一步树立求真务实的工作作风

近年来，为了加强我国文化建设，中央及部分地方陆续颁布了一系列文化经济政策和法律法规。但是，并没有得到很好的落实，实际工作中也还存在许多问题。如文化市场的管理问题，知识产权的保护问题，制黄贩黄问题，都还相当突出，有些方面法规尚不完善，甚至还是空白。为此，

我们建议党中央、国务院，对文化建设的情况进行一次从上到下的检查，通过检查，调整不合时宜的政策，纠正形式主义的做法，进一步树立求真务实的工作作风。总之，落实"十五大"精神，加强文化建设，最根本的一条，就是要求真务实。

（1998年3月）

弘扬优秀文化 建设"心灵工程"

——在全国政协文艺体育界委员联组会上的发言

十一届三中全会以来的中国朝气蓬勃、欣欣向荣，具有中国特色的社会主义建设取得了辉煌成就，祖国的天空春光明媚、阳光灿烂。但是，在晴朗的天空下也有阴影，在奔腾前进的大潮中也有漩涡、暗礁和逆流。贪污、腐化、卖淫、吸毒、伪科学、封建迷信、"法轮功"邪教组织以及各种荒谬思潮的泛起蔓延和境外企图"西化、分化"中国的势力严重威胁着我们的社会稳定、人民生活、青少年的健康成长和国家现代化建设大业。人们对此忧心如焚，大声疾呼严加整治。

当今世界，和平与发展客观上是两大主题，新的千年已进入知识经济和数字地球的时代。人们普遍认为，新世纪的竞争将更加全面、更趋激烈，政治、经济、军事、科技、文化教育、环境发展、生存质量等多方面的竞争，从陆地到海洋到天空已经全方位立体化地展开，而所有这些竞争归根结底都是人的竞争，是人的素质的竞争，从广义上说，也是人的文化的竞争，所以面向新世纪的文化建设，全面提高人的文化素质至关重要。这是关系到中华民族在新世纪、在激烈的竞争当中如何生存发展的大问题，是悠悠万事万物之根本，这也就是"心灵工程"之所在。

"心灵工程"这个词也许不尽确切，但我的意思是要强调提高人的素质的重要性。人的素质当然是多方面的，但其核心仍然是世界观、人生观、价值观。一个人应该如何活在世上，应该如何度过自己的人生，应该如何选择价值取向，究竟要在这个世界上做点什么事情，这是一切的根本。当我在电视屏幕上看到大学生陈果那被裹上层层纱布的面庞，听到她悲惨的呼喊"我真后悔呀"的时候，我的心几乎被撕裂。一个学了十年琵琶的花季少女就这样被法轮功给毁了，这是一个多么沉痛的教训！常言说"要做事，先做人，要立业，先立身"。所以说，"心灵工程"就是塑造人的工程。

文化是心灵的果实，是思想、情感、历史、语言等诸多因素的融汇，是精神与物质的总和。因此，文化建设必然是多方面的。在我国改革开放二十多年之后，在面向新世纪前进的征途上，文化建设也呈现出新的特点：

——更具开放性。在经济全球化的局面下，作为上层建筑的文化势必更加开放，与世界的交流势必更加频繁，在发展进程中和外界的相互影响势必更加深入。中国文化影响着世界，世界文化也影响着中国。

——更具包容性。文化素质的影响对一个国家、一个民族、一个社会、一个家庭乃至每一个人来说都是全面的，可以说是无所不在，如农村文化、城市文化、社区文化、企业文化、校园文化、军营文化甚至饮食文化等等。以文化带动企业、事业、社区和城市的发展已经成为一种时尚。

——更具科教性。"科学技术是第一生产力"，"振兴民族的希望在教育"，文化的科技含量和教育含量必然大为增加和提高，文化的发展和科教的结合必然更加紧密。科教兴国是国家的发展战略，是强国之路，同时它也是文化发展的动力。

——更具市场性。从计划经济向社会主义市场经济转轨，必将使文化与市场的联系更加密切。文化的价值和效益必将受到市场的检验，市场是文化发展的杠杆和调节者。文化产业将产生巨大的经济效益，文化产业将成为国家的支柱产业。

——更具公益性。生活质量的提高是未来竞争的根本方面，文化的公益性直接关系到人民的生活质量。要满足人民不断增长的文化需求，大力加强与人民生活相关的公益性文化建设势在必行，如学校、剧院、音乐厅、图书馆、博物馆、美术馆、科技馆、少年宫、公园、艺术表演团体等标志性的设施和组织不可或缺，并且要以发展的眼光进行建设，使其达到相当的水准。

——更具有特色。小平同志讲过："建设具有中国特色的社会主义是总结国内外几十年正反两方面经验得出的历史结论。"改革开放二十多年的实践证明：生存在于特色，发展在于特色，繁荣也在于特色。在今后竞争日趋激烈的时代里，没有特色就难以生存，失掉特色就将失去生命。我们既要继承五千年悠久历史和灿烂文化的成果，又要"一手伸向古代，一手伸向西洋"，立足于新的时代，创造出新的更具有中国特色、更加辉煌的文化。

金融是现代经济的核心，在社会主义市场经济条件下，没有金融的保障寸步难行。加强文化建设必须加强金融保障和加大投资力度。

以法治文。对公民应享有的文化生活利益、对文化艺术工作者应享有的权益、对文化事业发展的必要举措给以法律的保障是必须的。

加强导向。要在全民全社会特别是青少年当中深入、细致、扎实、生动地进行以马列主义、毛泽东思想、邓小平理论、党的基本路线和江泽民关于"三个代表"论述的教育并持之以恒。

以德治国。德治和法治相结合这是一个重大的治国方略。以德治国的根本目的在于提高全社会全民族的整体素质，在竞争激烈的当今世界和未来的发展中赢得我们伟大祖国的更加强大和繁荣，全体人民的生活更加幸福和美好。"德"就是要求人们在思想观念、行为规范、立身做人等方面具有良好的素质和行为，因此最根本的要求是要具有正确的人生观、世界观和价值观。这是"德"的本质所在，也是人们思想认识和行为的决定性因素。而"德治"则要有规范和制约，要有法，有制度，有纪律，并且形成社会的合力和整体的动向。因此从总体上来说，就要按照邓小平同志关于"有理想，有道德，有文化，有纪律"的标准培养"四有"公民。人们不仅是有理想有道德的，而且是有文化有纪律的。"中国人一盘散沙"的时代已经一去不复返了。为了有效地达到这个目标，就必须落实"以科学的理想武装人，以正确的舆论引导人，以高尚的精神塑造人，以优秀的作品鼓舞人"这四句话的要求，以这四句话为指导。所以"德治"要以"三观"为核心，要以"四有"为标准，要以"四句话"为指导。

弘扬优秀文化，塑造美好心灵，以德治国，建设"心灵工程"，是我们伟大祖国和人民长治久安、繁荣昌盛的必由之路。

（2001年5月）

对"入世"后发展我国文化产业的几点建议

——在全国政协九届五次会议上代表教科文卫体委员的发言

一、加入世界贸易组织将给我国文化产业带来机遇和挑战

世贸组织《服务贸易总协定》划分的12类服务项目中,有4类与文化产业相关。其中,第一类"商业性服务"中包括了出版、印刷、广告、咨询服务;第二类"通讯服务"中包括录音、录像、电视、广播、电影服务;第四类"分销服务"中允许外资对我国影院进行投资改造,允许每年以分账形式进口20部外国电影,允许国外服务提供者与中方设立合营企业,从事音像制品的分销,允许外国服务者从事出版物的分销业务;第十类"文化娱乐及体育服务"涵盖了文化产业的绝大部分领域。此外,《与贸易有关的知识产权协定》对于保护知识产权作出明确规定,文化产业的大量产品包括出版物、广播电视节目、音像制品、电脑软件、广告设计等均属于知识产权领域。

文化产业已成为一些发达国家和地区国民经济的支柱产业之一。美国的视听产品已成为仅次于航天航空产品的第二大出口产品,日本的娱乐业经营收入已超过汽车工业产值,世界五百强企业的前10名也都是文化知识型企业。如此强大的文化产业一旦进入我国市场,将会对我国的文化产业产生强大的冲击。这种冲击首先表现在科技含量高的行业中。如允许外国资本在中国投资互联网业务,网上文化消费和管理将成为一个新的热点难

点和焦点问题。另外，国外电影、音像制品等科技含量高的文化产品，对国产同类产品也具有很强的冲击力。新闻出版业将在三年后全部对外开放，这一行业长期以来控制很严，很多媒体机构和出版社是靠政策过日子，缺乏参与市场竞争的能力，一旦放开将受到很大冲击。目前已登陆中国的德国贝塔斯曼、美国在线——时代华纳、澳大利亚新闻集团，都是资本逾百亿美元的文化产业集团。在这种竞争格局中，谁拥有强势资本就意味着谁拥有市场份额。中央电视台堪称我国传媒业的巨子，其一年广告收入达50亿元人民币，而美国CNN一个音乐频道，年广告收入额就高达50亿美元。知识产权贸易是世贸组织三大支柱之一。美国目前电影、音像、计算机、传媒等版权产业出口额高达5000亿美元，占其国民生产总值的7％左右，居美国各行业之首。我国建立的知识产权制度历史短，问题多。随着我国全面承诺WTO关于与贸易相关的知识产权保护协议，我国版权产业将受到发达国家的冲击。在经营管理上，西方文化产业更具优势，他们经过多年的发展，已经形成一套完整的经营管理方式。入世后，国际文化企业集团必将运用其资本和管理优势，与国内文化企业争夺市场，争夺人才，这将使我们本来就紧张的文化产业人才队伍受到更大冲击。

世界优势文化企业以强大的资本实力为后盾，以领先的科学技术为手段，其中娱乐文化最具渗透力。基于其社会制度、意识形态、价值观念的不同，在丰富我们文化生活的同时，必将带来一些与我们的思想观念、价值观念相抵触的东西，必将对我们的思想文化建设和政府的管理职能和管理方式带来既现实又深远的影响和挑战。但同时，他们的先进技术、雄厚资本、成熟经验、广阔市场也将为我国文化产业的发展带来新的机遇。对此，我们要有清醒的认识，要有切实可行的方针和措施，抓住机遇，迎接挑战。

二、应对"入世"挑战，发展有中国特色的社会主义文化产业

不久前，全国政协张思卿副主席率领教科文卫体委员会"发展文化产业"联合调查组，先后赴湖南、江苏、重庆等地考察，对我国文化产业的发展问题进行了研究分析，提出以下建议。

（一）解放思想，更新观念。在社会主义市场经济条件下，文化的内容、形式和功能都极大地发展了，发展文化产业不仅关系到文化建设，也关系到国民经济发展满足人们日益增长的物质文化生活需求。文化产业将成为21世纪最有前途的产业之一。我们的认识不能停留在计划经济的时代。我们要处理好文化属性与产业属性的关系，社会效益与经济效益的关系，使之相辅相成地统一起来。

（二）加强对文化产业的领导。将文化产业纳入国民经济和社会发展的总体布局，制定我国文化产业发展的中长期规划。国家综合经济部门应会同文化部门，对国内外的文化产业进行充分调研，确定战略目标，提出宏观指导意见，发展有特色和有比较优势的文化产品及其经营服务。有计划地形成若干跨地区、跨行业甚至跨国界的大型文化企业的"航空母舰"参与国际竞争。建议国务院成立综合的文化管理部门，将政府办文化的职能剥离出去，要以行业管理为主，通过各种经济的、法律的和行政的手段调控市场。

（三）调整产业结构，完善文化产业政策。当前，制定和完善文化产业政策要从现实和长远两个方面加以考虑。一要积极保护，合理开发，有效利用。二要促进开放，鼓励竞争，加强对外文化交流，发展外向型文化产业，吸收国外产业运行的先进经验。

（四）建立国家文化产业发展基金。尽快建立该项基金，并通过吸引地方政府、企业和金融机构等各方面投资，逐步建立符合市场经济规律的文化产业投融资体制。

（五）加强文化产业统计指标体系建设，将其纳入国民经济指标体系。国内目前还没有关于文化产业的专门统计指标，涉及文化类的统计大都纳入社会发展指标，这种统计指标体系难以科学地量化文化产业发展水平，亟待改革。

（六）加快立法步伐，积极应对加入WTO后出现的新形势，为文化产业发展创造良好的法律环境。"入世"以后，文化法制建设既要体现我国文化主权的不可侵犯性，也要与WTO规则衔接一致。我国的文化法制建设刚刚起步，要在清理与世贸规则不一致法规的同时，尽快制定新的法规，使之不出现"断档"现象，以法制手段保障和促进文化产业的健康发展。

（2002年3月）

建议设立音乐博物馆

我国有着悠久的历史和灿烂的文化，在辉煌的历史文化长河中也涌动着中华民族音乐的奔腾激流，从古至今产生了许多伟大的音乐家和伟大的音乐作品。春秋时期的琴家师旷、师涓，汉代的李延年，魏晋时期的嵇康，隋代的万宝常，唐代的唐玄宗，宋代的姜白石，明代的魏良辅，清代的朱载堉，河南舞阳出土了9000年前的骨笛把中国的编年史前推了4000年，湖北随州出土的2400多年前的"曾侯乙编钟"震惊世界，汉代的乐府，唐代的大曲，宋代的词调，元代的杂剧，清代的小曲，近代的音乐家萧友梅、赵元任、刘天华、黄自、黎锦辉、华彦钧，特别是开辟了革命音乐之路的写出了《义勇军进行曲》并已成为中华人民共和国国歌的聂耳，写出了民族文化之瑰宝《黄河大合唱》的冼星海以及他们的战友吕骥、贺绿汀、任光等，中国共产党登上历史舞台之后，革命的音乐运动更是风起云涌，八年抗日战争时期出现了"凡有人群的地方就有抗日歌声"的局面。聂耳、冼星海成为时代的号角，战斗的鼙鼓。二十八年的革命战争中音乐发挥了巨大的战斗作用，新中国成立后音乐鼓舞人心，激励斗志，与时代和人民共同前进。改革开放以来，由于社会生产力、综合国力、人民生活水平的大幅度提高，在经济建设蓬勃发展的前提下，音乐文化呈现出蓬勃的发展和巨大的需求，呈现出空前的"音乐热"。浙江省嘉兴市在新中国成立之初只有一台钢琴，现在已有一千几百台，甚至连普通工人、农民的孩子都在学钢琴，仅钢琴和音乐考级一项事业就拉动文化内需200亿元以上。各类音乐比赛、音乐培训班、音乐演出活动有如雨后春笋般兴起，"音乐优劳说""音乐助学说""音乐健身说""音乐治病说""音乐优生说"纷至沓来。这种空前出现的"音乐热"是社会主义精神文明建设中一支重要力量，一种好形势。中央提出"贴近实际，贴近生活，贴近群众"，加强对青少年的思想道德教育，加强世界观、人生观、价值观的教育，提高全民族的思想道德素质和科学文化素质，为音乐事业和音乐生活的健康发展开辟了广阔道路。中国的音乐建设要抓住这个发展的大好战略机遇，沿着中国先进文化的前进方向大步前进。适应形势和发展的要求，设立音乐博物馆，发挥音乐资源的重要作用，为全面建设小康社会，实现国家现代化，实现中华民族的伟大复兴做出贡献。这是音乐事业应当承担的历史责任，也是全体音乐人的心愿。我们伟大的祖国有五十六个民族，几百种戏曲，几万首民歌，这些宝贵的财富，这巨大的资源必将发挥出巨大的作用。

（2005年3月）

伟大历史进程的里程碑

早在中华人民共和国成立初期，毛泽东主席就曾指出，随着经济建设高潮的到来，必将有一个文化建设的高潮。党的十一届三中全会开创了我国社会主义建设的新时期，实行了决定中华民族命运的改革开放。进入新世纪新阶段后，我国经济持续快速增长，2005年国民经济总量高达18万多亿人民币，年均增长9.9%，外汇储备高达8000多亿美元，社会生产力、综合国力、人民生活水平有了大幅度的提高，中国人从来没有过上现在这样的好日子。随着经济建设、政治建设、文化建设、社会建设的全面发展，我国正在构建社会主义和谐社会。历史翻开了新篇章，时代跨上了新高度，应运而生，中共中央　国务院《关于深化文化体制改革的若干意见》的诞生见证了历史的发展，是中国改革开放伟大历史进程的里程碑。

改革开放之初，邓小平同志就曾指出，制度的建设具有根本的性质，《关于深化文化体制改革的若干意见》就是用科学发展观统领文化工作。从制度建设这一根本性的着眼点，从文化体制、文化政策上提出了一系列有利于解放发展文化生产力的举措，加大了文化事业的投入，拓宽了文化产业的发展，保证重点文化事业，弘扬传统优秀文化，交响乐、歌剧、京剧、芭蕾舞、昆曲、民族音乐等高雅艺术品种要重点加以保护，在经费上要给予强有力的支持。从制度上、政策上、措施上为我国文化的发展开辟新局面。

文化是民族之魂，是一个民族的精神支柱。五千年的优秀文化传统，"五四"以来的科学文化发展，中国共产党成立以来革命文化的宝贵经验，改革开放以来新的文化繁荣，铸就了具有中国特色社会主义的文化。生命在于特色，中华民族源远流长辉煌灿烂的文化命脉就在于自己的民族特色，在于自己民族的文化之根。在《国民经济和社会发展十一五规划纲要》中指出，要以民族文化为主体，吸收世界上一切先进的文化成果来进行我国的文化建设。我们的民族文化是我们的民族之魂，是我们民族的精神支柱。民族文化孕育了以爱国主义为核心的民族精神，不论中华民族遭遇何种艰难困苦，外敌入侵，抗日战争，这种民族文化孕育的爱国主义精神始终都坚强地、不可动摇地支撑着中华民族巍然屹立，战胜一切挫折，战胜一切敌人。屈原的《离骚》，岳飞的《满江红》，文天祥的《正气歌》，田汉、聂耳的《义勇军进行曲》，光未然、冼星海的《黄河大合唱》这些光辉的诗篇，千古绝唱，无不闪耀着民族文化、民族精神的辉煌。文化部的舞台精品工程，中国文联十二个协会的奖项，广电总局的影视片，文学艺术各门类的作品也都跃动着民族英雄的光辉形象，闪耀着民族精神的灿烂光芒。

中共中央 国务院《关于深化文化体制改革的若干意见》的贯彻执行还需要在实践中检验完善，因为在文化生活中还存在着许多艰巨复杂的实际问题，涉及许多利益关系的调整，需要认真加以解决，需要文化法律的保障，要加强文化立法，完善文化法规。《意见》的出台也必将激发和调动广大文化工作者的积极性、创造性，而所有这一切都是为了全面建设小康社会，实现中华民族的伟大复兴，为培育有理想、有道德、有文化、有纪律的公民，为中华民族的长治久安、生生不息、繁荣发展而努力奋斗！

（2006年3月）

搭建参政议政的西部平台

——在西部 12 省（区市）政协文化体制改革和文化产业发展
研讨会上的讲话

西部12省（区市）政协文化体制改革和文化产业发展研讨会开得很成功。这个研讨会是一个参政议政的平台，搭建好这个平台意义重大而深远。随着时间的推移，我们将会越来越看到它的灿烂光芒。

下面我谈三点意见。

一、历史的必然

新中国成立初期毛泽东主席曾指出：随着经济建设高潮的到来，必将有一个文化建设的高潮。但由于"左"的思想干扰，直到他老人家逝世，这个高潮并没有出现。1955年至1956年的合作化运动，1957年的反"右派"斗争，1958年的大跃进、人民公社、大炼钢铁，1959年的庐山会议反"右倾"，1964年的"整风"，关于文艺工作的"两个"批示，1966年的"文化大革命"，"左"的思潮一浪高过一浪！阶级斗争天天讲，月月讲，年年讲，经济到了崩溃的边缘，文化只剩下八个样板戏，"四人帮"实行文化专制主义。

党的十一届三中全会实现了党的工作重心的转移，从以阶级斗争为纲转上了以经济建设为中心，开创了社会主义建设新的历史时期。十一届六中全会对"文化大革命"和毛主席的功过是非作出了正确的结论，并指出我国还处于社会主义初级阶段，要实行有计划的商品经济。党的"十二大"提出了建设具有中国特色的社会主义，"十三大"明确了一个中心两个基本点是党的基本路线，"十四大"提出了邓小平理论，"十六大"提出了大力发展文化事业和文化产业。特别是1992年初，小平同志的"南方谈话"指出："发展是硬道理"，"市场经济只是一种经济手段，资本主义可以用，我们也可以用，股票市场我们也可以搞。""一个中心，两个基本点不能变，谁要变谁就会被打倒。"报纸上发表了《东风吹来满眼春》的长篇报导，中共中央发出了2号文件。这篇谈话在中国发展的关键时刻指明了方向，起到了至关重要的作用。新世纪，我国进入了全面建设小康社会的新阶段，国民经济持续快速增长，2005年GDP增长9.9%，生产总值达到182321亿元人民币，外汇储备达到8189亿美元，社会生产力、综合国力、人民的物质文化生活水平有了大幅度提高，经济建设、政治建设、文化建设、社会建设全面协调发展，我们正在建设自主创新型国家，构建社会主义和谐社会。建设开创了新局面，历史跨上了新高度，国家进入了新时代。在这个伟大历史的进程中，产生于计划经济时代作为上层建筑的文化体制已不适应社会主义市场经济的发展要求，改革势在必行。所以中共中央 国务院《关于深化文化体制改革的若干意见》的出台是历史的必然，它是改革开放伟大历史进程的里程碑，是随着经济建设高潮而到来的文化建设高潮的见证。

二、文化的意义

文化是民族之魂，是一个民族的精神支柱。中华民族五千年的优秀文化始终是中华民族的精神支柱。以爱国主义为核心的民族精神始终鼓舞着中华民族历经忧患挫折而生生不息，战胜一切困难，打败一切侵略者，包括六十年前那场付出了千百万人生命的抗日战争。屈原的《离骚》，岳飞的《满江红》，文天祥的《正气歌》，聂耳、田汉的《义勇军进行曲》，冼星海、光未然的《黄河大合唱》都是充满爱国主义和民族精神的千古绝唱。五千年的优秀文化传统，"五四"以来新文化的发展，中国共产党成立以来革命文化的宝贵经验，改革开放以来新的文化繁荣，构成了具有中国特色的社会主义文化。

当前世界政治多极化，经济全球化，时代信息化，地球数字化，科学技术迅猛发展，各种思潮相互激荡。在全面建设小康社会，实现中华民族复兴的伟大历史进程中，文化建设、文化意识、文化作用已提升到了新的全局性的战略高度。改革文化体制，发展文化产业，建设先进文化，就是体现先进生产力的发展要求，就是代表广大人民群众的根本利益，就是为了提高综合国力。所以《关于深化文化体制改革的若干意见》对于推动文化建设和文化发展，在全面建设小康社会中的作用十分重要。胡锦涛总书记提出的"八荣八耻"也是中华民族传统文化和传统美德在新时代的弘扬和创新，它的文化力量以及思想道德的力量是极其强大的，一经提出就引起全社会的强烈反响，必将转化为巨大的物质力量，为构建社会主义和谐社会，为中华民族的长治久安做出历史性的重大贡献。

三、搭建参政议政的西部平台

2006年中共中央5号文件《关于加强人民政协工作的意见》是一个重大举措。加强协商民主是人民政协工作一个新的特点。这次会议有15个省（区市）参加，几乎涉及全国政协组织的一半，参会面很广，影响很大，不可轻视。

云南等15个省（区市）发言的经验表明，领导重视，思想解放，政策有利，环境宽松是取得成功的基本经验。各省在贯彻中央文件精神上都提供了许多好经验、好做法，值得借鉴发扬。

全国政协多功能厅里有两幅题词：毛泽东题"团结战胜一切"；周恩

来题"坚持统一战线"。这两幅题词意义深长。西部22个省（区市）研讨会是一个民主协商参政议政的有效平台，群贤毕至，集思广益，和谐团结，和衷共济。就我国经济、政治、文化、社会生活中的热点、难点、焦点问题进行民主协商，是一个难得的相互交流、相互学习的机会。从第一次在宁夏开头已经成功举办了六次，成果喜人，值得保留，值得继续，值得发展，使得这个有效的重要平台建设得更好。

今年是"十一五规划"的开局之年，要全面落实科学发展观，在科学发展观的统领下，做好文化体制改革和文化产业发展的工作。积极履行政治协商、民主监督、参政议政的职能。

感谢东道主云南政协的热情接待，感谢各省（区市）政协、有关领导和同志们的热情参加，祝大家一切顺利。咱们下次会议再见。

（2006年4月）

为了祖国的花朵

——在 2005 年全国政协十届三次会议文艺界联组会上的发言

我国有 3.9 亿少年儿童，他们是祖国的花朵，也是祖国的未来，对他们培养教育关系到祖国的命运和中华民族的兴衰。当前从音乐教育、儿童音乐特别是儿童歌曲方面看，存在严重问题，好歌很少，不好的歌很多，一些幼小的娃娃竟唱些《对面的女孩看过来》《我很丑，可是我很温柔》等内容不当的流行歌曲。长此以往，他们的心灵将受到什么样的影响可想而知。

专业儿童音乐、儿童歌曲的创作队伍已不复存在。新中国成立初期培养起来的作家已年过花甲，从工作岗位上退下来。新一代作家没有接上，受利益驱动许多人已不愿意从事收入微薄的儿歌创作。

音乐教材陈旧，一些教材不能唤起儿童兴趣，不能反映新时代，不能满足新需要，有待于编写新的儿童音乐教材。

儿童歌曲的宣传推广力度很弱，在新闻媒体上很少能看到有力度、有吸引力，能引起儿童强烈反响的宣传动作。由于利益驱动，这方面的经费投入和支持力度很弱，一些人从事这方面工作的热情不高，还有来自国内外四面八方各种文化思潮音乐流派的冲击和争夺，等等。

综上所述，就造成了好的儿童歌曲短缺的严峻现实。

对于这种现状，中央很重视，去年 5 月 25 日至今年 2 月 17 日，云山同志多次对中国音协作出批示；去年 6 月 11 日中国音协专门召开了儿童歌曲创作研讨会，部署儿童歌曲创作，采取了重点委约、广泛征集、评选比赛等多项措施。谷建芬同志会后立即着手，至今年1月共创作录制了30首以唐诗为主的儿歌，在前几天的元宵晚会上演唱了其中两首，反映很好。至今各方应征儿歌已有1000多首。中国音协还多次与共青团中央、中央电视台进行协商，计划在今年8月举行儿童歌曲电视大赛，以推动儿童歌曲的创作和宣传。但是仅有这些是远远不够的。由于经费不到位，重点委约作品没落实，电视台的一些工作进展也很慢，整个工作虽有进展但并不顺利。推动儿童歌曲创作，宣传推广儿童音乐作品，为儿童营造良好的音乐环境，供应美好的精神食粮并使这项工作持久地开展下去是一项长治久安的系统工程，涉及许多部门。

为此我建议：

一、由中宣部牵头，召集教育部、文化部、广电总局、财政部、团中央、全国妇联、中国音协、中央电视台等单位举行联席会议，共同协商，确立一项长期有效的制度和办法。

二、青少年是祖国的未来，保证青少年对优秀音乐作品的需求，对青少年的成长有着重要的意义。因此，有必要在中宣部或中国音协设立"青少年音乐基金"，由国家拨给足额经费，保证儿童歌曲、群众歌曲、儿童音乐教材、专业儿童音乐作家培养和创作。

中华民族有着悠久的历史和灿烂的文化。"五四"以来，中国共产党成立以来，改革开放以来，中华民族优秀的文化传统得到大力弘扬，今日之中国出现了空前的繁荣。建立具有中国特色的音乐学派、弘扬中华民族优秀的音乐传统是建设有中国特色社会主义题中应有之义。

文化是民族之魂，是民族的精神支柱。音乐是人民的朋友，是人们心灵的甘露。音乐是美好的，音乐是崇高的，音乐是神圣的。我们要用美好的音乐给人以鼓舞，给人以力量，给人以欢乐，给人以教育，给人以陶冶，给人以美的享受。要为我国的少年儿童创造美好的音乐环境，写出美妙动人的少儿歌曲，让祖国的花朵在美好音乐的陪伴下茁壮成长，成为祖国未来的栋梁。

（原载于《人民音乐》2005年第4期）

建议将曹雪芹纪念馆列入人文奥运参观项目

北京承办2008年奥运会，正在紧锣密鼓地进行中。作为长期关注民族文化振兴的政协文化界委员，我感到目前在奥运的筹备和建设中硬件多，软件少。目前应该充分挖掘我国的文化资源，使之发扬光大，为奥运增光添彩。

曹雪芹和他的《红楼梦》是中国文化的瑰宝，目前已经被翻译成二十余种文字，四十余种版本流传于世界，在世界上有很大的影响。《红楼梦》集中国传统文化之大成，是中国古典文化的百科全书。它诞生于明末清初这个时期，书中包含了民族历史、家族历史、人文历史以及中国知识分子心态历史等多种内涵，它是中国封建社会的一面镜子。毛泽东主席曾经说过，要了解中国的封建社会就要读《红楼梦》。这些都是在深层次上能展现中华民族传统文化的重要内容。

《红楼梦》的作者曹雪芹就生长、创作、最后长眠在北京。曹雪芹的一生和北京息息相关，他的《红楼梦》大体就是以北京的地域文化为创作背景的。曹雪芹是北京奥运会的重要人文资源。就像英国人以莎士比亚、法国人以雨果和巴尔扎克为自豪一样。如果我们在这样重大的全民族的活动中忽略了曹雪芹——特别指出北京，那不但是传统文化弘扬的重要损失，同时也是奥运这一活动的重要损失。

为此，我建议将曹雪芹纪念馆列入2008年奥运会的人文奥运项目，扩充现有的西山曹雪芹纪念馆，将其列入人文奥运的一项倡议工程，在向国内外的推荐活动中，将其列为必要的参观地点。

"残羹冷炙有德色，不如著书黄叶村。"曹雪芹纪念馆位于北京植物园内，有首都的重要标志性建筑、亚洲最大的植物展览温室，北倚樱桃沟，西临香山风景区，东毗颐和园，其场地宽阔有条件进行建设，地理位置得天独厚，是国内外来京参观旅游人员的必经之地，不需另辟路线。我认为此问题应得到党和政府以及相关主管单位的重视。

（2005年3月）

一首小学校歌的诞生

不久前，全国政协教科文卫体委员会农村文化建设考察组来到了黑龙江省，俗称"北大荒"的地方。昔日的"北大荒"如今已发生了翻天覆地的变化，蓝天、白云、青山、绿水、美丽的城乡和一片生机盎然的田野，考察组的同志们不约而同地发出一片赞叹声，都说："这地方太好了！"在黑龙江农垦总局建三江分局的勤得利农场，我们参观访问了一些农村和单位，其中的勤得利第一小学给我们留下了深刻印象。整洁的校园，先进的设备，齐全的科目，良好的教职员工队伍和学生素质都使我们刮目相看。心想：大城市的小学也不过如此。我们参观了电脑教室，观看了学生的美术课，欣赏了学生们的音乐舞蹈表演，还品尝了孩子们当场包的饺子，项目丰富多彩！当我们应主人之意在签名簿上留下名字时，校长当即问："哪一位是傅庚辰老师？"我回答说："我就是傅庚辰。"校长走到我面前说："我们早就想写一首校歌，歌词早已经写出来了，但由于种种原因一直没有谱成曲子。这次你来真是太巧了，你的一些歌曲我们都唱过，希望能为我们写一首校歌。"面对这诚恳的要求，身在这样不寻常的地方，我当然不能推辞，当晚8点刘校长等人来到我的住处拿给我两页纸，一页纸上是他们写的校歌歌词，另一页纸上是铅印的胡乔木同志作词我作曲的《扬州中学校歌》。刘校长说，她是参照了《扬州中学校歌》写勤得利一小校歌歌词的，歌词早就写出来了，但听说请人作曲要8000元甚至2万元，她们拿不起，只好不请了。我说："你把歌词留下吧，我义务劳动。"这时黑龙江省政协沈根荣副主席、佳木斯市王桂文副市长等同志来找我谈工作，刘校长等人就告辞了。谈工作的同志们走后我谢绝了当晚的联欢会，坐下来研究歌词，本想当晚就写出歌曲来，因为第二天早上8点我们就离开这里了。但头脑里有许多工作上的事，情绪集中不起来，另一方面这首词写得比较长，又没有统一的韵律，有几句和乔木同志的《扬州中学校歌》相同，经反复斟酌后我给刘校长写了一个条子，指出上述问题，同时说明这次不能谱曲，请她修改了歌词之后将来我再谱曲。夜已深，我便躺下了，但睡不踏实，脑子里老转这件事和与此有关的一些往事。回想起我任解放军艺术学院院长期间，军艺和黑龙江国营农场总局共建精神文明的一些情景，两个单位经常有来往，军艺的学生和教师还曾经到"北大荒"去深入生活、慰问演出，受到过深刻教育，我也专程去过牡丹江地区的一些农场参观学习，还应邀为八五七农场写过场歌《垦荒者心爱的家乡》。"北大荒"人"艰苦奋斗、勇于开拓、服从大局、无私奉献"的精神和"献了青春献终身，献了终身献子孙"那可歌可泣的英雄事迹这时都在我脑海里涌现，所以早晨5点钟我就起来了，觉得就这样走了不好，一离开这里，其他事情一来，冲淡了对这里的印象，可能就写不成了，即使写也可能就写不好了。所以我撕掉了写给刘校长的条子，决定一边修改歌词一边作曲，当我下定决心，集中思绪，调动情感，歌词便汩汩而出："在祖国的最东方，有一座美丽的学堂，我们从这里开始，去实现美好的理想。在祖国的最东方，有一座美丽的学堂，五年金色的时光，使我终生难忘。勤得利啊勤得利，我亲爱的家乡，第一小啊第一小，我生命的海洋。"我是在头两句歌词确定下来之后就开始谱曲的，一口气把曲调写完，然后再往曲调上填词，在刘桂云校长歌词原意的基础上改写。就这样，到早晨6点半钟的时候《勤得利第一小学校歌》就算写出来了。当刘校长从我手里接过歌谱，当我唱给她听后，她很高兴地表示满意。她说："我们的愿望终于实现了。该怎么感谢你呢？"我说："不必，我应该这样做。"

（1999年8月27日）

想起了去年的考察

——感受改革开放的新气象

去年后半年，我随全国政协教科文卫体委员会的考察组和秘书局组织的参观考察团，到过陕西、广东、河北、北京等地的一些城乡及企事业单位、文物部门、集贸市场、海关口岸等许多地方，使我大开眼界，深受鼓舞，感慨良多。

改革开放的二十年是中国发生了翻天覆地变化的二十年，特别是近几年来，党的十五大胜利召开，香港回归一扫百年耻辱，稳妥处理亚洲金融危机，军民奋战洪水，改善中美、中俄、中日等国际关系，这使我国在建设具有中国特色社会主义的道路上阔步前进。我们所到之处，但见城乡繁荣，市场充盈，物资丰富，商品琳琅满目，使人目不暇接，供求关系确实是进入了买方市场，这和买东西凭票、进饭馆吃饭排队的时代真有天壤之别。河北省高碑店的自沟市场过去是"晴天一身土，雨天一身泥"，以贩假、贩黄、混乱出名，现在则是物质文明和精神文明建设的先进单位，不仅环境整洁优美、经商文明礼貌，而且还创出了"玉兔"牌箔包等驰名中外的名牌产品，经济效益也大为提高。北京郊区的来广营乡和大兴县的留民营乡的生态农场等地方企业，实行科技兴农后生产力大为提高，经济效益猛增，生态环境和生活质量大为改善，有些地方的村民全部实行公费医疗、公费入托上学、住进水电暖齐全的现代楼房，人均居住面积达几十平方米之多。当地群众发自内心地拥护邓小平理论，拥护十一届三中全会以来党的路线方针政策，拥护以江泽民同志为核心的党中央的领导。一代伟人孙中山先生的家乡中山市有如花园一样，道路之整洁、花木之精美、环境之优雅，确实使人有流连忘返之感。尤其给人印象深刻的是政府出资修建、低价卖给教师们的住宅小区，房屋质量、设施、环境均堪称一流，大大改善了教师们的居住条件，调动了他们热心执教的积极性。

当然，在两个文明建设飞速发展的同时，有些地方也出现了一些新问题，比如在考察打击文物走私工作时，所到之处反映的问题就不少，有些情况触目惊心。联想到前两年在山西、山东文物单位的所见所闻，我归纳了几点意见：一要堵源，二要截流，三要改革。堵源就是堵住文物出土的源头，防止非法盗挖文物，防止出土文物流入走私分子手中。截流就是截断文物出境渠道，陆海空各关口全面拦截。改革涉及的方面多，首先是文物市场的管理要遵循市场的法则和规律，既要体现文物的文化价值，又要体现文物的经济价值，使这两个价值相辅相成地统一起来。以公有制为主，多种所有制并存，成立跨部门、跨行业、跨地区、跨所有制的联合体、集团公司或其他管理机构。加强文物部门与旅游部门联姻，扩大文物部门的资金渠道。物畅其流，为文物工作的发展建设创造良好的环境。建立文物监控中心并使之网络化，使全国上下，首都与边防、陆海空联成网络，让文物盗窃分子插翅难飞。改革有关法律法规，加大奖惩力度，设立有关基金，解决办案经费……总之改革是动力，出路在于改革。

在考察过程中也发现有个别地方为了创收而滥建旅游点，乱修庙宇，根据一些神话传说大兴土木，甚至宣扬封建迷信。这种所谓的旅游点对旅游的人们特别是青少年的影响是不健康的，对他们形成科学的人生观、世界观健康成长是不利的，是有悖于社会主义精神文明建设的，这种不良现象应当引起有关部门的关注和加强管理。

各专门委员会是政协工作的基础。政协的许多工作，特别是许多调研考察项目大多要由各专委会组织各方面的专家去进行，因此，加强各专门委员会及其办事机构的建设十分必要。参政议政贵在参与，只有参与才能议论，为国家献计献策共商大计。由此可以说，去年教科文卫体委员会组织的调研考察活动是很有成效的。

（原载于《人民政协报》1998年1月11日）

金钟奖的由来

2000年，政协组织去东北调查农村文化建设的时候，我们调查组的成员李文山就来找我，说想和中国音乐家协会合作，在廊坊举办一个合唱节。我问举办金钟奖，他愿不愿意？结果李老跟时任廊坊的市长孙建群谈及此事，孙市长马上从长春追我到吉林，对我说："傅主席，我愿意。"我说："我还得看看你那儿有没有条件对不对，等回到北京之后，我们考察组结束工作，我约上李老一块到你廊坊看一看，你得有比赛的场地，你得有选手居住的地方，有他们排练的地方，等等。"回到北京后，我就约上了李文山同志带上音协的秘书长、副秘书长去了。孙建群陪着我们转了一天，从室外场馆到室内的各处，重要的是他们还找到了赞助。这个奖项的设立不是我设立的，但是我启动的，为什么以前设立了以后就没有动静了呢，就是没经费。中央同意办这个奖，但是没有拨款，需要自筹经费。

我们考察了一段时间之后，又经过好几轮谈判，最后才定下来。决定2001年在廊坊举办金钟奖第一届评奖大会和颁奖。当时在奖项设置的时候，我提出：设立一个老音乐家的终身成就奖。条件是从事音乐工作60年，年届80岁以上的有成就的同志。另外，我们还提出设立交响乐评奖，交响乐一等奖的奖金设到了10万块钱。结果，交响乐一下来了121部，老艺术家，终身成就评出了27个人。在当时，老音乐家终身成就奖的评选，文联系统内音协是第一家这样做的，现在基本上各协会都有，可见音协第一个设置这个奖项，其作用是很明显的。

颁奖晚会上，我们把第一排的座位拿掉，摆上茶几、鲜花，准备了茶和水果。27位获奖者没能都来，来了十几个人，第一个周维世，然后是歌唱祖国的作者王莘，施乐蒙，王莘、施乐蒙都是坐轮椅的，工作人员把他们抬到台上去。王莘因为是半身不遂，用一个手指挥全场唱《歌唱祖国》，"五星红旗迎风飘扬"，全场掌声雷动，欢呼不绝。还有周巍峙，有些年轻同志知道"雄赳赳气昂昂"，不知道是谁写的，不知道它就是《志愿军战歌》，有些年轻同志面对这些传唱经典的、白发苍苍的曲作者，激动得直掉眼泪。

颁奖晚会之后就是酒会，气氛非常热烈。因为中国音乐金钟奖是针对专家的一个大奖，专业性很强。不像青歌赛，青歌赛是带有业余性质的，主要是歌唱表演项目。金钟奖涵盖的方面就具有普遍性了：有理论评奖，有作曲评奖，有器乐评奖，小提琴、钢琴、大提琴、四重奏等等，后又增设民乐、通俗歌曲等奖项，影响越来越大。我们不再担任音协的领导之后，后面的同志依然继续在推进这个金钟奖的工作，取得了很多进步。

（2012年8月）

辑四
随感　访谈

创造新的辉煌

——参加八届人大、政协两会的体会

八届人大、政协的两个一次会议是具有重要历史意义的会议。这不仅是因为选举了新的领导机构和领导人，同时因为在这届人大、政协工作的五年期间，将是我国社会发展的关键时期，将是建设具有中国特色社会主义的一个重要的历史阶段，我国的社会生产力将有巨大的发展，我国的综合国力将有巨大增强，我国的人民生活将有显著的提高，我国的国民经济将实现翻两番这个伟大目标。因此两会的主题就是贯彻党的"十四大"精神，在建设具有中国特色社会主义理论和党的基本路线的指引下，抓住有利时机，调动一切积极因素，把经济建设搞上去，这是会议的主题，也是会议的主旋律。会议的内容十分丰富，涉及我国国民经济和社会发展的方方面面，我的感受和体会也很多，这里我主要汇报以下几点。

进一步贯彻落实党的"十四大"精神

中国共产党第十四次全国代表大会的成就最主要的有两个方面，一是选举了以江泽民同志为首的新的中央委员会，产生了新的领导机构，为社会主义的千秋大业确立了组织保证。二是决定了以邓小平同志关于建设具有中国特色社会主义理论为党的指导思想，在纷繁复杂充满着矛盾和竞争的国内外形势下，这是我们党的灵魂和精神支柱。这是继党的"七大"确立以毛泽东思想为全党的指导思想，从而迎来新民主主义革命的伟大胜利之后，在我国社会主义建设取得的伟大成就也遭受过严重挫折之后，在东欧剧变苏联解体，旧的世界格局瓦解，新的世界格局正在发展，国际竞争日趋激烈，我国面临着新的挑战和威胁，我国的社会主义事业面临着严峻考验的关键时刻，党的又一次具有深远历史意义的伟大抉择，从而为赢得具有中国特色社会主义事业的伟大胜利获得了思想保证。这次人大、政协两会的全过程和两会通过的两个《决议》和《政府工作报告》《宪法修正草案》《关于1992年国民经济和社会发展情况与1993年计划草案的报告》等一系列重要文件，选举产生的两会新的领导机构和新一届国家政府等各方面的领导人员等都贯彻了"十四大"的精神，这就从国家的法统、政府的政纲、司法监察、人事安排、思想舆论等方方面面保证了"十四大"精神的贯彻执行，承前启后继往开来为我们国家的长治久安奠定了坚实的基础。

决定中国命运的三次思想大解放

思想的解放、观念的更新是事物发展的先导，也是引起事物发展的内在规律。小平同志在首钢的谈话中用"换脑筋"这个通俗的语言点出了问题的实质，这是一个历史的结论，尤其是当社会发展到一个转折的时期，思想的解放、观念的更新就更加显露出其重要作用，表现出它的决定性意义。1919年的五四运动为中国共产党的诞生做了思想准备，中国共产党的"七大"为全国解放建立中华人民共和国做了思想准备，1976年的"四五运动"为粉碎"四人帮"做了思想准备，这都是人们所熟悉的历史事实。粉碎"四人帮"以后，小平同志首先提出要破除"两个凡是"，紧接着又展开了真理标准问题的大讨论，从而为党的十一届三中全会做了思想准备，为后来的一系列思想解放起到了极其重要的先导作用。改革开放十四年来，我们的国家取得了举世瞩目的伟大成就，这些成就的取得其中一个重要原因就是思想的解放和观念的更新。在这个过程中有三次大的思想解放意义最为重大，这三次大的思想解放决定了党和国家的前途和命运。一是1978年2月召开的党的十一届三中全会，提出了把党的工作重心从以阶级斗争为纲转上了以经济建设为中心，从而开辟了一个改革开放的新时代，有了一个中心两个基本点的党的基本路线，有了中国历史和社会的巨大进步。这是一个伟大的历史转折。二是1981年9月召开的党的十一届六中全会，作出了《关于建国以来党的若干历史问题的决议》，彻底否定了"文化大革命"，全面评价了毛泽东同志的历史地位，提出了社会主义初级阶段论和社会主义商品经济论。这个《决议》解决了一个时期以来在全国范围内发生的"三信危机"，统一了全党全军和全国人民的思想，形成了新的强大的凝聚力，为进入全面开创建设具有中国特色社会主义新时期做了思想准备。事实再一次证明中国共产党是光明磊落的，是以人民的利益为己任的，有能力纠正自己所犯的错误，包括像"文化大革命"那样严重的错误，有能力领导我们的国家走向繁荣富强。三是从1993年初邓小平同志视察南方的重要谈话到党的"十四大"确定以小平同志关于建设具有中国特色社会主义理论为党的指导思想，决定建立社会主义市场经济体制。在如何看待市场经济、证券、股市、吸收人类社会的一切文明成果和世界上一切先进技术和先进管理方法等多方面的思想观念上取得了重大转变和突破，进一步明确了党的基本路线一百年不动摇，要抓住当前的有利时机把经济建设搞上去。这个思想的大解放引导着全党和全国人民掀起了空前的经济建设热潮，真可以说是席卷了大江南北长城内外全国上下，其规模之大、热情之高、影响之深、凝聚力之强、成效之快都是前所未有的，在国内外产生了强烈的反响。这是一次中国人民思想的大解放，这是对几千年来封建禁锢的宣战，这是中华民族优秀文化和民族精神的大焕发，它必将彪炳史册功载千秋。

这三次大的思想解放意义重大影响很远，可以说决定了中国共产党和中国人民的前途和命运，为我们饱经忧患、历尽沧桑的祖国开辟了光辉灿烂的未来。思想解放是一个长期过程，客观世界是不断变化的，如果不注意，思想就会落后于形势，陷于停滞和保守。我们要从实际出发，有的放矢地破除那些陈旧观念的束缚，解放思想，更新观念，换脑筋推动着我们的事业向着胜利的方向前进。

文艺要为伟大的创业时代放声歌唱

在八届政协一次会议期间，江泽民、李瑞环、丁关根、李铁映和中央宣传领导小组的成员会见了文艺界的政协委员，听取了委员们的意见，江泽民同志对文艺工作发表了重要讲话，内容很丰富，我体会最深的一点就是文艺要振奋精神鼓舞斗志，为我们这个伟大的创业时代放声歌唱，创作出无愧于这个伟大时代的好作品。

（一）中华民族正经历着一个伟大的创业时代

一首歌中唱道："奔腾的黄河长江，滚滚流向前，巍巍的长白昆仑，高耸入云端，伟大的中华民族绵延不断，经历了无数内忧外患，屹立到今天。"这是对我们祖国和民族的一个形象描绘。锦绣河山、灿烂文化、悠久历史、千古风流人物和那勤劳、勇敢、智慧、淳朴的美德构成了中华民族这个光辉的形象。她是世界上最古老的民族之一，她以自己博大精深的优秀文化贡献于人类文明，她以自己的悠久历史和伟大成就自立于世界民族之林。但是她也是一个饱经沧桑、历尽苦难、经历了无数内忧外患的民族。远的不说，自1840年鸦片战争之后，她备受帝国主义列强之侵略和欺凌，八国联军进北京，火烧圆明园，满清政府和国民党反动派与帝国主义列强签订了几十个丧权辱国的不平等条约，帝国主义者在上海租界的公园门上公然写着"华人和狗不得入内"，"九一八"事变，日本发动了侵华战争，给中国人民带来了空前的浩劫，中国共产党为了推翻帝国主义、封建主义、官僚资本主义压在中国人民头上的三座大山，为中华民族争自由、争解放、争独立，为中华民族的繁荣昌盛，领导中国人民进行了长达二十八年漫长的艰苦卓绝的斗争，共产党人夏明翰在敌人的监狱中写下"砍头不要紧，只要主义真。杀了夏明翰，自有后来人"的誓言，他果真被敌人杀害了。无数仁人志士抛头颅洒热血，前仆后继，流血牺牲，中国人民和共产党员牺牲了两千多万才换来了新中国的诞生，中国人民终于翻身解放。年轻的共和国刚经历了多年战乱又面临着国外的武装威胁，经济封锁，国内的颠覆破坏，真是困难重重百废待兴。敌人曾预言中国共产党领导不了经济建设，中华人民共和国要不了几年就会垮台。它们曾把战火烧到了鸭绿江边，但是伟大的中国共产党领导中国人民顶住了国内外一切压力，克服了各种困难，实现了农业、手工业、资本主义工商业的社会主义改造，建立起中国历史上前所未有的国民经济，社会主义事业取得了伟大成就。然而，由于我们从事的是我们未曾经历过的事业，有许多事物我们还不了解不认识，更重要的是在指导思想上发生过严重的失误，从而使我们的建设事业发生了重大曲折，走了弯路，付出了沉重的代价。当我们头脑冷静下来的时候，使我们震惊地发现，本来我们和一些发达的资本主义国家在经济建设上就存在的差距现在更加拉大了。在事实面前别无选择，只有急起直追。邓小平同志以总设计师的高瞻远瞩和伟大气魄，于1978年12月作了那篇具有重大历史意义的《解放思想，实事求是，团结一致向前看》的讲话，为胜利召开党的十一届三中全会定下了基调。党的十一届三中全会决定党的工作重心从以阶级斗争为纲转上了以经济建设为中心，从而在中国共产党领导中国人民争取解放和建设社会主义新中国的历史上进入了又一个伟大的创业时期，开辟了一个新时代。而指引这个时代前进的伟大旗帜就是经过十四年改革开放实践检验的、被党的"十四大"正式确定为全党指导思想的邓小平同志关于建设具有中国特色社会主义的理论。十四年以来，在这面伟大旗帜的指引下，中国社会的经济、政治、科学文化、国防建设发生了深刻的变化，社会生产力有了巨大发展，综合国力有了巨大加强，人民生活有了显著提高，实现了国民经济和社会发展的第一步战略目标，取得了令全世界公认的伟大成就，令世人刮目相看。今天的中国是历史中国的继续，也将是未来中国的前身。在中国共产党的领导下，全国人民正在以史无前例的规模进行着经济建设，它的广度和深度，它蕴含内容之丰富、影响之深远，带给中国人民的实效都是中国以前任何时期所没有过的。这是一个凝聚着中华民族悠久历史和灿烂文化，反映着中国人民的意志、愿望、理想和要求的伟大时代。难道我们担负着精神文明建设职能、发出心灵呼唤的文学艺术工作者还不应当以满腔热情为这个伟大的创业时代振奋精神、鼓舞斗志、放声歌唱吗！

（二）坚持"二为"方向，为巩固提高部队战斗力服务

为人民服务，为社会主义服务，这是中国共产党领导文艺工作的一项根本政策。是社会主义文艺和其他文艺的本质区别，也是多年来在文化艺术活动中提倡的唯一正确方向。部队文艺工作就其在部队工作中的性质任务和位置来说，执行"二为"方向就是要为巩固与提高部队战斗力服务，也只有坚持为巩固与提高部队战斗力服务才能坚持部队文艺工作的"二为"方向，因为人民军队的根本宗旨是为人民服务。人民军队是社会主义和人民利益的捍卫者，它也是人民和祖国的一个组成部分。

要巩固与提高部队战斗力，就要求部队的文艺工作要振奋部队精神，鼓舞部队士气，歌颂部队的新人、新事、新气象，要认真学习邓小平关于新时期军队建设思想，创作出巩固钢铁长城的好作品。于永波："军队的思想文化建设一定要坚持高标准，要激发干部战士的革命精神，鼓舞部队的战斗意志。"在人民军队诞生以后，在中国革命战争和社会主义建设的各个历史时期都产生过这样的好作品。抗日战争时期的救亡歌咏运动为什么那么普遍，那么深入人心，具有那样强大的力量呢？就是因为它唱出了人民的心愿和时代的声音。《黄河大合唱》《救亡进行曲》《松花江上》等抗日歌曲，数量之多、质量之高、作用之大，在中国音乐史上是前所未有的。为什么？就是因为这些作品和它的作者与时代和人民同呼吸，共命运，心连心。周恩来在冼星海的墓碑上写下了"为抗战发出怒吼，为大众

谱出呼声"的墓志铭。聂耳只活了23岁，但是他却是革命音乐的开拓者。他为田汉的词谱写的《义勇军进行曲》被确定为中华人民共和国国歌。在强敌入侵的时候他呼喊出"中华民族到了最危险的时候……用我们的血肉筑起我们新的长城"。所以聂耳、冼星海他们成为时代的鼙鼓和号角，他们在人民的心中树起了不可磨灭的丰碑。如果都是"商女不知亡国恨，隔江犹唱后庭花"，还有中华民族的今天吗？当年那些战斗的作品所产生的巨大鼓舞作用是无法估量的，许多人是由于受到革命文艺作品的影响才加入到革命队伍里来的，有些战士是高唱着革命战歌冲向敌阵的，许多革命烈士是唱着革命歌曲壮烈牺牲的。革命文艺作品鼓舞了一代又一代人，为了人民的利益，为了共产主义的理想和信仰而毕生奋斗英勇献身，甚至有一些文艺工作者本人就英勇地牺牲在战场。这样的例子不胜枚举，这是值得从事革命文艺工作的同志们感到骄傲和自豪的，这也是一个值得永远继承和发扬的革命文艺工作的光荣传统。

（三）社会效益与经济效益

当前，我们正处于社会主义市场经济体制的形成时期，新形势下的新问题新矛盾很多，其中特别突出的就是社会效益和经济效益的问题。这是一个带有相当普遍性的问题。因此需要加以回答。

文艺属于上层建筑，属于意识形态，属于精神生产的范围，它的本质和主要功能是作用于人们的精神，所以称文艺工作者是"人类灵魂的工程师"。文艺的这种性质就决定着文艺必须以社会效益为准则和前提，但是文艺作品也在文化市场里流通，如影视音像书刊等文艺作品的生产发行都存在成本投入、资金回收的问题，因此文艺作品也就具有商品的属性。市场经济是一种受价值规律调节的经济，文艺作品既然参与市场，那就不可能不受价值规律的影响，所以也就不能不考虑它的经济效益。随着单一的计划经济体制的被打破，那种由国家各级政府全包下来的产供销关系也代之以市场价格调整的供需关系了。如各电影制片厂生产的影片过去由"中映"公司统一收购发行，现在则改为各电影制片厂自产自销，如果你的拷贝卖不出去，你的成本就收不回来，就必然发生亏损。所以不考虑经济效益也是不行的。但是也不能单纯一味地追逐赢利，什么赚钱就搞什么，甚至为了赚钱而迎合低级趣味，放弃了"灵魂工程师"的神圣职责。在党的十四届二中全会上，江泽民同志指出："各级党委，思想宣传教育战线的同志特别是党的高级干部，在建设有中国特色社会主义的过程中，根据党的路线、方针、政策和国家的法律、法规，在重大问题上应该旗帜鲜明，提倡什么、发扬什么，反对什么、限制什么，不能含含糊糊。"邓小平同志早就指出："有一段时间最大的失误是教育，主要是思想政治教育。"在八届人大一次会议军队代表团会议上，江泽民同志指出："有中国特色的社会主义的伟大事业是社会主义物质文明和精神文明全面发展共同进步的事业。……我军应在精神文明建设方面更好地起带头作用，走在社会的前列。"所以我们既要适应市场经济发展的要求，又要根据文艺工作的性质任务，正确处理社会效益和经济效益的关系。在以社会效益为前提的条件下，力求社会效益和经济效益的统一。文艺要构筑民族精神，要影响人们的心灵，这是我们绝对不应忘记的。

（四）"阳春白雪"和"下里巴人"

现在社会上有一种流行的说法，叫做"严肃文艺"和"通俗文艺"。其实这种界定也未必科学，因为严肃的文艺未必不通俗，通俗的文艺也未必不严肃。毛泽东同志和江泽民同志都借用了公元前3世纪楚国的歌曲"阳春白雪"和"下里巴人"这两个名称来说明文艺普及与提高的辩证关系，阐述发展文艺的政策。在我们现实文化生活中确实存在着这种情况：一部分作品比较精深，能欣赏接受的人少些；另一部分作品比较浅显，能欣赏接受的人多些。人们由于不同生活经历、文化修养、社会环境、审美情趣而形成了在文艺欣赏上的不同需求，喜欢不同风格、不同形式的作品，这完全是正常的，合情合理的。正因为如此，所以才要"百花齐放，百家争鸣"，而不能一家独言千篇一律。"阳春白雪"与"下里巴人"都来自生活，来自人民，都是生活和人民的需要，谁也不应排斥谁，谁也不能代替谁，各有各的作用，各有各的听众观众和读者。江泽民同志在与文艺界的八届政协委员谈话时指出："人毕竟是人，是有血有肉有着多方面需要的，有战斗就有休息，有进行曲也有小夜曲……你要用政治的东西代替艺术是代替不了的。"李鹏总理在《政府工作报告》中指出："进一步发展文学艺术、新闻出版、广播影视等文化事业，充分调动文化工作者的积极性和创造性，鼓励他们深入实际，反映时代精神，反映人民的意愿和情感，为社会提供更多健康有益、生动活泼、丰富多彩的精神产品，以提高人们的境界，陶冶人们的情操。"按照这样的指导思想去进行文化建设，开展文化生活，创作文艺作品，不论是"阳春白雪"还是"下里巴人"，都会根据不同的对象而做到各有所好，各取所需，各尽其用，为具有中国特色的社会主义精神文明建设做出应有的贡献，为中华民族的文化宝库增添新的光彩。

（五）"学习外国，自强不息"

毛泽东曾指出："我们的文艺工作者要一手伸向古代，一手伸向西洋，屁股坐在工农兵方向。"后来他又提出"百花齐放，推陈出新，洋为中用，古为今用"的方针。邓小平同志1979年在全国四次文代会的祝词中指出："所有文艺工作者都应当认真钻研、吸收、融化和发展古今中外艺术技巧中一切好的东西，创造出具有民族风格和时代特色的完美的艺术形式。"他在1993年初的"南方谈话"中进一步指出："社会主义要赢得与资本主义相比较的优势，就必须大胆吸收和借鉴人类社会创造的一切文明成果，吸收和借鉴当今世界各国包括资本主义发达国家的一切反映现代社会化生产规律的先进经营方式、管理方法。"江泽民总书记在和八届全国政协委员的座谈中列举了大量中外文艺名著，号召文艺工作者学习中外优秀文化艺术成果，为我们建设具有中国特色社会主义的伟大时代振奋精神，鼓舞斗志，创作出好作品。

五千年的文明古国有着辉煌灿烂的文化遗产。西汉年间的神话故事《山海经》；西周初年到春秋中叶的诗歌集《诗经》，孔子、孟子、老子、庄子、墨子、韩非子为代表的儒、道、墨、法等学派的形成，战国时期的《楚辞》，两汉时期的《史记》，乐府民歌；唐诗宋词，李白；杜甫、白居易，王勃、杨炯、卢照邻、骆宾王；苏轼、辛弃疾、李清照；元代的戏曲，关汉卿的《窦娥冤》《望江亭》；明代的优秀长篇小说《三国演义》《水浒传》《西游记》；清代的《聊斋志异》，曹雪芹的《红楼梦》……文化的健康发展、优秀文化成果的创造，从来都是兼收并蓄承前启后的。中国古代文化的辉煌成就不仅照耀着中国的历史，同时也光耀世界。日本、意大利等许多国家曾多次派人派团到中国来学习，鉴真和尚、马可·波罗就是其中的代表。中国文化的许多优秀成果也被介绍到世界各国。新中国成立之后这种交流大大发展，改革开放以来这种交流更是突飞猛进。中国离不开世界，世界也离不开中国。我们既不要妄自尊大，也不要妄自菲薄；既反对闭关锁国，也反对崇洋媚外；既要深化改革，又要扩大开放。学习外国是为了建设中国，借鉴历史是为了发展今天，要发展积极因素，克服消极因素，振奋精神，鼓舞斗志，在建设具有中国特色社会主义理论的伟大旗帜和党的基本路线指引下，按照江泽民主席所讲六十四字创业精神和邓小平同志所讲的五种革命精神，为社会主义精神文明建设，为继承和发扬中华民族的优秀文化做出应有的贡献。

在发展社会主义市场经济条件下办好解放军艺术学院

从单一的计划经济转变为市场经济是一场深刻的革命，这个转变牵动着经济、政治、科学、文化、国防建设等社会生活的方方面面。军队不是生活在真空里，社会上许多变化必然影响到军队，因而军队的工作也出现了许多新情况、新问题，这就为军队的思想政治工作，其中包括军队文化工作提出了新的课题——如何做好发展社会主义市场经济条件下的思想政治工作。不久前总政治部召开了全军思想政治工作座谈会，会上传达了江主席、刘华清、张震副主席等中央军委领导同志的指示，于永波主任作了《认清形势　坚定信心　努力做好发展社会主义市场经济条件下的部队思想政治工作》的重要讲话。根据这些指示精神，结合军艺工作的实际，提出几点个人意见供大家参考。不妥之处请院常委、各位老师和同志们指正。

（一）坚持军艺为部队建设培养合格人才的办学宗旨

军艺是艺术院校，但不是一般的艺术院校，它是军队的艺术院校，是为军队建设服务而设立的艺术院校。建立军艺的目的就是为部队建设培养合格的文艺人才，这是军艺工作的出发点和落脚点。离开了这个宗旨，军艺就失去了存在的基础。只要军队存在一天，这个宗旨就不会改变。

军艺培养的合格人才应该既有艺术素质又有军队素质，应该是热爱军队，愿意为军队服务的德才兼备的人才。军艺的办学宗旨不会因为发展社会主义市场经济而有所改变。

（二）根据新时期战略方针的要求军艺要更加强调以教学为中心

刘华清副主席曾指出："院校的工作以教学为中心，这是由院校的性质所决定的。"新时期战略方针告诉我们，在和平时期巩固与提高部队战斗力的主要实践活动是军事训练，而我们军艺的主要实践活动就是教学。因此，我们全院的工作要以教学为中心，学院的各项工作要紧密地配合教学，急教学之所急，解教学之所难，供教学之所需，实实在在地为教学服务，这应该是全院工作人员的共识。这种观念要在全院人员的头脑中扎根。大家应该认识到，教学的成败关系到军艺的兴衰，切莫等闲视之。

为此我们要加强军艺的全面建设，从教学工作本身来看，尤其要强调加强具有军队特点的艺术教育体系的建设、教材的建设和教师队伍的建设，先有一流人才，才有一流事业。

最近经院党委批准，我们学院成立了学术委员会。在军委确定的我院新编制里增设了军事文艺研究室。我们的方针是"总结历史，回答现实，引导未来"，紧紧围绕以教学为中心，开展各项学术研究工作。

（三）教书育人走正路

在发展社会主义市场经济的条件下，人们的利益关系、思想观念、价值取向和生活方式都发生了很大变化。一方面将使整个经济和社会生活充满生机和活力，另一方面也必然使拜金主义、唯利主义和其他一些不正确的意识滋长。对此我们必须有清醒的认识。要加强人生观、价值观、事业观的教育。

要有针对性地加强思想政治工作。对现实生活中存在的实际问题要认真研究，正确把握，对全院人员的心理、思潮和舆论进行积极正确的引导，以形成良好的教书育人环境。政治工作要在加强的前提下改进，在继承的基础上创新。

在师生中要提倡敬业精神，要提倡干一行、爱一行、钻一行、出色一行，要把大家的精力都凝聚在教学上。要教学相长。要培养大家、特别是学生有为提高专业水平而努力拼搏百折不回的精神。歌德曾说过："财产失去了，只失去一点东西；名誉失去了，失去许多东西；勇气失去了，失去所有东西。"我们一定要教育学生走正路，树立正确的人生观，沿着人民需要的方向，沿着军队培养的目标刻苦钻研，发奋努力，学有所成，而不能找什么其他"窍门"和歪门邪道，这一点我们的各级领导和教师是负有责任的。我们要培养创一流争上游，敢为天下先的精神，为军艺增光，为军队增光，为祖国增光！

（四）加强管理，从严治校

"严师出高徒"历来如此，古往今来没有一个"稀松二古眼"作风能教出高材生来的。我们虽然是艺术学院，但我们是军队的艺术学院，军人素质的养成是我们培养合格人才的基本要求之一。良好作风的养成，顽强意志的磨炼，对一个人的一生事业的成败关系十分重大，这就是为什么在许多军转干部和当初上山下乡的知青中产生了许多杰出人才的原因之一，因为这些人的确经受过严格的组织纪律和艰苦生活的磨练。

作为一所军队的艺术院校应该有良好的校风，现在我们在主客观上都存在许多薄弱环节，近一个时期有所加强，但仍然存在很大差距，地方政府要求把我们学校建成文明小区，这是对我们的支持和鼓励，我们要加紧努力，尽快实现。

要在我们学院建立起一种团结和谐奋发向上的人际关系，大家心往一起想，劲往一起使，增强合力，共同为建设军艺而奋斗。

（五）从长远着想，加强经济实力

"没有远虑，必有近忧。"我们要想得远一些，要为军艺人的子孙后代想一想。为他们创造一些条件，以保证军艺的事业能够长治久安兴旺发达。

发展经济，发展校办产业，加强创收，这不单纯是挣几个钱的问题，也是一个保持军艺稳定，改善军艺办学条件，保证军艺兴旺发达的政治问题。对于我们国家来说，最大的政治就是抓住当前有利时机集中力量把经济建设搞上去。我们现在用于全院人的生活补贴近80万元，几乎接近我们教学经费的总数，这些钱都是从生产创收中上缴的。试想一下，如果没有这80万元补贴会怎样呢，现在物价又在上涨，那就会引起人们的恐慌，那就不利于全院的安定，那就会影响教学，所以也就不单纯是几个钱的问题。因此，我们要在国家和军队有关政策法律规定的前提下勇于开拓，锐意进取，争取大踏步地前进。未来的军艺将有可能形成东北地带是生活区，西南地带是开发区，中间地带是教学区的新格局。今年我们要重点抓住教学大楼和科贸大厦的立项工作，力争有所突破。如果这两个项目能够实现，三年后将达到年创收1500万元以上，将对军艺的建设和发展是一个莫大的支持。

（六）调整机制，理顺关系，提高效益

国家建设的出路在改革，军艺建设的出路也在改革，其关键在于调整机制，理顺关系，提高效益。要调动全院人员的积极性，分配和生产创收的成果要向教学和工作第一线的人员倾斜，要建立必要的激励机制、竞争机制和优胜劣汰机制。要提高全院人员的战斗力、凝聚力和工作效率，反对平均主义、碌碌无为、占着军艺的位置不为军艺出力等阻碍军艺发展的弊端。要解放思想，实事求是，根据军队工作特点，按照军委总政的指示精神进行大胆地有计划的改革。

（七）艰苦奋斗，清正廉洁，求真务实

我们的国家正处在一个艰苦创业的时代，我们的学院也处在一个继续创业的发展时期。上级对我们学院很支持，我们的编制已经扩大到1110人，从过去的大专、中专两级培训制扩大为设有研究生、大本、大专、中专的四级培训制，任务大为增加了。但是要完成这些任务，我们的条件很不够，许多设施还跟不上，教学和其他经费严重不足。按照计划，毕业实习的经费只有10万元，而实际上翻一番还不够。我们的北操场宿舍由于三材的调价和面积的调整资金缺口400万元。我们舞蹈系中专班今年下半年将达到150名学员，师资、教室、宿舍都相当紧张，安装程控电话总机又需要140万元，全院各项超支和缺口达500万元之多。我们只有发扬勤俭节约、艰苦奋斗的精神，为了军艺的建设节省每一分钱，同时想方设法增加收入以缓解这些困难。

在当前商品经济越来越扩大、竞争越来越激烈的情况下，各级领导要以身作则，率先垂范，清正廉洁，严于律己，牢固树立"服务"意识和"公仆"意识。共产党员要起带头作用和先锋模范作用，尤其在涉及切身利益问题上，绝不应该和群众争利。

要改进思想方法和工作方法，要从实际出发，深入实际、反映实际、解决实际问题，不搞形式主义，不做表面文章。要尊重人、关心人、理解人；说实话、办实事、求实效；真正把党中央的路线方针政策、军委总政的决策指示和本单位的实际结合起来，在群众中深入人心，在工作中开花结果。

同志们，解放军艺术学院从1960年建院至今，在上级的正确领导下，在历届老领导老首长的辛勤耕耘下，在全院同志的共同努力下取得了丰硕成果，现在军艺正处在一个继续创业全面建设的发展时期，机遇与挑战同在、希望和困难并存，让我们全院上下同心协力，艰苦奋斗，发愤图强，为军艺创造新的业绩。

（1993年6月7日）

讲政治　讲民主　讲参与

——祝人民政协五十年

人民政协走过了光辉的五十年。在这光辉的五十年里，在中国共产党的领导下，人民政协为中国人民的翻身解放，为中华人民共和国的成立和建设做出了巨大的贡献，积累了丰富的经验。其中，1995年八届政协第九次常委会通过的《政协全国委员会关于政治协商、民主监督、参政议政的决定》（以下简称《决定》），可以说是新时期人民政协发展史上的一个里程碑。因此受到中共中央高度重视并批示全国各级党政机关贯彻执行。《决定》公布四年以来的丰富实践也证明了它的重大意义。在庆祝人民政协五十周年之际谈几点学习心得。

讲政治。这是"政治协商、民主监督、参政议政"的核心。讲政治的根本内容，就是要贯彻党的基本理论、基本路线、基本纲领。要有利于发展社会生产力，有利于提高综合国力，有利于提高人民的物质生活和文化生活水平。这是人民政协在改革开放和社会主义现代化建设新的历史时期的主要任务。政治协商就是要围绕着这"三个基本"和"三个有利于"来进行，这是政治协商的主题。

讲民主。民主和监督是不可分割的。没有民主就无法监督，更不能有效地监督。所以民主是监督的前提，是监督的基础，是监督的保证。只有实行切实广泛的民主，才能展开有效的监督，才能利于党的基本理论、基本路线、基本纲领的贯彻，遏制腐败的滋生和蔓延，防止我们的社会主义国家变色。近年来全国法院受理的各类一审案件数量平均每年以9.71％的速度上升。相当一些人经不起金钱和物质的诱惑，理想信念动摇，人格情操堕落，致使多方面不少的干部，其中甚至还有少数高级干部失足犯罪，人数越来越多，金额越来越大，触目惊心。这都说明民主监督的力度应该加大、民主监督的水平应该提高、民主监督应该更加有成效。1945年7月，时任国民参政会参政的黄炎培先生访问延安，受到毛主席等中共中央领导的热情欢迎，返回重庆后，他发表了著名的《延安归来》，其中一段这样写道："有一回，毛泽东问我感想怎样？"我答："我生六十多年，耳闻的不说，所亲眼看到的，真所谓'其兴也勃焉，其亡也忽焉'，一人、一家、一团体、一地方乃至一国，不少单位都没有能跳出这周期率的支配力。大凡初时聚精会神，没有一事不用心，没有一人不卖力，也许那时艰难困苦，只有从万死中觅取一生，既而环境渐渐好转了，精神也会渐渐放下了。有的因为历时长久，自然地惰性发作，由少数演为多数，到风气养成，虽有大力，无法扭转，并且无法补救……一部历史，'政怠宦成'的也有，'人亡政息'的也有，'求荣取辱'的也有。总之没有能跳出这周期率。中共诸君从过去到现在，我略略了解的，就是希望找出一条新路，来跳出这周期率的支配。"毛泽东答："我们已经找到了新路，我们能跳出这周期率。这条新路就是民主。只有让人民来监督政府，政府才不敢松懈。只有人人起来负责，才不会人亡政息。"中国共产党没有任何自己的私利，中国共产党与各民主党派合作之目的也是全心全意为人民服务。所以，只有走民主之路，加强民主与法制建设。广开言路，使民主监督规范化、制度化、法制化，才能跳出这个周期率，保证具有中国特色的社会主义长治久安。

讲参与。人民政协是由中国共产党、各民主党派、无党派人士和各方面的代表人物组成的。所以人民政协具有广泛的代表性，是我们社会中强大的政治力量，对于推动社会进步发挥着不可替代的巨大作用。但所有这一切，都必须源于委员们对政协工作的积极参与。如果没有委员们的参与，一切都无从谈起。既然人民政协具有"政治协商、民主监督、参政议政"的职能，那么作为人民政协的成员自然也就富有一种责任和义务。那就是要为国分忧、为民分忧，成为国家和社会的积极建设者，成为人民的代言人。所以就要深入实际、调查研究，尤其是对人民群众和社会生活中那些热点、难点、焦点问题，对那些会影响社会发展和子孙后代的重大问题要开动脑筋，认真分析，出主意、想办法、建言献策。从而推动社会的进步，造福于人民。因此参加了人民政协就肩负着不予推卸的责任和义务，就应该以多种方式积极参与人民政协的工作。

"政治协商、民主监督、参政议政"是一个整体：政治是核心、民主是保证、参与是条件。讲政治、讲民主、讲参与就是为了更好地发挥人民政协的职能。21世纪即将来临，世界格局多极化、全球经济一体化，知识经济、信息时代、数字地球，新情况、新观念层出不穷，科学技术日新月异。我们的面前展现着巨大的机遇和严峻的挑战。正如李瑞环主席所指出："人民政协必须认真总结，找出差距，有所作为，有所前进。"为人民为祖国作出新的更伟大的贡献。

（1999年9月4日）

啊！三月三

2007年3月3日是个难忘的日子。上午胡锦涛总书记向出席"两会"的党员负责人做了开好"两会"的动员讲话，听后很受启发。下午，全国政协十届五次大会隆重开幕，这是本届政协的最后一次大会，也将是我参加全国政协工作十五年最后的一次大会，感受尤深。贾庆林主席作了常委会工作报告，黄孟复副主席作了提案工作报告。贾庆林主席的报告全篇七千多字，比过去减少了近一半，可谓言简意赅，字精意深，对全国政协一年来方方面面的工作进行了高度的概括，清晰、精练、有高度、有深度，委员们反映很好。

去年以来，中央的指导思想十分明确，重点强调以人为本，关注民生，为人民办实事，解决涉及民生的实际问题。取消实行了两千六百多年的农业税，取消农村中小学生的学杂费，城市带动农村，工业反哺农业，科技兴农，从而大大解放了农业生产力，提高了农民的生活水平，改善了农村的生存条件。城市的低保，农民工的工资、医疗、子女上学、节假日交通等等。

反腐倡廉力度的加大，重拳出击，严惩贪官污吏……使我联想到"十六大"刚一结束，胡锦涛总书记就率领中央政治局的同志们到西柏坡参观学习，继承传统，号召全党务必牢记艰苦朴素的工作作风，全党务必牢记谦虚谨慎不骄不躁的工作作风。至今，中央政治局每月举行一次学习会。这是何等宝贵的品格，何等英明远见的决策。所以，自"十六大"以来的五年，在邓小平理论和"三个代表"重要思想指导下，沿着科学发展观的思路，我国的社会生产力、综合国力、人民的生活水平有了大幅度的提高。

这一切都体现了以人为本，为人民着想，解决人民生活所面临的实际问题；这一切从根本上体现了中国共产党为人民服务的根本宗旨。

察民意、顺民心、解民危、体民情、慰民心，得民心者得天下。听了今天上午的讲话，参加了下午的开幕大会，使我深受触动，浮想联翩，我们的国家发生了翻天覆地的变化。这个变化是多么大呀！我是解放战争时期参加革命的文艺工作者，同时代的老同志老朋友几乎都已离休，有的已经作古，唯我还在工作岗位上，我深感自己的责任重大，我必须要尽职尽责，心无旁骛。

我伴着时代成长，时代在我的作品中打下了深深的烙印。

啊！难忘的三月三。

（原载于《人民政协报》2007年3月23日）

历史铸就我的人生

——中国音乐家协会主席、著名作曲家傅庚辰专访

李　欣

2009年6月29日晚，我观看了《时代之声》傅庚辰作品音乐会。6月30日参加了中宣部文艺局和中国音协组织的傅庚辰作品研讨会，阅读了与音乐会同时出版的《傅庚辰谈音乐》文集。7月23日上午又应邀参加了中国音乐家协会举办的"纪念中国音乐家协会成立60周年座谈会"。会上，作为中国音协主席的傅庚辰，在发言中满怀深情地说："在举国上下喜迎新中国60华诞之际，中国音协也迎来了60周年诞辰160年，是半个多世纪、也是一个人的大半生，波澜壮阔，峥嵘岁月，有多少往事萦绕在我们的心头！……"此时，坐在媒体席上的我，深知这句话中所包含的"一语双关"之意。

是啊！61年的音乐生涯，你可以从他的音乐中，去感受到每个阶段政治与经济的历史背景。61年的创作历程：你可以从他的旋律中，去触摸到每个时期留给人们的永恒记忆。此时此刻，怎么能不令他感慨万千呢？由此，我们很想聆听他讲述那一段段旋律背后的故事。

"时代之声"主题的由来

座谈会后的第三天，我来到中国音协主席、作曲家傅庚辰的家，在客厅的沙发上坐下来后，我们的话题从6月29日晚上在国家大剧院举行的"为庆祝新中国成立60周年暨中国共产党成立88周年"以"时代之声"为主题的傅庚辰作品音乐会召开。

我说，那天音乐会给我的感触很深。我和现场所有的观众们一样，在音乐的感染下，心绪在历史的场景中交错与重叠，情感在时间的飞逝中重温与再现。旋律，勾起了虽时过境迁而渐渐远去的心灵回响；旋律，换回了因岁月的久远而渐渐模糊的记忆；旋律，让我们感怀一位走过61年音乐人生路的喜悦；旋律，让我们感知一个伟大的中国不断进步的历史进程。尽管我和所有的观众对"时代之声"这个主题有着自身的理解，但当有机会面对主人翁的时候，还是非常想听听他的主张。傅庚辰微笑着，语气平和地叙述着这样一段往事。

早在2005年初，傅庚辰参加了由中宣部召集的为"纪念抗战胜利60周年创作的会议"，会议决定中宣部要拿出一笔钱，委约一些优秀作者创作交响乐。傅庚辰当即表示："我是音协主席，我不能拿这笔委约金。我要拿了这个钱会对别人有影响。但是，作品我还是一定要写的。"他还建议，将委约的作者们集中起来，给大家进行一下思想动员，请受约的作者到一些历史事件发生地去参观。比如：南京大屠杀纪念馆、沈阳"九一八"纪念馆，再看一看有关的电视片，如《延安颂》《长征》，等等。2005年7月，他的作品完成了。广州市委宣传部希望他把作品拿过去演出，"金钟奖"奠定了中国音协和广州友好合作的基础，傅庚辰便同意了。音乐会的准备工作紧张有序地进行着，正逢广州出版他的文集《难忘的五年》也到了校对阶段。这本文集是连续五年来傅庚辰在"金钟奖"颁奖会上的讲话。在他去广州校对这本书稿的时候，李岚清同志的秘书打电话给他说岚清同志正在广州，得知8月5日要举行傅庚辰作品音乐会。但他们的行程已定为2号就要回北京，希望在此之前改编成小型节目先在省委内部演一演。那时正式演出时间已经临近，傅庚辰考虑要将这些大型作品改编成钢琴伴奏，时间根本就来不及。在省委宣传部的协调下，8月2日在广州的友谊剧场第一次举行了以"时代之声"为主题的音乐会，《时代之声》音乐会由此产生。8月5日是为纪念抗日战争胜利60周年，在中山纪念堂举行了另一场交响音乐会，其作品由交响组曲《地道战留给后世的故事》、交响诗《红星颂》和冼星海《黄河大合唱》这三部作品构成，名为《民族之声》。2008年12月22日在南京，由江苏省演艺集团举办傅庚辰个人作品音乐会，这是第二次使用"时代之声"这个主题。相比较之下，那两次的音乐会曲目都没有2009年6月29日的这场丰富和有分量，这场音乐会应该是第三次使用"时代之声"这个名称。

《雷锋，我们的战友》一个响亮的名字

"时代之声"这个主题，重要的是由作曲家傅庚辰其作品产生的时代背景所决定的。1963年，毛主席题词："向雷锋同志学习。"随即，在全国掀起了一个学习雷锋的热潮。作曲家傅庚辰回忆中说："雷锋虽然比我小三四岁，牺牲时只有23岁。可是，我觉得他是很值得人们尊敬的。我始终认为雷锋虽然是一名年轻的战士，但他有着深刻的思想。雷锋曾认为一个人的生命是有限的，而为人民服务是无限的，要把有限的生命投入到无限的为人民服务之中去。这话很精辟，深入浅出。既通俗又很深刻，且和党的宗旨相吻合。共产党的根本宗旨就是为人民服务，我们从事音乐工作，目的和使命是什么？也是为人民服务。所以，我认为这是高度一致的。在全国人民学习雷锋的时候，我写了《雷锋，我们的战友》这首歌。"

1964年，傅庚辰在写这首歌曲时，歌颂雷锋的歌曲已有很多在社会上广为流传。如《学习雷锋好榜样》《唱支山歌给党听》《接过雷锋的枪》

《八月十五月儿明》，等等。这对他的创作无形中产生了很大的压力。他考虑到作品若写得不好，在群众不会产生反响，若与其他作品雷同，群众会觉得没有新鲜感。开始主题歌并不是《雷锋，我们的战友》，而是《高岩之松》。后来，他到雷锋班去体验生活、开座谈会，与雷锋的战友们朝夕相处。那段时间的生活体验，使傅庚辰感觉到《高岩之松》不符合雷锋的特点。雷锋的特点是伟大寓于平凡，他不是战争年代的黄继光、董存瑞、邱少云。他是和平年代的英雄模范，要寻找一个全新的切入点。基于这些思考，他否定了《高岩之松》，后经过数十个日夜的思索，终于产生了具有时代特征脍炙人口的《雷锋，我们战友》这首歌曲，这对傅庚辰具有里程碑的意义。

从《闪闪的红星》中的《映山红》到《欢庆舞曲》

若是提及"文化大革命"，提及"文化大革命"时期的音乐，就不能不提到电影《闪闪的红星》。当大众精神长期禁锢在实行文化专制主义的背景下，《闪闪的红星》的音乐让人们如沐甘露。正如中共中央政治局委员、中央书记处书记、中宣部部长刘云山在为《傅庚辰谈音乐》文集所作的序言中写道："在万马齐喑的'文革'十年中，他创作了电影《闪闪的红星》的音乐，那优美抒情的《映山红》《红星歌》《红星照我去战斗》的旋律滋润了多少人干涸的心田。"

作曲家傅庚辰讲述道："在文化专制主义的十年里，就连电影《地道战》里的《毛主席的话儿记心上》广播时都被剪掉了。按理说，这首歌是正面歌颂毛泽东思想的，原因据说是这歌'太软'。那时，经常听到的是'东风吹，战鼓擂，现在世界上究竟谁怕谁……''"文化大革命"好，"文化大革命"就是好……'他说："1979年10月末，在全国第四届文代会期间，时任文联主席的周扬在影代会上作报告，他是湖南人，乡音较重，很难听得懂。旁边的老艺术家王云阶告诉我："周扬在表扬你。"周扬说："党领导文艺之后，各个时期都有好作品，即使是在'四人帮'实行文化专制主义的十年当中，也有好作品。比如说电影《闪闪的红星》我没有看过，但是它的音乐我听过，那就是好作品嘛。"但《映山红》还是在社会上引起了一些议论。在一次座谈会上，就有同志问他："傅庚辰你为什么写夜半三更这样抒情的歌呢？"他回答说："世界上一切事物都是对立统一的，没有矛盾就没有世界。这不是别人说的，正是毛主席他老人家说的，所以，不能只有战斗性没有抒情性。

1977年的国庆节是粉碎"四人帮"之后第一个国庆节。天安门广场数十万人伴着《欢庆舞曲》所度过的狂欢之夜，已成为人们一个不可磨灭的记忆，这也是历史的痕迹。傅庚辰老师讲起了《欢庆舞曲》的创作经过："1977年7月的一天，一位二十来岁的年轻人到家来找我，一进门就自我介绍说是国庆办公室的工作人员。当时，我们还不认识（现在是我们中国音协的于庆新同志）。他把征集这支曲子的来龙去脉作了介绍，又提到已经有一些作曲家都参与进来了。征集上来一些作品，但国庆办公室希望我也能写一首，我欣然接受了这一要求。写好后，让我爱人用钢琴弹奏了这段旋律，录好后，交给了于庆新。一周后，于庆新告诉我，曲子被选上了。于是，我用一个星期把管弦乐总谱写出来。他拿走之后，很快到中央乐团，也就是'国交'的前身去录音、录唱片下发参加晚会的各单位。"

可以说，《欢庆舞曲》是粉碎"四人帮"之后的第一支乐曲，它产生了很深的社会影响，渗透在百姓的生活里。很多地方、很多人都喜欢用这首曲子来跳舞。一段时间，中央电视台还曾作为一个栏目的开始曲。

歌剧《星光啊星光》的那段日子

我们在《傅庚辰谈音乐》中阅读一个人的创作故事。同时，也在翻阅着一段不可忘记的历史。不能忘怀歌剧《星光啊星光》（以下简称《星光》）在历史长河中，曾掀起过的层层波澜。作曲家傅庚辰在回忆《星光》这段生活时说："这个剧本写于1978年的8月，1979年1月到了我的手上，中国歌剧舞剧院让我把《星光》写成歌剧。在此之前，我还接受了中央歌剧院的一个歌剧《记住啊请记住》，这是柯岩同志编剧的。就这样，我同时要创作两部歌剧作品。另外，我手里还有三部电影，时间非常紧张，紧张到星期六、星期天都不能回家了，当时，借住在空军指挥学院招待所，《星光》开始有近60段曲子，我和顾毅26天就写出来了。当时，创作的热情如奔涌的激流，挡也挡不住。《人民日报》《解放军报》还刊发了我好几首歌曲，一天到晚从不感到苦闷，也不感觉到累，完全处于亢奋之中。

1979年，《星光》彩排之后，争论非常激烈。两年后的1981年，党的十一届六中全会《关于建国以来党的若干历史问题的决议》中才正式否定"文化大革命"。所以这部歌剧从排练到演出也经历了一波三折。7月初，我们在中央党校彩排。之前，排练的时候住到大兴文化部干校。那时，正逢炎热的夏天，因窗户没有玻璃满屋都是蚊子。虽然很艰苦，但在去大兴之前更艰苦。我们在中国歌剧舞剧院内部排练的时候，每天有我和当时的院长严永还有责任副院长乔羽三个人。中午就在食堂的大案板上吃饭，我记得，就在这样的条件下，"乔老爷"还要来"二两"。中午就在院长严永的办公室休息，一张比较长的办公桌，一个破长的沙发，还有一个破旧不堪的铁片编的床，我们三个人各占一方。中央党校彩排一共两场，在头一场彩排完了、第二场晚上演出之前，中央党校教育长宋振庭接见我们时说："你们的戏在我们中央党校引起了轩然大波。今天上午原定的讨论题都不讨论了，学员们就讨论一个问题：'文化大革命'能不能否定？"我问宋振庭怎么看？他说："我同意你们戏的观点，'文化大革命'应当否定。"

周扬在文代会的报告里曾提到："粉碎'四人帮'之后，歌剧也有好作品，比如说《星光啊星光》那就是好作品嘛。"这句话可谓"一石激起千层浪"，我所在的代表团有人在会上说，《星光》能算好作品吗？"文化大革命"能否定吗？"文化大革命"是毛主席亲自领导和发动的，至少要三七开、四六开吧。文联主席周扬看到这个简报后，当晚，就去看了《星光》，看得热泪盈眶。看后，他在召集各代表团团长的会议中说："我要不是看了某某代表团的简报，说实在的，我还没看过《星光》。因为大会的报告也不是我一个人写的，我只是照着念，我看完这个简报之后，今晚专门去看了。我告诉你们，我认为我不但没说错，而且说得还不够。"周扬同志先后在文代会上对歌剧《星光》和电影音乐《闪闪的红星》给予了肯定。

1980年傅庚辰去上海录电影音乐时，曾在《文汇报》上看到一整版高度赞扬《星光》的文章，这是当时上海市市委副书记兼宣传部部长陈沂同志写的。1979年11月他在北京天桥剧场看《星光》，中场休息时，陈沂向傅庚辰要《星光》的剧本和曲谱，并说要让上海剧院演出。1980年，傅庚辰到家中去看望他；陈沂对傅庚辰说："你不知道，我拿给上海歌剧院的时候，当时歌剧院有顾虑。说这个戏政治性太强，怕票卖不出去。我说你们要卖不出票，亏了钱，我上海市委给你们补。"结果，一个月连演了31场，不但没有赔钱，还赚了钱。同年中国音协主席吕骥看完《星光》后，他走上台说了这样的话："不是说粉碎'四人帮'之后音乐界没有作品了吗？这不就有了吗？"曾有媒体问傅庚辰，为什么当时你敢写那样的作品？傅庚辰说，只有一句话，"文化大革命"那样的历史，绝不允许它重演。

《航天之歌》的构思与联想

2003年，中国发射神舟五号飞船，这是一个历史奇迹，国人为之振奋！在谈到创作《航天之歌》的情景时，傅庚辰老师的兴奋之情溢于言表。傅庚辰说："2003年6月，我与翟泰丰都是全国政协教科文卫体委员会副主任。在一次主任会议上，得知中国要发射载人航天飞船的消息后，我们十分振奋。"几天后，翟泰丰便写出了第一首《中国飞船是神舟》的歌词，很快把歌词交给了傅庚辰。他略加删改后谱了曲，他和翟泰丰拿自己的钱去录了音，反映很好。于是，傅庚辰写信建议翟泰丰再写一首《航天摇篮曲》和一首《航天圆舞曲》。翟泰丰就在当天连夜写了出来。当时他们并不知道谁是航天员，想象着他应该是个年轻人，还有个很小的孩子，他在天上飞，他的媳妇在下面轻轻拍着孩子入睡，美好的想象不断地激发他们创作《航天摇篮曲》的灵感，期待飞天发射成功与庆祝胜利时刻《航天圆舞曲》的构思也趋于成熟，很快他们"航天"的歌曲已经有了三首歌。如此重大的历史时刻，他们三首曲子是不够的。于是傅庚辰建议再把张爱萍作词的《腾飞吧中华》和1980年他的那首《诉衷情赠远洋船队》加进去，以五首构成了一部套曲。但觉得还是不够，还应该有一首男声独唱以赞扬为中国科技进步和发展作出巨大贡献的老一辈科学家。国防科委提出了为他们航天队伍再写一首群众歌曲的进行曲，这样前后一共七首，这就构成了一部大型声乐套曲《航天之歌》。遗憾的是，这次音乐会因为时间有限，观众只听到了其中的一首《航天圆舞曲》，但我们忘不了那天观众从台下送来的热烈持久的掌声！

一千多次的《小路》

大型声乐套曲《小平之歌》由《序曲》《他从广安走来》《三位老人》《小路》《新编凤阳花鼓》《小平您好》这六个段落构成。《序曲》涵盖了对小平庄严的赞颂和他出生时所处的那纷争战乱的黑暗年代的揭示。六个段落形成的套曲将观众们一次次推到历史的场景中去，又一次次拉回到现实中来。在亲切、浓郁的乡音、乡情中讲述了小平《他从广安走来》到成为党和国家领导人的《小平您好》的一生。《小路》以深沉委婉的调子叙述了小平那段难忘的岁月，让人们感受小平同志那高尚的情怀。

作曲家傅庚辰在谈到《小路》的创作时讲了这样一段经历："我曾专

程到南昌望城岗小平同志居住过的地方，这也是'文革'期间邓小平夫妇被软禁三年的地方。作品中的《小路》是小平同志从住地到南昌机械厂劳动的必经之路，统称为'邓小平小道'。我算了一下，从1969年10月到1973年3月，他在这条小道上反复行走了一千多次。在这一千多次的行走中，在静静的田野上，他不能不思考，他思考什么呢？我想，他当然会想到自己将来的前途与命运，但是更多的他会想到祖国和人民的前途和命运。一旦出来工作，他将怎样做，执行什么政策？"由此可见，一千多次在小路上的行走，是他改变党的工作重心的思想酝酿，是他改革开放的思想酝酿，是他改变中华民族命运的思想酝酿……这些思想酝酿的产生与形成太重要了！都和这条小路是分不开的。包括后来他的"南方谈话"，实际上都是他三年多深刻思考的结果。所以，《小路》这首歌在大型声乐套曲中占有特殊的重要地位。

作曲家傅庚辰讲："我被他和卓琳革命加同伴之间的那种深厚的感情所感动，这感动中有可贵的人性之光，因此写了《三位老人》这首二重唱与合唱。我曾经在曾庆红、李长春、刘云山等领导同志面前说：我认为，如果《小平之歌》的套曲中没有《小路》这首歌，这个套曲我可以不写。"是的，邓小平在"南方谈话"中说：党的基本路线现在不能变，五十年也不能变，市场经济并不是资本主义所独有的，这是一种经济手段。资本主义能用，我们也可以用。证券市场，他们能搞我们也可以搞。

作曲家傅庚辰认为，小平同志不是一般的对国家有贡献，他是中华民族的千古功臣。这绝不是个人崇拜，这是事实，这是历史，这是不应该被忘却的历史。如果没有邓小平同志，就没有中国的现在。当然，进步是历史的必然，但是如果推迟若干年，不会有现在的这个程度。所以，他写《小平之歌》不是偶然的。他庆幸在改革开放这个年代，写了这部作品。

写在采访之后

如果，一个人的人生能与音乐结缘，他该是多么的幸运

如果，一个人的成长能与音乐相伴，他该是多么的美好

如果，一个人的成就能与音乐徜守，他该是多么的幸福

收起笔，感触颇深。整个采访到撰写，始终围绕着他的音乐、思想和作品所产生的影响。可以说，音乐对他人生意义的形成，价值的形成，世界观、人生观的形成都有着千丝万缕的联系。正如他在《傅庚辰谈音乐》一书中所说的那样："音乐给我的影响太大、太多、太深，可以说，没有音乐就没有我的人生……"

（原载于《广播歌选》2009年08期）

时代赋予音乐神圣使命　音乐伴和民族伟大复兴

——傅庚辰谈音乐创作与音乐形势

中国艺术报记者

　　"新中国成立60周年的旗帜还在眼前飘扬，新中国成立60周年的歌声还在耳畔回响，新中国成立60周年的花车，那威武雄壮的大阅兵方阵撞击起的骄傲、自豪、赞叹仍在胸中激荡！自豪，中国人！自豪，中华民族！自豪，改革开放的伟大新时代！"回想起新中国成立60周年的纪念盛况，中国音协名誉主席傅庚辰至今仍然感到激动，他的激动一方面来自一个普通中国人对祖国母亲的情感，更重要的一方面则来自作为一名经历过解放战争，与新中国一起成长的音乐家，他见证、参与、讴歌了60年来新中国所取得的伟大成就，这些成就已经与他的艺术道路和生命轨迹深深地连接在一起。对新中国成立60年来音乐事业的发展他自然也了如指掌，他不仅为我们谱写下一曲又一曲动听的旋律，同时也为我们音乐的创作发展提供了宝贵的思考和智慧。

创作是一项艰苦的工作

　　记者：在您的创作之中，流传最广的是您的一些歌曲，比如《雷锋，我们的战友》《地道战》《红星歌》《映山红》《红星照我去战斗》《毛主席的话儿记心上》等，这些歌曲甚至成为年轻人参加各种比赛、选秀节目的热门曲目，可见生命力的旺盛。相反，现在的一些歌曲创作常常都是转瞬即逝，唱过一段时间就被人遗忘，您觉得是什么原因？

傅庚辰：进行艺术创作要有两个"吃透"。一是要"吃透"作品的主题思想，二是要"吃透"作品的艺术风格。而后者对于作品的成败往往更重要。为什么呢？因为对一部作品，特别是对一首歌曲来说，一看歌词，就可以一目了然，这首歌要表现什么思想内容可以看得明明白白，但你要把歌曲写成功，要把歌词的思想内容表现得生动、准确、深刻就不是一件容易的事，因为对同一个主题思想的歌词，可能有若干不同的表现形式，作者需要认真地反复斟酌、推敲，从若干方案中筛选出最佳方案，并将它体现于作品之中，才有可能获得成功。千万不能"浅尝辄止""差不多就行"。这样做就等于"自杀"，就意味着失败。尤其要指出的是，当你已经改了又改，试用过许多方案之后还不满意，效果还不好，当你已感到很累、很疲惫，甚至有"江郎才尽"之感的时候，也千万不要停下来，不要放弃；或者当你选出某个方案还算说得过去，效果大致上还可以的时候，你也千万不要满足，还要鼓足勇气继续向前跋涉，向前求索，向上攀登。要勇于否定自己，要有"会当凌绝顶，一览众山小"的决心，否则就会是"为山九仞，功亏一篑"，写出来的作品就会是"随大流""一般化"，没有个性，不够典型，缺乏生命力。而这时你已经走了99步，还有一步之差你就停止不前了，结果已走过的99步也就前功尽弃了。毛泽东曾说过："胜利往往就在最后坚持一下的努力之中。"所以作品的艺术风格、音乐语言，一定要狠下功夫，反复推敲，首先要做到自己满意，自己通得过，要有"语不惊人死不休"的毅力。当然，说起来容易做起来难，但也正因为它难，才能体现出艺术创作的甘苦和功力，也可以说苦中有乐、乐在苦中、功在苦中吧。

记者：对创作的执着和真诚成就了一首又一首的经典歌曲。

傅庚辰：是的，凡是获得成功的创作，大多有这样的创作经历。首届中国音乐金钟奖歌曲金奖第一名《大漠之夜》的创作可谓"十年磨一剑"，尚德义前后用了十年的时间进行过多次修改，终于一举夺冠，获得专家和评委们的高度评价。王世光的《长江之歌》、徐沛东的《亚洲雄风》因为旋律写得既优美动人，又气势恢宏，所以被填上歌词后广泛流传。赵季平的影视音乐，印青的歌曲，杨鸣、姜春阳、王祖皆、张卓娅、徐占海、雷蕾、唐建平的歌剧，朱践耳、王西麟、郭祖荣、徐振民的交响乐，中年作曲家叶小钢、郭文景、孟卫东、孟庆云、臧云飞，以及旅居海外的谭盾、陈其钢等都为祖国的音乐建设作出了宝贵的贡献，陆在易的以祖国为主题的声乐作品有独具的风格和成就。张千一写的《青藏高原》因为准确地抓住了藏族音调的风格气质，写出了广袤无垠、直达天宇般的旋律，而受到包括藏族同胞在内的群众的普遍喜爱。当你千辛万苦、废寝忘食创作的作品最终获得成功的时候，一切辛苦也就成为美好的回忆了。而且时间越久，作品的生命力越强，价值就越大。再回头看看当初的艰辛，你就更会感到付出的辛苦确实很值得，庆幸自己"咬牙"坚持了下来，否则就不会有今天的成就。

群众合唱需创作者介入

记者：艺术家创作带来的喜悦莫过于听到自己的歌曲在群众口中传唱。现在，在祖国的大江南北群众合唱已经蔚然成风，很多经典的歌曲在群众中广为流传，有的还经过他们的改编，还有一些痴迷于合唱的群众甚至自发地投入歌曲创作中来，对此您有什么感受？

傅庚辰：十年前的隆冬季节，一位朋友告诉我：景山公园每个星期天都有很多群众自发地到那里去唱歌，这引起了我的好奇。于是，在一个星期天我也特地到了那里去看看。我到达时已经是上午9点半，忽然眼前出现了一个熟悉的身影，他是一位将军，家离景山公园很远。我心想，难道他也是来唱歌的吗？事实果然如此。这位将军从9点半一直站到中午

12点多钟，一首不落地和大家一道放声歌唱。虽然是大冬天（我因准备不足，穿得少，已冻得跺脚），但这里已聚集了三四百人，歌声是那样的昂扬，情绪是那样的高涨，几乎每唱完一首歌人们都要自发地鼓掌、欢呼，像是在庆祝胜利。这情景深深地打动了我这个老音乐工作者。为了弄清究竟，我一直等到他们全部唱完才请来手风琴伴奏和几位唱歌者聊了起来（这时有人已把我认出来）。据他们说这里的合唱队伍完全是自发的，没人联络召集，大家在这里唱歌已有五六年了，北京其他公园里也有类似的情况。我问他们是不是在专业团体里工作过。他们说，这群人中"藏龙卧虎"，将军、部长、教授、专家都有，自然也可能有在专业团体里工作过的，但指挥、手风琴伴奏和他们几个全是业余的。并问我有没有新歌交给他们唱，我答应下个星期天带给他们。7天后我如约前往，将一首《振兴中华》交给了他们。一个月后，在中国音乐家协会召开的新年团拜会上，我讲了在景山公园的见闻，并建议"在下半年适当的时候，召开群众音乐工作会，对群众中蕴藏着的巨大音乐热情，给以正确的引导"。转年，在中国音协和文化部共同召开的"群众歌曲创作研讨会"上，我作了长篇发言，再后来我把这篇发言写成文章，题目就叫《亿万人民纵情歌唱》。

记者：为什么群众合唱会如此火热？

傅庚辰：我们的词曲作家们有理由为自己的工作而感到自豪，他们用心血浇灌出来的作品之花，开放得多么灿烂；他们谱出的歌声被一代又一代人所传唱着，鼓舞着人们坚定理想、坚定信念、坚韧不拔地去战斗、去工作、去劳动、去生活，对我们的党和国家，对我们的人民和时代，充满了无限的爱。同时我也在想，人们为什么会这样地纵情歌唱？为什么那歌声是那样由衷的甜美？那是因为，中国人从来没有过上像今天这样的好生活，这样心情舒畅过！1978年党的十一届三中全会实现了工作重心的转移，从以阶级斗争为纲转向以经济建设为中心，坚定不移地执行"一个中心、两个基本点"的基本路线，经济建设取得了巨大成就，社会生产力、综合国力、人民的生活水平有了很大提高，这就是亿万人民纵情歌唱的物质基础和根本原因。因此人们发自内心地歌颂党、歌颂中国特色社会主义、歌颂自己的新生活。同时，每周一次的纵情歌唱，对他们来说也是"陶冶情操、净化心灵、寓教于乐、愉悦身心"。正如群众歌唱家们那简朴歌本封面上的题词"相逢何必曾相识，高歌一曲乐陶然"。

记者：在这样的背景之下，音乐工作者应该是大有作为，成为合唱活动的参与者和引导者。

傅庚辰：是的。当前的群众歌咏活动有着很高的热情，有着很广的参与面，也有着很大的自发性。我们要抓住这个时机，珍惜群众的积极性。因势利导，要有针对性地努力做好多方面的工作，使这种可贵局面长盛不衰，健康发展，成为我国社会生活中的一道亮丽的风景线，成为建设具有中国特色社会主义、推动先进文化建设、保持社会安定和谐的一种积极力量。

首先，我们要多创作群众喜爱并能演唱的歌曲，为他们写出内容好、曲调好、易唱、易记、易传的新歌。当然也要写一些专业水平高、艺术性强的歌曲，供给一些水平较高的群众歌咏团体来演唱，满足多方面的需要。其次，在创作上要把时代的、民族的、大众的三者统一起来，要把民族风格和时代精神统一起来。新写的群众歌曲既不同于历史歌曲，也不同于外国歌曲，而是具有当今社会主义中国特色和气派的歌曲。要热情讴歌改革开放，讴歌社会主义现代化建设，讴歌新时代和新生活？要振奋人心、鼓舞斗志；要充满信心和力量，充满希望和光明。最后，要有计划有组织地为群众歌咏活动培训指挥、教员等骨干力量。各地音乐家协会要把群众歌咏活动当作一件十分重要的工作来抓：组织创作，培训骨干，协调活动，搞好服务，为群众歌咏活动的健康发展营造良好的环境。总的指导思想是贯彻社会主义核心价值观，"以科学的理论武装人，以正确的舆论引导人，以高尚的精神塑造人，以优秀的作品鼓舞人"。沿着先进文化的前进方向，为培养"有理想、有道德，有文化、有纪律"的社会公民而努力工作。

学习现代技法要学以致用

记者：群众的音乐活动也正在不断拓展，他们不仅在合唱等易于参与和学习的音乐领域抒发自己的情感，他们也在音乐领域有了更高的追求，参与到诸如交响乐、歌剧等大型音乐的艺术活动之中。对群众的这种热情您怎么看待？创作者又应该如何在其中发挥作用？

傅庚辰：我们不妨想一想：我们的交响乐、歌剧作品和演出是听众多一些好还是听众少一些好？是听得懂好还是听不懂好？是大家爱听好还是大家不爱听好？我建议适当地提倡"雅俗共赏"，适当地提倡作品的旋律性，因为旋律是音乐的灵魂，世界公认的伟大作曲家贝多芬、柴科夫斯基以及许多世界著名作曲家的成功和他们的作品里都有着生动的旋律是分不开的，这方面的例子不胜枚举。写总谱是十分辛苦的，"谱上声声乐，作者心头血"。我也是一个作曲家，对作曲家的艰辛劳动，我是深有体会的。所以，我不希望耗费作曲家大量心血的作品被束之高阁，而希望它们响彻祖国的四面八方，传遍世界。

记者：要做到"雅俗共赏"不是一件容易的事，尤其对从西方传入中国的交响乐来说，如何学习现代技法，又能与中国的音乐传统和文化环境结合起来？

傅庚辰：关于学习现代技法和交响乐、歌剧创作的问题我已经在不同的时间、不同的地点讲过多次，写过多篇文章，也听到了多方面的反映，甚至有的同志还好心地劝我不要再讲，以免有副作用。但我是一个在音乐界负有一定责任的音乐工作者，为了我国音乐事业的兴旺发展，我觉得应当讲出真实的看法与大家共同商量探讨。

首先，要学习现代技法，要认真地学，努力地学，要把现代技法真正学到手。因为时代前进了、生活前进了、艺术也前进了。面对新时代、新生活、新需求和丰富多彩的世界，艺术不应当也不可能原地踏步，必须也必然会丰富自己的表现手段。在经济全球化、科学技术一日千里，世界各国、各民族文化相互交流的形势面前，原地踏步、故步自封不仅不可取，也是行不通的。所以我们要学习现代技法，要认真地学，努力地学，一定要把现代技法学到手，这是毫无疑问的。

但是，要学以致用，学用结合，学习的目的全在于应用。学习现代技法不是为学而学，不是为技法而技法，学习的目的是为了应用到中国的实际；是为了创作出具有中国风格、中国气魄，受中国人民喜爱的作品；是为了表现我们伟大的时代、火热的生活、可爱的人民，以使所学到的现代技法、丰富的手段在表现时代、表现生活、表现人民的时候，作品更丰富、更生动、更深刻、更受到广大人民群众的欢迎。所以，我提倡现代技法中国化、音乐语言民族化、音乐结构科学化。

儿童歌曲创作需有童真童趣

记者：儿童是祖国的未来，他们对音乐的喜爱是我们中国音乐的希望所在，您如何理解儿童音乐创作的意义？

傅庚辰：对儿童的成长全社会都负有责任，其中也包括我们音乐工作者。历史证明，我们的音乐家、我们的词曲作家是与祖国和人民同呼吸共命运的。每到历史的关键时刻，每到民族的危急关头，他们便会挺身而出，唱出时代的呐喊，发出民族的吼声，振奋人心，鼓舞士气，和人民共同战斗，赢得胜利。这已为《义勇军进行曲》等大量抗日战争歌曲和各个历史时期的歌曲所证明。在儿童歌曲创作方面也出现过《歌唱二小放牛郎》《我们是共产主义接班人》《让我们荡起双桨》《听妈妈讲那过去的事情》《快乐的节日》《红星歌》《七色光》《歌声与微笑》《同一首歌》等许多作品，鼓舞了一代又一代青少年坚定理想信念、健康成长。

世界进入了21世纪，中国进入了新千年。随着科学技术的一日千里，客观世界的千变万化，随着市场经济的蓬勃发展，改革开放的进一步扩大，东西方交流日益增多，未成年人的生存环境，生活质量、生活内容、生活水平都发生了巨大的变化。随着物质基础的改变，精神生活也必然发生改变。一方面精神文化蓬勃发展，另一方面也存在着道德沦丧、腐朽文化侵蚀少年和儿童的心灵。花朵需要浇灌、需要滋养、需要去除病虫害。我们必须面对这个严峻的现实，面对新形势、新情况，迎接新挑战，解决新问题，创作出弘扬正气、坚定理想信念、适合儿童特点、为广大儿童喜爱的新时代儿童歌曲。

记者：那么，我们的儿童音乐创作应该如何体现其积极的作用？

傅庚辰：爱国主义是民族精神的核心，也始终是青少年思想道德建设的主题。世界观、人生观、价值观始终是青少年成长的根本。不仅我国如此，资本主义发达国家也如此。我们产生过许多好作品，外国也产生过一些有影响的作品，如美国的《音乐之声》、日本的《阿童木之歌》、德国的《英俊少年》。音乐是一种美好的艺术，我们的音乐要发现美、发掘美、弘扬美、创造美。让我们的音乐和歌曲给人以鼓舞、给人以力量、给人以陶冶、给人以欢乐、给人以美的享受。让儿童在美好歌声的陶冶中健康成长。

金钟奖促进音乐事业发展

记者：长期以来，您不仅是音乐创作者，还担任音乐组织者的角色。尤其是近千年来，您参与和见证了中国音乐金钟奖的产生和发展；您能谈一谈这一奖项的发展过程吗？

傅庚辰：在21世纪之初，2001年我们启动了中国音乐金钟奖。万事开头难，中央批准设立这个奖项三年之后，经过多方共同努力，这一奖项才终于在北方的一个小城市廊坊启动。廊坊功不可没、贵在开创。第二届金钟奖在一个更小的地方——鼓浪屿举办，地方虽小，但在音乐生活方面颇有名气，因此也扩大了金钟奖的影响，使得更多的人知道了金钟奖，一些省市也纷纷要求举办金钟奖，金钟奖的地位得以确立，所以第二届贵在立足。第三届历经4个省5个市的协商谈判，最终落户广州，得到了一个最佳合作伙伴，拥有了一个真诚的、充满改革创新精神的合作者。广州市领导的睿智、魄力和目光深深吸引着中国音乐家协会，这才有了金钟奖的"根据地"，从而为金钟奖的发展开辟了广阔的空间，各方面的工作都有了长足的进步，实现了金钟奖的跨越式发展。各项工作不断改进，向深度和广度进军，金钟奖的品牌效应也突出显现，随着金钟奖标志物的确立，随着凝重、浑厚、吉祥、光芒四射的巨大金钟的亮相，主题歌《金钟之歌》的唱响，随着近两年金钟奖的改革，通俗、民族、合唱等分赛区的设立，金钟奖的工作和社会影响也提升到了一个新的高度。金钟奖已经成为经济文化社会发展的一个缩影。

记者：作为一个奖项来说，它不仅是选拔人才的一个机制，而且它应该通过自身的影响力去倡导一种精神，成为音乐发展的动力。

傅庚辰：对。实际上，"金钟精神"就是民族精神在音乐领域的体现，就是中华民族百折不回、生生不息、勤劳勇敢的拼搏奋斗精神。对于金钟奖、"金钟音乐""金钟精神"来说就是要弘扬民族之声！而弘扬民族之声就要继承发扬中华民族的优秀音乐传统。我国有着悠久的历史和灿烂的文化，在辉煌的历史文化长河中，也涌动着中华民族音乐的奔腾激流。从古至今产生了许多伟大的音乐家和伟大的音乐作品。如春秋时期的师旷、师涓，汉代的李延年，魏晋时期的嵇康，隋代的万宝常，唐代的唐玄宗，宋代的姜白石，明代的魏良辅、朱载堉都作出了重要贡献。河南午阳出土的骨笛将我国的音乐编年史向前推进了4000年。湖北随县擂鼓墩出土的"曾侯乙编钟"是2400多年以前的精美制造，震惊了世界。汉代的乐府、唐代的大曲、宋代的词调、元代的杂剧、清代的小曲，多么绚丽夺目、丰富多彩；近代的音乐家肖友梅、赵元任、刘天华、黄自、黎锦晖、马思聪、华彦钧，特别是开辟了革命音乐之路写出了中华人民共和国国歌——《义勇军进行曲》的聂耳，写出了《黄河大合唱》的冼星海和他们的战友吕骥、贺绿汀、任光等为中华民族的音乐发展作出的卓越贡献，又是多么值得我们崇敬。我们不仅要继承这些优秀的传统和遗产，而且还要使之发扬光大。

"金钟精神"要弘扬时代精神。金钟奖启动于21世纪之初，启动于我们国家进入全面建设小康社会的新的历史阶段。新世纪、新阶段、新时代赋予我们音乐工作者的神圣使命，就是让我们的音乐振奋人心、鼓舞斗志、吹响时代的号角、擂响时代的战鼓，伴随着祖国和人民的前进步伐高歌猛进！

"金钟精神"要开拓创新。"金钟精神"要引领中国音乐的前进，就必须出新人、出新作，出作品、出人才，涌现杰出人物和精品力作，成长出伟大的音乐家和伟大的作品。在继承传统优秀文化的基础上，吸收世界上一切文明成果，并结合新的时代、新的生活、新的需要创造出新的业绩。因为创新是事物发展的不竭源泉，是事物前进之根。

"金钟精神"还要造就著名品牌。要使金钟奖成为国内外的著名音乐品牌，使中国的民族之声传遍天下，名扬五洲四海。它将和政治、经济、科技、教育共同作用于一个地区、一个城市、一个民族、一个社会整体素质的提高，促进社会全面发展。

为建立中国乐派而努力

记者：总之，现阶段音乐在人们生活中的影响越来越大，这是时代赋予音乐发展的一个机遇，您怎么看待这一机遇？中国音乐工作者应该有何作为？

傅庚辰：当前的中国，呈现出空前的音乐热，群众中涌动着巨大的音乐热情，社会上呈现出巨大的音乐市场。中国的音乐事业和人民的音乐生活在党中央的正确领导下有了巨大的发展和进步：优秀的音乐创作和表演人才纷纷涌现，我国选手在国际比赛中频频夺冠；音乐教育体系日趋成熟，音乐院校大量增加，就学人数不断翻高，海外学子纷纷回归；音乐理论研究日益系统深入；群众歌咏活动有如雨后春笋；音乐演出市场空前活跃，各国著名音乐家和音乐团体纷纷来华献艺；音乐考级遍地开花，学习音乐的热潮一浪高过一浪，中国的音乐事业一片繁荣。中国音乐工作者应该继承民族音乐传统、学习外国先进音乐文化，结合中国实际开拓新的局面，建立具有中国特色的音乐学派，从创作上、理论上、表演上、教学上、对外交流上，弘扬优秀民族文化，弘扬中华民族的伟大精神，为创造具有中国特色的音乐学派而努力奋斗！

记者： 在当前的社会环境中，音乐工作者如何去结合实际，完成中国乐派的建立呢？

傅庚辰： 今天的时代对内搞活、对外开放，实行社会主义市场经济，加入世贸组织，经济发展、政治稳定，文化繁荣、社会进步，现实生活是多么的丰富多彩！人们的文化需求也必然是多种多样。选择什么样的题材、体裁、风格、手法完全是音乐家的自由。但是，万变不离其宗，为人民服务是我们的根本宗旨，是我们一切工作的出发点和落脚点，是我们工作的根本。一切音乐技法归根到底只有一个目的，那就是为了增强音乐的表现力和感染力，为了让人民更喜爱我们的音乐，让音乐更好地为人民服务。

全面建设小康社会，实现国家现代化，实现中华民族的伟大复兴，这是我们伟大时代宏伟壮丽的三部曲。我们的音乐创作、音乐教学、音乐表演和一切音乐活动都要围绕这个伟大的时代主题来展开，要踏准这个时代的节拍，唱响这伟大时代的三部曲，在这个伟大历史的进程中，在构建和谐社会中发挥音乐事业的积极作用。时代给音乐以生命和主题，音乐给时代以呐喊和推动。一百多年前贝多芬在他的《第九交响曲》里唱道："团结起来，亿万人民成兄弟。"今天我们要建立和谐国家、和谐世界，要比他唱得更响亮！

（原载于《中国艺术报》2009年11月5日）

以制度建设为根本，锲而不舍推动音乐维权事业

马力海

多年来，傅庚辰同志不仅在音乐创作领域成果颇丰，还十分关注音乐家维权工作。当选中国音乐家协会主席后，发起了中国音乐金钟奖；提议设立了老音乐家的终身成就奖；参与全国政协调研、解决艺术团体特殊工种补贴问题。多次通过不同形式向有关部门和中央领导反映音乐界的诉求，为推动音乐界著作权保护工作、保障老艺术家相关权益、推动相关制度建设作出了积极而重要的贡献。近日，我们怀着敬慕的心情来到傅庚辰同志家中，对这位知名的人民的音乐家进行了专访。

词曲作者遭受侵权普遍、版税收入得不到保证

谈到音乐界权益保护的现状，傅庚辰同志指出，改革开放以来，特别是进入21世纪以来，我国的社会生产力、综合国力、人民的生活水平有了大幅度的提高，特别是20世纪90年代《著作权法》颁布实施后，全社会尊重和保护著作权的意识有了很大的提高。但是，侵犯著作权、非法使用他人作品、不尊重词曲作者劳动的情况仍普遍存在。

就音乐作品词曲作者而言，一方面是遭受侵权：时至今日还有一些广播电台、电视台不向词曲作者支付音乐作品使用费；不少演出单位不经作者授权擅自在商业演出、商业活动中使用作品；个别音乐出版单位随意对

音乐作品进行改编、串烧，严重侵犯了词曲作者的署名权、修改权、保证作品完整权等人身权利。另一方面，是权益不被重视。在一些城市举办的纪念改革开放30年的音乐庆典活动中，几乎是同一批作品、同一批作者、同一批演唱者走马灯似的换场，但奖励和收入却有天壤之别，演唱者动辄几万、十几万，甚至几十万的"出场费"形成鲜明对比，词曲作者只能得到一纸空文（奖状），在整个庆祝活动中，有的歌手演唱30多场，每场30万，加起来数字惊人！有鉴于此，傅庚辰向主管宣传思想工作的两位中央领导上书，要求落实《著作权法》并得到了他们的支持。

傅庚辰同志认为，制度是根本的。我国正在迈向知识经济时代，制定科学的、可操作的著作权益保障制度具有根本的重要意义。要改善作者合法权益被侵犯或不被尊重的现状，首先要抓住制度建设，完善顶层设计。从《著作权法》第四十三条规定"要付酬"，到国务院出台法规确定"怎么付酬"的过程中，他和音乐界的词曲作者们曾通过不同途径、在不同场合、以不同身份一次又一次地向有关部门反映音乐家权益现状，推动制度出台，使制度能够切实保障词曲作者权益。傅庚辰同志认为，党和国家高度重视知识产权保护工作，但相对于西方发达国家这项工作在我国起步较晚，是一项新的事业，任重道远，与点对点的解决个体案件相比，建立行之有效的制度具有根本性质，是持续、稳定保障艺术家权益的重要一步，也是最关键的一步。

亟待建立荣典制度

新中国成立以来和改革开放三十多年中，产生了一批流传广、影响大的优秀作品，激励和陶冶了一代又一代中华儿女，时至今日仍被人们广为传唱和使用。我国有一批经历了社会主义革命、社会主义建设和改革开放以后涌现出来的优秀文艺家，他们为祖国、为人民、为中国特色社会主义、为中华民族的伟大复兴作出了卓越的贡献，理应受到祖国和人民，受到党和政府的褒奖，这是建立荣典制度的必然要求。

傅庚辰同志向我们讲述，在他刚当选中国音乐家协会主席后，首先走访了一些老音乐家，聆听他们对中国音协工作的建议，到病房去看望吕骥、李焕之、李德伦、何士德时的情景令他震惊。1936年参加北平地下党的著名指挥家李德伦竟然因为级别不够而住不进这间病房，还是"走后门"、托关系才住进来的。一些老音乐家年事已高、儿孙满堂、生活负担重、疾病缠身，大多住进医院，让本不宽裕的家庭经济更加捉襟见肘，此情此景，令人神伤。

傅庚辰同志先是于2000年3月4日在第九届全国政协文艺界委员联组会上当面向中央领导提出建议，3月5日又就此问题拟出1678号提案，并由34名委员署名，建议给予老艺术家生活补贴。之后，傅庚辰同志又多次与党和国家有关领导人面谈、写信，反映老艺术家的情况。在中央有关领导同志的支持下，中组部、人事部、财政部于2000年10月出台了组通字〔2000〕34号文件《关于给予部分老艺术家生活补贴的通知》，对部分老艺术家给予生活补贴，改善他们的晚年生活，充分体现了党和国家对老艺术家的关怀。

傅庚辰同志表示，要全面、正确地评价文艺家的艺术成就，最重要的是要建立国家级的艺术荣典制度和与之相匹配的生活保障制度。当前科技界早已有两院院士的评定制度。两院院士作为科技领域的最高学术称号，是终身制的待遇和荣誉，对应在医疗保健、生活待遇等方面也享受相应的规定。而国家对文艺界在此方面的制度尚不健全，应当建立类似人民艺术家、文艺劳动模范等荣誉称号和国家荣典制度，并对获此殊荣的艺术家给予对应的生活待遇。傅庚辰同志认为："在中国共产党90多年的奋斗历程中，在28年的革命战争中，艺术家留下了光辉的足迹，在社会主义革命、社会主义建设和改革开放的年代艺术家们也都作出了卓越的贡献，中华人民共和国的五星红旗上也有艺术家的鲜血！"推动艺术家荣典制度的建立意义重大、影响深远，功在当代、利在千秋，需要方方面面的共同努力。

采访最后，傅庚辰同志认为维权工作是文联组织和各文艺家协会服务会员的一项长期性、基础性工作。结合多年推动维权工作的心得，他以"制度建设、锲而不舍"八个字概括了对这项工作的认识。我们被他在工作中的执着精神、责任感和人格魅力所折服，由衷地感到，作为新一代文艺权保工作者，使命光荣、任务重大，应秉承老一代文艺工作者锲而不舍的维权精神，为文艺界提供更加扎实、全面的维权服务。

（此文为中国文联权益保障部工作人员采访傅庚辰同志的后记，
刊在《中国艺术报》2013年6月28日）

图书在版编目（CIP）数据

理想之歌 / 傅庚辰著 . -- 北京 : 中国文史出版社，
2019.8

（政协委员文库）

ISBN 978-7-5205-1258-9

Ⅰ . ①理… Ⅱ . ①傅… Ⅲ . ①傅庚辰—传记 Ⅳ .
① K825.76

中国版本图书馆 CIP 数据核字（2019）第 185937 号

责任编辑：蔡丹诺

出版发行：中国文史出版社

社　　址：北京市海淀区西八里庄路 69 号　　邮编：100142

电　　话：010—81136606　81136602　81136603（发行部）

传　　真：010—81136655

印　　装：北京地大彩印有限公司

经　　销：全国新华书店

开　　本：787mm×1092mm　1/16

印　　张：19.75　　插页：4

字　　数：273 千字

版　　次：2019 年 11 月北京第 1 版

印　　次：2019 年 11 月第 1 次印刷

定　　价：59.00 元